財政学

持田信樹［著］

東京大学出版会

PUBLIC FINANCE IN THEORY AND PRACTICE
Nobuki MOCHIDA
University of Tokyo Press, 2009
ISBN 978-4-13-042132-4

はしがき

　「100年に一度」という世界的金融危機からの脱出が模索される中，財政政策に対する素朴な期待が甦りつつある．しかし日本の財政は平成の「失われた10年」の後遺症ともいうべき公的債務残高の"塊"と格闘している．しかも貧富の懸隔は拡がり，地方は疲弊し，生命を守る医療や老後の安心を支える年金制度にも綻びが目立つ．頼みの綱となる税制はやせ細っているのに，負担のあり方は真正面から議論されていない．混沌と社会を覆う閉塞感を払いのけて，希望に満ちた未来へとわれわれを導いてくれる曙光が差してくるのは，一体いつになるのであろうか．

　複雑に絡み合った問題を，財政の論理だけで解くことはできない．しかし，問題解決の道筋を探るには財政理論はむろんのこと，財政運営と制度設計の指針などに関する体系的な知識が不可欠であることに異論はあるまい．かかる《知の体系》は，国民と学問をつなぐ架け橋として大きな役割を担っているはずである．本書は「財政学」の標準的教科書として，ささやかであるがこのような課題に応えることを意図している．

　本書が想定している読者層は，経済学について初歩的な教養・知識のある学部レベルの大学生である．財政学をはじめて学ぶ大学院修士課程の入門的な補助教材として利用することもできる．とはいうものの日本の財政に関心をもち，それについて論じたり学んだりする社会人や現場の実務家の方々に読んでもらえるように平易な言葉で書かれている．

　いうまでもないが財政学の対象となる政府の経済活動は，中央財政と地方財政が複雑に結びついた制度を通じて行われる．しかも財政制度は間断なく変化しており，初心者はむろんのこと，専門家でもそれを追跡するのは一筋縄ではいかない．このため本書ではやや専門的・技術的と思える主題や挿話的な出来事については「Column」に収めることにした．各章末の「演習問題」については抽象的・一般的なものではなく，できるだけ解答が明確なものや達成感を実感できるものを精選した．

本書は，東京大学経済学部と法学部でここ数年筆者が行ってきた授業の中から生まれた副産物である．教室の中で起こる些細な出来事に新鮮な感覚で接しながら，講義ノートに少しずつ改善を加えた．その一方，国内外の研究成果を随時取り入れて，皮袋の中身が自然に「熟成」するのを待った．むろん財政学に関しては優れた教科書がいくつもある．だが類書との比較を意識して，筆者なりに念頭においた目標がないわけではない．それは伝統的な財政学の体系を継承しつつも，現代日本の財政を素材にして，理論と制度の両面からこの学問の醍醐味を味わえる教科書を世に送り出したい，という一言に尽きる．

　そのために本書ではそれなりの工夫をこらした．まず，経済循環における政府部門を位置づけた上で，財政規模やそれに必要な租税負担を左右する財政支出の構造や予算制度から始まる（第1章，第2章，第4章）．読者の関心も高く，かつ財政支出の大勢を規定している社会保障関連費については独自の章を設け，その全体像の把握に努めた（第3章）．

　経費を賄うために政府は強制的で無対価の収入を必要とする．本書は経費論の次に租税の基礎理論を置いている（第5章）．その上で基幹的な税目である所得税（第6章），法人税（第8章），消費税・相続税（第9章）について公平，中立，簡素の観点から個別に章を設けて考察する．ちなみに社会保険拠出を既存の租税と合わせて総合的に捉えていることは，財政学の教科書としてはやや異色であろう（第7章）．納税者として公平に負担して財政を支えるという感覚が大切ではないかという想いから，このような構成を選んだ．

　経費論や租税論といった財政に関する基礎知識に続いて，本書は現在の日本で重要な論点となっている現実の財政問題に焦点を当てる．財政政策の役割（第10章），財政赤字と財政再建（第11章），そして地方財政と地方分権（第12章）などの問題群は，およそ現代日本財政を論じようとする者であれば避けて通ることのできない関門である．しかし，新聞や雑誌に掲載されている時事問題についての表層的理解に終始するのでは十分でない．問題の本質がどこにあるのかを深層に立ち入って鋭く分析するには，財政学の知識を総動員することが必要である．筆者が伝えたかったのは，この点である．

　最終章では，高い福祉需要と低い租税負担という正反対の極の間を揺れ動きながら，財政システムが将来どのように変貌するのかを展望する（第13

章)．書店の本棚で手にする教科書の目次の中に，読者がこのような章を発見するのは稀であろう．だが財政学という切り口から現代国家の本質と今後の行方を探ることは，財政学者にとって大きな夢であり，目標なのである．本書は《福祉国家財政》という観点から，失敗を恐れずにこの夢と目標に近づこうとした．読者の忌憚のないご意見，ご批判を乞う次第である．

　ところで教科書としての性格上，本書では客観的な叙述に心がけ，筆者の個人的見解や提言の類に筆が走るのをこらえた．しかし社会保障支出が増大するという状況の中で自然増収に期待する，あるいは常に歳出を削るという議論には落とし穴がある．納税者として公平に負担して財政を支えるという感覚，それから意思決定の主権をなるべく現場にもっていくことの重要性が本書を貫く主題であることを告白しなければならない．

　この「財政学」を書くことによって，読者の理解力よりも，まず筆者自身の能力がためされることになった．いたるところで自分の勉強不足が痛感された．なお公共投資論や国際課税論，あるいは環境問題をはじめとする外部性の問題や本格的な学説史は，紙幅の関係で全くとりあつかわれていない．これらが，考察する値打ちのある重要な問題であることはいうまでもない．

　内容は碩学，先輩，友人をはじめとする沢山の方々の先行研究に負っているが，引用文献の表示は本文では（著者名，［刊行年］）という形式で表示し，巻末に文献一覧を一括して掲げた．筆者はサバティカル（研究のための長期休暇）を利用して本書を書き下ろした．恵まれた機会を保証していただいた同僚と伊藤元重・東京大学経済学研究科長に心より感謝したい．また原稿は私の学部演習の３，４年生全員に読んでいただいた．一人ひとりの名前は省略させていただくが，利用者としての立場から新鮮な論評を寄せられた諸君に感謝する．演習問題の解答チェックを手伝っていただいた石田三成氏にも感謝したい．本書の出版にあたって終始お世話になった東京大学出版会の山田秀樹氏にお礼申し上げたい．

　　2009年初秋

持 田 信 樹

目　次

はしがき　　i

第1章　財政と財政学 …………………………………………………… 1
1. 経済循環における政府部門 ………………………………………… 2
有償的取引（2）　　無償的移転（4）　　政府と家計・企業の異質性（6）
2. 財政の3つの機能 …………………………………………………… 7
資源配分機能（7）　　所得再分配機能（10）　　経済安定化機能（11）
3. 政府の役割に関する学説 …………………………………………… 13
イギリス古典派（13）　　ドイツ正統派（14）　　ケインズ学派（15）　　公共選択学派（16）
4. 政府の規模とパフォーマンス ……………………………………… 17
歴史的証拠（17）　　政府規模とパフォーマンス（18）　　タンツィの支出パラドックス（21）

第2章　経費論と政府部門の役割 ……………………………………… 25
1. 政府部門の位置づけ ………………………………………………… 25
政府サービス（25）　　政府の最終消費支出（26）　　公的資本形成（28）　　移転支出（社会給付）（29）
2. 日本の経費構造 ……………………………………………………… 30
歳出規模の国際比較（30）　　支出の地方分散（31）　　社会保障関係費と国債費の膨張（32）　　大きい特別会計（33）
3. 財政支出の規範的分析 ……………………………………………… 35
公共財の定義（35）　　私的財の市場均衡（37）　　公共財の供給（38）　　フリー・ライダー問題（41）
4. 民主主義における意思決定 ………………………………………… 42
投票のパラドックス（42）　　中位の投票者（43）　　レント・シーキン

グ（44）　　官僚制と予算最大化（45）　　コモン・プール問題（46）

第3章　社会保障の財政 … 49

1. 社会保障の概観 … 49
   給付費の上昇（49）　　社会保険中心の構造（51）　　リスク分散と再分配（52）

2. 社会保障の体系 … 53
   社会保険によるリスク分散（53）　　公的扶助によるセーフティ・ネット（55）　　デモグラントとしての社会手当（56）　　租税支出と「隠れた福祉国家」（56）

3. 社会保障の誘因効果 … 57
   「負の所得税」とは何か（57）　　労働供給についての見方（59）　　公的扶助と負の所得税の比較（59）　　一般納税者の費用負担（61）

4. 社会保障の給付と負担 … 62
   国民年金（基礎年金）（62）　　厚生年金（63）　　医療保険制度（65）　　介護保険制度（67）　　生活保護制度（68）

5. 社会保障の再分配効果 … 70
   不平等の測定（70）　　税・移転給付による是正効果（72）

第4章　予算の意義と循環 … 75

1. 予算の意義 … 75
   財政民主主義（75）　　憲法上の規定（77）

2. 予算の原則 … 79
   単年度原則（79）　　包括性・統一性・厳密性（80）　　均衡主義（81）　　透明性の原則（82）

3. 予算の循環 … 83
   予算の編成（83）　　国会での審議（83）　　予算の執行（86）　　会計検査と決算審議（87）

4. 予算制度改革論 … 89
   財政ルール（89）　　横断的な予算編成（91）　　事後的な政策評価（93）

第5章　租税の理論：入門 …… 97

1. 租税の根拠 …… 97
   租税と公共部門の収入（97）　租税とは何か（99）　利益説（100）
   能力説（101）

2. 転嫁と帰着 …… 104
   課税客体と課税標準（104）　租税の転嫁と帰着（105）

3. 租税の構造 …… 108
   日本の税体系（108）　国税と地方税（109）　税制改革論の視点（110）

4. 望ましい税制 …… 112
   良い税制の特徴（112）　公平（114）　中立（116）　簡素（117）

第6章　個人所得税 …… 121

1. 所得税の理念 …… 121
   基本的構造（121）　シャンツ＝ヘイグ＝サイモンズの包括的所得（123）　「所得」の事例（124）　支出税からの挑戦（126）　包括的所得税 対 分類所得税（127）

2. 所得税と経済効率 …… 130
   労働供給への効果（130）　効果の測定（132）

3. 所得の算定 …… 132
   総合課税（132）　分離課税（134）　各種の所得控除（134）

4. 負担構造と課税単位 …… 136
   累進税率構造（136）　課税単位（138）

第7章　社会保険拠出 …… 143

1. 社会保険の意義 …… 143
   最大の収入（143）　リスク・シェアリング（145）　逆選択（147）

2. 社会保険拠出 …… 148
   賃金比例の社会保険拠出（148）　世代間の租税・移転制度（149）
   租税と社会保険拠出の統合（151）

3. 社会保険の財政方式 …… 153
   積立方式（153）　賦課方式（154）　経済成長，人口動態への対応

　　　　（155）　　インフレーション（155）
　4．日本の公的年金制度 ………………………………………………………… 156
　　　基礎年金制度（156）　　税方式（157）　　賦課方式の建て直し（158）
　　　社会保険拠出と給付（160）　　積立方式への移行（161）

第 8 章　法人所得税 ………………………………………………………… 163

　1．法人税の算定 …………………………………………………………………… 163
　　　企業会計と税法上の所得（163）　　損金と費用の関係（165）　　欠損法
　　　人と法人税率（166）
　2．法人税の課税根拠 ……………………………………………………………… 168
　　　応益説（168）　　法人税の根拠（168）　　法人税は廃止すべきか
　　　（169）
　3．二重課税の調整 ………………………………………………………………… 171
　　　インピュテーション方式（171）　　多様化する調整（172）
　4．資金調達と投資への影響 ……………………………………………………… 174
　　　資金調達への中立性（174）　　資本コストと企業投資（176）　　法人税
　　　と減価償却（178）

第 9 章　消費税及び相続税 ………………………………………………… 181

　1．付加価値税の展開 ……………………………………………………………… 181
　　　間接消費税の体系（181）　　付加価値税の普及（182）　　前段階税額控
　　　除方式（184）　　日本の消費税（186）　　外国貿易と仕向地原則（187）
　　　負担構造と複数税率（190）
　2．消費課税のバリアント ………………………………………………………… 193
　　　フラット税（193）　　キャッシュ・フロー支出税（194）　　支出税の根
　　　拠と批判（195）
　3．資産移転税の意義 ……………………………………………………………… 196
　　　資産課税の体系（196）　　富の過度の集中抑制（198）　　遺産税と遺産
　　　取得税（199）　　日本の相続税（200）　　相続税の今後（202）

第10章　財政政策と経済安定化 …………………………………………… 205

　1．マクロの需給均衡 ……………………………………………………………… 206

GDPの決定（206）　　　乗数（207）
　2．財政政策の役割 ………………………………………………………… 209
　　　政府支出と税（209）　　　自動安定化装置（210）　　　裁量的財政政策
　　　（212）
　3．IS-LMモデル …………………………………………………………… 213
　　　貨幣市場の均衡（213）　　　財政・金融政策の効果（215）
　4．開放経済下での財政政策 ……………………………………………… 217
　　　国際貿易の影響（218）　　　貨幣市場と国際収支の均衡（219）　　　固定相
　　　場制下の財政・金融政策（219）　　　変動相場制下の財政政策（221）
　　　変動相場制下の金融政策（222）　　　マクロ経済政策の政策協調（223）

第11章　財政赤字と公債論 ……………………………………………… 225
　1．1990年以降の財政赤字 ………………………………………………… 225
　　　財政赤字はどのくらい深刻か（225）　　　財政赤字問題の原因（227）
　　　「減税の時代」（229）　　　財政再建の努力（230）
　2．公債発行の必要性 ……………………………………………………… 230
　　　公債発行は悪いことか（230）　　　税の平準化（232）　　　国債の発行は認
　　　められているか（233）　　　市中消化の原則（234）
　3．公債負担論 ……………………………………………………………… 235
　　　財政硬直化（235）　　　クラウディング・アウト（236）　　　公債負担の転
　　　嫁（236）　　　同一世代内での所得移転（238）　　　公債の中立命題
　　　（239）
　4．財政の持続可能性 ……………………………………………………… 241
　　　財政破綻を防ぐ（241）　　　プライマリー・バランス論（242）　　　諸外国
　　　での財政ルール（244）　　　堅実な経済予測（245）

第12章　政府間財政関係 …………………………………………………… 249
　1．地方政府の役割 ………………………………………………………… 249
　　　国と地方の財政関係（249）　　　国際比較（251）　　　教育と福祉（252）
　　　公共投資（253）　　　機関委任事務の廃止（254）
　2．地方税と課税自主権 …………………………………………………… 255
　　　地方税の体系（255）　　　課税自主権（257）　　　税源配分の理論（258）
　　　ゴルディウスの結び目（260）

3. 政府間財政移転 ……………………………………………………… 261
国庫支出金（262）　補助金の根拠（263）　地方交付税とは何か（265）　ナショナル・スタンダードの保障（267）　地方交付税の「功罪」（268）

4. 地方債による資金調達 ………………………………………………… 269
許可制から協議制へ（269）　予算制約のソフト化（271）　財政ルールと市場規律（273）　地方財政の健全化（274）

5. 地方分権の意義 ………………………………………………………… 275
地方の選好の反映（275）　小規模の不経済（278）　租税競争（278）

第13章　財政システムの将来 ………………………………………… 281

1. 福祉国家の成立 ………………………………………………………… 281
２つの世界大戦と転位効果（281）　福祉国家の黄金時代（283）

2. 福祉国家の類型 ………………………………………………………… 285
福祉レジーム（285）　国民負担率とその構成（286）　日本型福祉国家（288）　ネットの社会給付（289）

3. 福祉国家の持続可能性 ………………………………………………… 292
財政赤字の拡大（292）　グローバル化（292）　人口動態と家族（293）

4. 新しいパラダイム ……………………………………………………… 294
付加価値税と税基盤（295）　ワーク・フェア（296）　ディ・セントラリゼーション（298）

5. むすびにかえて ………………………………………………………… 299

演習問題 解答　　303
参考文献　　308
索　引　　314

Column 一覧

1. 「財政」という用語　6
2. 「予算」の語源　76
3. 国民健康保険料と憲法84条　78
4. 財政投融資改革　88
5. 論争：1997年の緊縮財政　91
6. スミスとワグナー　103
7. 超過負担とは何か　113
8. 二元的所得とは何か　129
9. フランスの一般社会税（CSG）　152
10. インフレ・経済成長と賦課方式　154
11. 人口動態と賦課方式　159
12. 二重課税の調整：日本の場合　173
13. 法人税と設備投資：日本における研究事例　177
14. 付加価値税の計算例　185
15. 仕向地原則と消費選択の中立性　188
16. 付加価値税のパフォーマンス　192
17. 相続税の計算例　201
18. マクロ経済モデルと乗数　210
19. ゼロ金利と金融政策　217
20. 長期的な財政予測　243
21. 利子率と成長率論争　246
22. 特定補助金と一般補助金の効果　264
23. 地方分権改革　276
24. アメリカにおける1996年福祉改革　297

第1章

財政と財政学

　財政学は，〈公権力体としての政府の経済活動〉を対象とする学問である．政府あるいは公共部門は，国民経済の中で大きな存在となっている．事実，年々の生産物の4割近くは政府によって使用されている．

　ところで，〈公権力体としての政府の活動〉は民間企業や家計と異なって，その存立のために必要なコストを租税という形で，国民から強制的に調達している点に特徴がある．かかる点に，財政学が経済学一般から独立した学問として成立する根拠があるといえる．

　財政学の体系は，つぎのように構成される．第1は，予算を通じて国民が政府生産物の無償提供をいかにコントロールするのかについての経費・予算論である．第2は，強制的な購買力の移転である租税をどのような根拠により徴収し，いかなる原則に拠って制度設計するかに関する租税論である．第3は，政府生産物と租税との差額としての政府の債務についての公債論である．そして第4に，中央政府と地方政府が公共サービスの提供や課税権をどのように分担すべきかを検討する地方財政論も，財政学の対象に含まれる．

　本章では上にのべたような財政学各論へのプレリュードとして，3つの問いかけを行う．ひとつは，政府の経済活動と家計や企業の経済活動との相違点は何かである．いまひとつは，公権力としての政府の経済活動が必要となる理由は何かである．そして最後の問いは，政府の役割についてどのような議論がなされてきたのかである．

1. 経済循環における政府部門

◇ **有償的取引**　私たちが生まれたときに出生届けを出すのをかわきりに，死亡届を提出するまで，政府は私たちの日常生活に日夜影響を及ぼし続けている．ほとんどの日本人は，義務教育を公立学校で修了し，高校生の約7割，大学生の約3割は国公立の学校に通っている．私立大学も，政府から私学助成金を受けている．就職すると，会社の経理を通じて，所得の約2割弱を税金や社会保険料として政府に納税する．退職すると，政府から毎月，年金給付が銀行口座に送金されてくる．病気を患えば医師に診断してもらわなければならないが，その費用は政府が運営する健康保険から支払われている．

政府の役割を理解するひとつの方法は，国民経済の中での政府の位置づけを見ることである．国民経済における各分野の関係を，**フローの所得循環図**によって示すことがある．はじめに政府が存在しない単純なケースを図1.1で考えよう．家計は労働市場で労働力を企業に販売し，稼得所得によって，生産物市場において衣類，レストラン等の財貨・サービスを購入する．稼得所得の一部は，貨幣市場において貯蓄（銀行預金等）される．これを右から左へと眺めても，同じである．企業は，財・サービスを生産し，生産物市場で家計に販売する．その代金で，企業は労働市場において労働力を雇い，貨幣市場において利子・配当を家計に還流する．

図 1.1　フローの所得循環

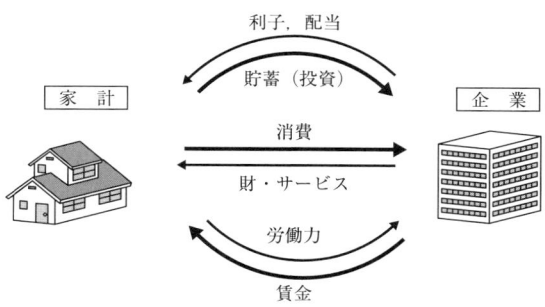

図 1.2 経済循環における政府部門（有償取引）

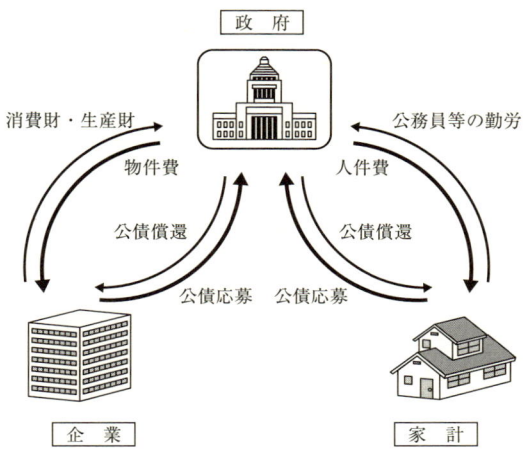

つぎに，図1.2によって，上記のフローの循環図を「政府」が存在する経済社会に拡張しよう．はじめに，図1.2の外側に注目しよう．政府のサービス提供は，そのための人的・物的手段を必要とする．それらの手段は資本主義経済では，市場において商品として提供されている．したがって政府といえども，それを獲得するために対価としての貨幣を提供しなければならない．すなわち，商品の売買を媒介しながら，それとは反対の方向に対価としての貨幣が流れている．

この点を具体的に説明すると次の通りである．政府は，日常的な行政事務を遂行するために必要なパソコンや消耗品，公共事業を実施するために必要な原材料やブルドーザー，防衛のための戦車や航空機購入の経費を支出している．政府は「物件費」とよばれる経費を支出して，こうした財・サービスを生産物市場で購入する．また，政府は官公吏や国公立学校の教員，公企業の従業者などの公務員に給与を支払う必要がある．このため，政府は「人件費」とよばれる経費を労働市場で支出して，公務員を雇用する．

このように対価としての貨幣を伴う商品売買を**有償的売買**と呼ぶ．有償的売買は，図1.1で見た企業と家計との間の商品および貨幣の流通と本質的には異なるものではない．なお有償的売買には，政府から家計・企業だけではなく，反対に家計・企業から政府へと貨幣が流れ，政府から現物サービスが供給される場合もある．すなわち，国公立学校の教育とか国立病院の医療

サービスに対して家計が授業料や入院料を支払い，また地方公共団体の窓口で，戸籍謄本や印鑑証明などに手数料を支払う場合がこれに属する．これらの手数料・使用料は市場価格をはるかに下回るものであっても，特定のサービスに対する対価であるから有償的売買である．

つぎに，図1.2の内側の取引に注目しよう．ここには，有償的貸借が示されている．政府の支出が税収を上回れば，貨幣市場で借入を行う．家計や機関投資家が，国債や財投債を保有する．この場合，財貨・サービスの売買はなく，債券の応募・買入とその償還というように，貨幣および事後的に利子つきで還流する貨幣の流れが生じる．しかし，金融的流通はこれに尽きるものではない．

逆に，政府から家計や企業へと有償（利子つきで償還されること）で貸出しが行われている．例えば，旧日本政策投資銀行（2008年10月株式会社日本政策投資銀行へ）のような政府系金融機関から企業への融資，あるいは旧住宅金融公庫（2007年4月住宅金融支援機構へ）から個人への融資がこれに属する．これらの融資の返済利子は，一般会計の負担によって低く抑えられているが，一種の有償的な貸借といえる．

◇ **無償的移転**　上にみたように，政府と家計・企業との間には，有償の売買・貸借が介在している．それらは，市場経済における民間の経済活動とそれほど異なるものではない．しかし，財政でなければみられない，もうひとつの貨幣の流れがある．反対給付も元利償還もない，貨幣のみの一方的な流れがそれである．図1.3によって，このことを見よう．

財政は企業や家計と違って，公権力を背景とする．企業や家計はそういう権力をもたないから，他の企業や家計から商品の提供をうけるには，原則として対価の支払という反対給付が必要である．また資金の融資を受ける場合でも，後日利子をつけて返済しなければならない．

しかし，財政の場合には反対給付の提供や将来の返済を伴うことなしに，公権力を背景にして，企業や家計から貨幣を徴収している．租税がそれである．たしかに，政府が租税を徴収することに家計・企業が納得しているのは，国防の安全，治安の維持，社会サービスといった一般的サービスを，政府が無償で全国民に対して提供しているからである（「一般的報償」）．しか

図 1.3　経済循環における政府部門（無償移転）

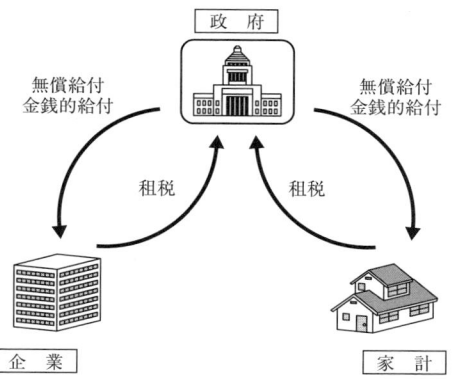

し，租税と政府の一般的サービスとの間に，対価を支払っての特定の取引というような直接の関係（「個別的報償」）はない．

　また，財政は家計・企業に無償給付（医療サービスや教科書）と金銭的給付（公的扶助や年金）を提供している．これらに対しても，別に反対給付や将来の返済が義務付けられているわけではないから，（方向は逆であるが）租税と同じ性質をもつ．すなわち，金銭的給付は，貨幣のみの一方的な流れである．同じように，無償的給付は貨幣の流れを伴わない財・サービスのみの一方的な流れである．だが，利子はもちろん元金の還流も伴わないという点で，金融的流通とも異なる．これらの流通は，公権力を背景とする財政に限ってみることができるもので，ここでは**無償的移転**と呼ぶことにしよう．

　ここで，社会保険の性格について付言しておく必要がある．社会保険制度では，保険料の納付と受給権の発生との間に一定の対価関係が認められる．このため，多くの人々は，保険料拠出を高齢期の生活費に備える貯蓄のひとつと考えている．けれども，社会保険制度が成熟するにつれて，当初もっていた保険的要素はしだいに薄れていく．第7章で明らかにするように，社会保険拠出の実態は保険の仕組みと政府の強制力を利用した目的税と保険料の混成物である．したがって，社会保険とその「保険料」は有償の貸借というよりも，無償的移転（税）と有償的貸借（保険料）の性格を併せもっている．

1．経済循環における政府部門

> ● Column-1 ●　「財政」という用語
>
> 日本語の「財政」という用語は，明治以降に public finance の翻訳として造られた．「貨幣に関すること」を意味する finance に「公的」public を冠したものである．Finance はもともとはラテン語の finis に由来し，債務の支払期限などの意味に用いられ，しだいに貨幣の調達という内容に限定されてきた．とくに public finance は公権力体の資金調達というニュアンスで伝統的に用いられており，支出という意味は薄かった．戦前には「財政学」の内容は収入論がほとんどで，経費面はごく小部分であった．
> 　〔参考〕林健久（2002）『財政学講義』

◆ **政府と家計・企業の異質性**　　フローの所得循環図にもとづいて，「政府」がどのような活動を行っているのかがわかった．それによると，政府の経済活動には「家計」や「企業」と形式上は類似するものが含まれる．政府は財・サービスを「生産物市場」で購入し，公務員を「労働市場」で雇うし，支出が税収を上回れば「貨幣市場」で借入を行う．

　事実，財政学の歴史をさかのぼると，国民経済に占める政府部門の地位が大きくなるにしたがって政府を独立の経済単位として把握するようになってきた．19世紀のイギリス古典学派のように，政府機能を「不生産的」として経済の領域から捨象することはできない．ドイツ生まれの財政学者でアメリカの経済政策にも影響を与えたゲルハルト・コルム（Gerhard Colm, 1889-1968）や，国民経済計算の基礎を築いたロシア生まれのサイモン・クズネッツ（Simon Kuznets, 1901-1985）のように，政府を企業と家計とならべて独立の経済単位として，3者の連関を国民経済の循環の中でとらえる立場がその代表である．

　しかし，政府の経済活動はあくまでも公権力体の行うそれであって，家計や企業の経済活動とは本質に異なっていると見なければならない．それは次のような理由による．

　政府は国民が共通に利用する財貨・サービスを提供する．これは一般に公共財と総称され，防衛，公共秩序，安全等，国家体制の維持に役立っている．この公共財は市場を通じて供給されない．何故ならば，国防，治安など

で代表されるように、これらの公共財の便益は国民一人ひとりに等量で供給され、その代金を払わないからといって消費から排除されないからである（詳しくは、第2章を参照せよ）。

市場を通じて、供給できない財貨・サービスを政府はどのように生産するのだろうか。企業は商品を生産物市場で販売して得た代金で、労働者を雇い、原材料を投入する。家計は労働力を販売して、賃金を獲得し、これを消費と貯蓄に分割する。これに対して政府は個別的報償関係（個々の財貨・サービスの価格を支払って消費するような関係）なしに、公共サービスを国民に提供している。つまり、政府は生産物市場でモノを販売して、その代金によって費用を回収することはできないのである。

したがって、経済の循環過程の「外側」から政府は貨幣を吸い上げなければならない。この矛盾を解決するのが、**租税**である。つまり、租税は反対給付なしに強制的に購買力の一部を政府に納めるものであり、それが政府の活動を支えるのである。国民の側から見ると社会の存立のために、そのコストを拠出する義務が生じるのである。

このように、政府部門はあたかも独立した「経済単位」の形式をとるけれども、その投入（input）も産出（output）も、市場経済の法則にしたがって決定されるものではない。国民の側から見るならば、これは政府生産物の価値を秤量して、その対価として自らの負担を個別に決定しえないことを意味する。

企業の場合、生産物の市場価格が原材料や労働力の購入経費にあてられる。これに対して、政府生産物は無償で与えられる代わりに、国民は租税の形で、政府生産の享受とは一応無関係に購買力の一部を政府におさめる形をとっている。政府生産物（公共サービス）の消費とそれに対する対価の支払（租税）とが切りはなされて、それぞれ独自に、議会で審議される予算をへて決定されるという形をとっているのである。この点に、公権力体としての政府の経済活動の顕著な特徴があるといえる。

2. 財政の3つの機能

◆ **資源配分機能**　〈公権力体としての政府の活動〉と家計・企業の経済活

動との相違点を見た．つぎのステップとして，そもそも政府の経済活動がなぜ必要となるかを考えよう．資本主義経済では希少な資源の配分は，原則として市場機構に委ねられている．しかし，市場機構の働きは完全ではない．これを「**市場の失敗**」という．この欠陥を是正し，必要な資源の適正な配分を行うことが政府の役割とされる．別のいいかたをすると，社会的に重要であるにもかかわらず，市場機構に任せておいたのでは全く供給が行われないとか，不十分な供給しか行われない財・サービスを供給することが政府の役割となるわけである．これを資源配分機能という．

つぎの表1.1は，国民経済計算に示された日本の政府支出の目的別分類である（2006年度）．ここでは政府活動が最終消費支出と公共投資に分かれ，それぞれ総額89兆9,117億円と16兆6,115億円であった．貝塚啓明教授の名著『財政学』（貝塚［2003］序章）によると，これはつぎのように解釈できる．

政府のもつ資源配分機能には大きく分けて，つぎのような2つの活動領域がある．第1は，市場的な価格機構を通じて充足することが技術的に不可能ないし困難なサービスを供給しようとする活動領域である．

これに属するものとして，国民の厚生水準に間接的にしか関係のない統治機能があることを認めなければならない．すべての団体は，その団体の存立のために必要な一定の任務をもっている．表1.1の分類でいえば，「一般公共サービス」，「防衛」および「公共の安全・秩序」などの支出も権力機構がそれなしにはその存立を維持できない経費である．また，市場経済がよってたつ条件をつくりだす政府の任務も，この部類に属する．私有財産権の保証，法律の効力の保証，貨幣制度の信頼性の維持のように一般的サービスに属するものや，株式会社法の制定のように企業に利益を与えているサービスなどがこれに該当する．

このような政府の役割が，市場価格機構を通じては遂行できないことは明らかである．各人は，まったく対価を支払うことなしにその利益を享受するので，価格はそのサービスの受給の調節作用を果たさない．しかし，政府にはこうした問題に耐える優位性がある．例えば，司法・警察・消防の制度について考えて見よう．これらは治安を維持するという統治目的を果たすと共に，個人の生命財産を保護し，かつ市場機構の円滑な運用を保障している．この場合に，緊急の時に警察や消防を呼ぶ人がこのサービスの利用に対して

表 1.1　政府支出の目的別分類（2006年，93SNA，%）

	最終消費支出	総固定資本形成
一般公共サービス	5.6	3.0
防衛	2.7	1.3
公共の秩序・安全	3.9	3.7
（小計）	12.2	8.0
経済業務	14.2	60.0
環境保護	4.6	15.5
住宅・地域アメニティ	2.1	4.0
保健	20.1	0.4
娯楽・文化・宗教	0.4	1.1
教育	11.7	9.7
社会保護	34.7	1.3
（小計）	87.8	92.0
合計	100	100

(資料) 内閣府『国民経済計算』，最終消費支出には個別消費支出と集合消費支出を含む．

料金を支払わなければならないという制度も想像できないことではない．

しかし，警察や消防から利益を得ている人は必ずしも料金を直接に払っている人だけではない，というのがこの種の活動の本質なのである．したがって，利益と支払との等価交換という**市場機構の基本的な条件は満たされない**．この部類に属するサービスを，**公共財**（public good）という（公共財については第2章参照）．

第2は技術的には市場機構によって供給できるけれども，政治的，文化的，社会的見地から，その供給が不十分であると考えられる財の供給がある．純粋な公共財は追加1単位を供給するのに必要な限界費用が厳密にゼロであり，人々をその消費から排除することが不可能な財である．しかし，表1.1にある，「経済業務」，「住宅・地域アメニティ」，「保健」，「社会保護」などの支出は，この意味での公共財ではない．

教育や福祉サービスでは，限界的に1単位のサービスを供給する費用はゼロではない．しかも，対価を支払わない人をその消費から排除することができる．これらの財・サービスは日本でも民間セクターが供給しているか，もしくは公的部門と私的部門の両方が供給している．それにもかかわらず教育や福祉が政府によって供給されているのは，外部性と所得再分配への配慮による．例えば，日本では憲法で義務教育が保障されている．義務教育を受け

ることは本人が市民生活を営む上でもたいへん貴重なことであるが，国民一人一人に最低限の知的資源を供与するために，社会全体としても便益が大きい．そのような社会全体への便益（「外部性」という）から見て，義務教育は公共財とされる．すなわち，国民全員の税金によって財源を調達する価値があると看做されるのである．

◆ **所得再分配機能**　現代の政府が果たす2番目の機能は，所得再分配機能である．国民経済計算による政府の支出活動のうち所得再分配に向けられる財政支出は，つぎの表1.2によって示される．ここでは現物給付と現金給付が，支出目的に応じて分類されているが，現金給付では「社会保護」（93SNAの用語で，社会保障を示す）が圧倒的な比重を占めている．左側に示されている現物給付では，「保健」，「教育」が大きく，この二者だけで9割以上を占めている．現金給付と現物給付はそれぞれ，58兆2,861億円と50兆6,618億円であった．

　市場経済は，富を生産的かつ効率的に生み出すかもしれない．だが，ある人々をとても豊かにする一方，他の人々を貧しくすることもある．高度な技術をもつ人々は，供給と需要の法則によって高い賃金を稼得する．けれども，非熟練の人々が稼ぐ賃金は，おそらく生存するのに足りないほど低い．これは所得分配が非常に不平等な経済であるといえる．

　例えば，日本では最高所得者の所得は，経営者，医者，プロスポーツ，作家，芸能人を中心にして何十億円にも達している．一方，生活保護を受ける人が130万世帯にも達していることからわかるように，低所得者の数が増加している．厚生労働省の『所得再分配調査』（2005年度版）によると，下位20％の貧しい世帯は，全世帯所得の0.2％しか稼ぐことができないが，上位12％の裕福な世帯の所得は，全世帯所得の37％にも達している．

　財政学者は所得分配の不平等を是正することが，政府の重要な役割であることを認める．それによると，社会は労働市場で決定された所得分配をそのまま受け入れるべきではない．このような役割を政府が果たすのには，3つの手段がある．

　そのひとつは高所得層から所得を取り上げて，それを低所得層に移転する所得再分配機能である．高所得層に課す**累進的所得税**と低所得層向けの公的

表 1.2　政府支出の目的別分類（2006年，93SNA，%）

	個別消費支出 （現物社会移転）	現物社会移転 以外の社会給付
一般公共サービス	0	0.8
防　　　　　衛	0	0.5
公共の秩序・安全	0	0.8
経　済　業　務	0	0.4
環　境　保　護	0	0.2
住宅・地域アメニティ	0	0.1
保　　　　　健	65.0	0.9
娯楽・文化・宗教	0.6	0
教　　　　　育	28.6	2.3
社　会　保　護	5.8	94.1
合　　　　　計	100	100

（資料）内閣府『国民経済計算』

扶助は，平等を推進する上での政府の役割のひとつである．

　いまひとつは市民の身の上に起こり，民間セクターでは対応できない，リスクに対する保障の提供である．病気になった人々に医療サービスを提供する医療保険，一時的な失業者に対する失業保険，業務で怪我をした労働者に対する障害保険，健康を害したために早期退職を余儀なくされた人々への障害年金等がこれに含まれる．これらは**社会保険**と呼ばれ，社会的セーフティネットを構成している．経済協力開発機構（OECD）の報告書によると，日本では税と社会保障給付の所得再分配に対する貢献の割合は7対93であり，圧倒的に社会保障給付に偏っている．

　そして，所得分配の不平等を是正する第3の方法は，所得を稼ぐ機会を平等にするプログラムの実施である．これらの中で最も重要なものは，すべての児童が利用できる義務教育である．国民経済計算による政府の支出活動のうち，所得再分配に向けられる財政支出については，第3章で詳しく取り上げる．

◆ **経済安定化機能**　　経済学者の中には，経済機構の内部にいずれ完全雇用に回復していくような力が存在すると信じている人が少なくない．しかし，経済が自律的に回復するまで待つことのコスト（生産の喪失や人々の悲惨な生活）は甚大であって，そして今日ではほとんどの政府は経済活動の極端な変動，すなわち景気の悪化と過熱の両者を避ける努力を払う責任があると考え

ている．

　ケインズの「一般理論」以降，このような財政の安定化機能を重視する見方は広く受けいれられ，少なくとも1970年代前半までは先進諸国の経済政策において**フィスカル・ポリシー**として重要な位置を占めてきた．フィスカル・ポリシーは，広く解釈すれば，政策当局による裁量的政策と裁量をまたずして働く自動安定化装置の２つに分かれる．

　前者の裁量にもとづく政策とは，政策当局が議会の議決や行政府の決定にもとづく裁量により，政府支出の変更や税制の変更を行い，その結果経済全体としての有効需要の変動が安定化される場合である．ビルト・イン・スタビライザーとは，政策当局の裁量をまたずして自動的に公共部門が市場経済の変動を安定化させる働きを指す．自動的な安定化機能は，所得税以外にも消費税・法人税や失業保険給付のような景気変動に左右される移転支出等にもみられ，公共部門全体からも見逃すことができない役割をもっている．

　財政のもつ安定化機能をイメージとして把握するには，実質 GDP 成長率の寄与度を個別の需要項目に分解するのがわかりやすい．つぎの図1.4は，GDP の成長（落ち込み）に対して，（政府庁舎や道路・橋梁建設など）公的資本形成の成長（落ち込み）がどのように寄与したかをみたものである．1990年代前半の財政は，「増税なき財政再建」を目標とした80年代の財政とは対照的に，景気安定化政策の役割を積極的に担った．本格的な景気浮揚が実現しなかったのは事実であるにしても，成長の下支えをしたという意味での財政政策の効果はあった．

　しかし，これだけの大規模な財政出動がなされたにもかかわらず，財政が「呼び水」となり，民間の投資や消費が回復し，民需主導の持続的な経済成長は生み出されなかった．財政政策は景気の下支えとして機能した程度であり，1990年代の財政政策に関しては今日否定的な評価が支配的である．事実，財政赤字が拡大する中で「財政再建」と「景気対策」の間を揺れ動いたため，政府の景気安定化政策は必ずしも一貫しなかった．1997年には，橋本内閣の下で増税と歳出削減が行われたが，ゴー・アンド・ストップ政策として，マクロ経済学者から批判された．図1.4が物語るように，97年の公的資本形成の寄与度はマイナスになっている．

　しかし，たとえ乗数効果が小さいとしても，依然として財政支出の増加は

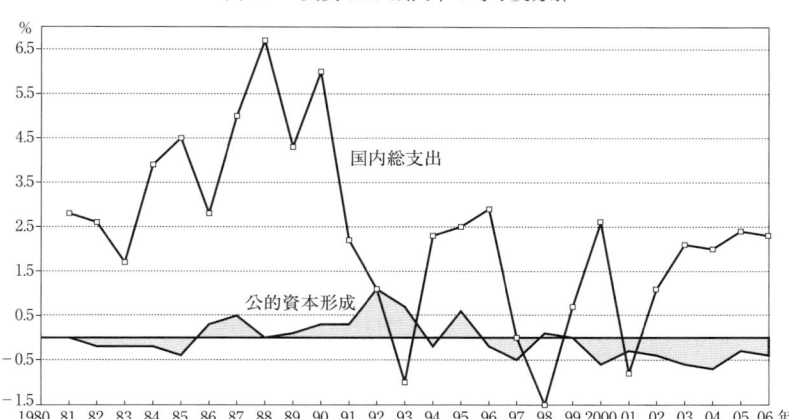

図 1.4 実質 GDP 成長率の寄与度分解

(資料) 内閣府『国民経済計算』

経済を刺激するうえで重要な役割を果たすことにはかわりない．ケインズ経済学の全盛期（1950–60年代）と異なるところは，ある程度，あるいはかなりの程度の保留条件をつけて効果があるとみられている点であろう（第10章を参照）．

3．政府の役割に関する学説

◇ **イギリス古典派** 　政府の役割に関する現代の見方をよりよく理解するためには，過去に展開されてきたさまざまな議論について考察することが有用である．18世紀から19世紀において中心的であった見方のいくつかは，20世紀の経済史にとって重大であったし，今日においてもそれは依然として重要である．

資本主義の歴史の中で，国家干渉が最も少なく，市場経済が比較的純粋に機能したのは，19世紀のイギリス資本主義である．この時期に支配的な地位をもったアングロサクソン系の経済学では，政府の役割は「正義と平和」の活動といった限定的，例外的なものと考えられていた．

このような考え方のルーツとなったのは，経済学の創始者と呼ばれる**アダム・スミス**（Adam Smith, 1723–1790）が1776年に著した『諸国民の富』であった．スミスは，フランスのルイ14世の下での重商主義的な干渉政策への

批判を展開した．当時（18世紀）における支配的な考え方は，政府は貿易と産業を発展させるために積極的役割を果たすべきであるという見解であった．この考えを提唱する者は重商主義者と呼ばれたのである．

スミスはいう．個人が自由な状態において，あたかも神の「見えざる手」によって導かれるように，私的利益を追求するとき，つねに全体の利益も増進する．市場機構に対するスミスの信頼は，『諸国民の富』第5編の財政論においては，**安価な政府**の要求となってあらわれる．スミスは，国家の活動は有用であるが「不生産的」であることを示した．ここから，政府の活動は軍事費，司法費，土木工事・公共施設費および元首威厳維持費という，最小限不可欠な4つに限定すべきであると主張した．スミスが現代において「公共財理論の先駆者」といわれる所以でもある．

今日の観点から興味深いのは，スミスが政府のなすべき仕事として社会保障・社会福祉はもちろんのこと，当時，パリッシュ（教区をさす）が担当していた救貧事業をまったくとりあげていないことである．自然的自由の秩序に抵触する再分配の機能をもたざるをえないような経費支出は，スミスにとっては許容できないものだった．

アダム・スミスのこうした考えは，政府に対しても経済学者に対してもつよい影響力を及ぼした．自由放任という言葉は，アダム・スミスやリカードやマルサスの著作の中には見当たらない．しかし，イギリス人のジョン・スチュアート・ミル（john Stuart Mill, 1806–1873）のような19世紀の主要な経済学者の多くは，自由放任と括られる学説を広く唱えた（当時，フランスを代表する経済学者であったボーリュー（Paul Leroy Beaulieu）は1888年に，租税負担率が5–6％であれば穏当であるが，12％を超える負担率は法外であり，経済に損害を及ぼすと警告している）．

◆ **ドイツ正統派**　19世紀の社会思想家のすべてがスミスの理論に完全に染まっていたわけではない．彼らは自分たちの周辺で見られる労働者階級の悲惨な生活や失業を目の当たりにしていた．ドイツは，19世紀イギリス政府の「夜警国家」的な方向とは逆に，人間の生活にかかわる社会問題に積極的に関与していった．ドイツは，いわゆる大不況（1879–1895年）の中で，株式会社と労使協調の企業経営を有力な武器にして，イギリスに追いつきつつあっ

た．これを支援する国家の積極的な介入手段として，ビスマルクの意思と行動力によって1880年代に社会保険三法が実現していた．

こうした積極的な政府活動の見方に影響を与えたのが，**ワグナー**（Adolf Wagner, 1835-1917）を代表とする，ドイツ正統派財政学と呼ばれるグループであった．彼らは，政府支出の生産性を認めて，スミスらの「安価な政府」論の基礎をなしていた「不生産」的な国家イメージの転換を図った．とくにワグナーは現代国家は「法治国家」から脱出して，次第に「文化・福祉国家」の分野でたえずその活動を拡大すると述べ，**経費膨張の法則**をはじめて提唱した．

ワグナーは，貧富の格差に対して租税面からなしうること，ないしなすべきこととして，租税による所得再分配機能をはじめて明示的に主張している．最低生活費を控除し，累進性によって国家が所得再分配に関わろうとしたワグナーの見解は，経済の自然的秩序に介入すべきでない，というスミス的理念とには大きな隔たりがある．

第2次世界大戦以前の日本の財政学は，当時のドイツ財政学の影響下にあり，大学の財政学の講義もそのような内容のものであった．代表的な例をあげると，東京大学と財政学界を二分していたと思われる東京商科大学（現在の一橋大学）の井藤半彌氏の財政学は，ドイツ流財政学を継承したものといわれる．財政学における政府の役割の優位性は，明治政府以来の官僚機構の強大な地位を反映したものであり，官房学としての財政学であった．

◇ **ケインズ学派**　ドイツ財政学は所得再分配機能への政府の関与に，一歩踏み出したが，レッセ・フェールの思想は第1次大戦まで優勢だった．しかし第1次大戦後，政府の役割に対する一般的態度は，イギリスの偉大な経済学者である**ケインズ**（John Maynard Keynes, 1883-1946）が1926年に著した『自由放任の終焉』のタイトルに表れているように転換した．

1930年代の大恐慌によって，市場の失敗は明白となった．市場の失敗に対して政府が何かすべきである，という強力な要請があった．1930年代に，自由放任主義というイデオロギーは劣勢になった．ケインズは1936年に著した『一般理論』の中で，政府は不況に対して何かをすべきであるということだけではなく，そうすることができると主張した．ケインズの『一般理論』は

財政学に影響を与え，景気安定化機能の理論的支柱となった．

イギリス古典派，ドイツ正統派，ケインズ学派を総合して，戦後の公共経済学の基礎を築いたのは**マスグレイブ**（Richard Musgrave, 1910-2007）である．彼のもっとも重要な著作は『財政理論』であり，1959年に出版された．それは問題を明確にし，世界中の財政学者が国家について考える方法の基礎を構築し，数十年間その分野での指針となった．

資源配分，安定化および所得再分配への政府機能の分割は，20世紀の社会科学の歴史上もっとも有益なアイデアのひとつであることは間違いないだろう．今日では，3つの機能の面で政府活動は互いに絡み合っており，マスグレイブが想定したように明確に分割することはできないということが明らかになっている．しかしながら，「3つの機能」という見方は，政府が行っている無数の経済活動を考察するうえでは便宜的な方法を提供してくれる．

◆ **公共選択学派**　マスグレイブは思想的には社会民主主義的背景をもっており，政府部門の有益な機能についての一貫して好意的な見方は生涯を通して変わらなかった．しかし現代の財政学者のすべてが政府の役割に好意的であるわけではない．1986年度ノーベル経済学賞受賞者の**ブキャナン**（James Buchanan, 1919-　）は社会の集団的な組織の研究に，合理的選択や最大化や個人主義の原理を持ち込んだ．彼は経済学のツールを政府の分析に適用して「公共選択」アプローチを確立した．その結果，政府は国民全体の経済厚生を最大化するように行動しているように見えるが，政府の目的がそれとは異なるとブキャナンは考えた．

1970年代央以降，先進諸国では経済成長率の低下に悩まされ，「政府の失敗」に対する関心が高まる．このとき公共選択理論は「小さな政府」と均衡予算主義を掲げる政権に影響を与えた．このアプローチを利用して政府の政策の分析がすすんだ．集票を最大化しようとする政治家は多数の投票者が望むものを与えようとする．したがって反対党の政治家は「中位の投票者」をめぐって戦いを挑む．これによって2大政党間の実質的な政策の違いは小さくなり，有権者の棄権が増える．民主主義国では，選挙を行わねばならないので，政治家は選挙前に短期的な好況を減税や金利引き下げによってもたらそうとする．このようなインセンティブが「政治的景気循環」を生じさせ

る．

　公共選択理論によって，政治家や官僚の動機付け，公的活動においても個人選択と同様に誘因が重要であること，特殊利益集団の影響，そして民主的社会における意思決定に関する根本問題（「投票のパラドックス」）に関する議論が開始されたのである（第2章を見よ）．

4. 政府の規模とパフォーマンス

◆ **歴史的証拠**　政府の役割に関する過去に展開されてきたさまざまな議論を見てきた．市場がしばしば機能しないことがあるが，一方で政府も市場の失敗を修正するのに成功しないことがある．今日では，政府の限界を認識したうえで，市場の失敗が深刻な分野に，政府が限定的に介入すれば最悪の問題を軽減できると考えられている．

　政府の経済活動によって国民の私有財産が保護され，完全雇用を維持し，著しい貧困を軽減することができれば，政府の介入は「有用」であったといえる．この意味での有用性を検証するのは簡単ではない．その中で，長期にわたり国際通貨基金の財政局長の職にあったイタリアの財政学者**ヴィート・タンツィ**（Vito Tanzi）の業績が最も優れたものである．タンツィは，『20世紀の公共支出』（*Public Spending in the 20th Century*）の中で，国民の厚生水準をあらわす社会的指標が政府規模の拡大に伴ってどのように改善されたかを長期にわたって検証した（Tanzi and Schuknecht [2000] Ch.4）．

　タンツィの行った方法は19世紀末から現代にかけての130年間，18主要国毎に社会経済指標を整備するという簡素であるが，論理的かつ説得力に富むものであった．医療については乳児死亡率と平均寿命を指標として，その効果を間接的に推計している．また教育については修学期間の延長や中等教育の進学率を代理指標にして，教育のもたらす社会全体への外部性を推計している．そして税・移転支出による直接的な所得再分配政策については，総所得に占める下位40％の家計の割合を指標にして効果が推計されている．景気の変動を平準化する安定化政策の成果については，失業率の変遷を丹念に検討している．これらのデータから導かれる主要な結論は，つぎの通りである．

① 1870年代から第1次大戦までの時期は，各種指標の動きは自由放任主義の優勢を反映していた．公的教育，公衆衛生・医療，年金の分野での政府の限定的な役割を反映して，社会的指標は停滞した．
② 第1次大戦から1937年までの時期は，「大きな政府」の出現を反映して様々な社会的指標（乳児死亡率，平均寿命，進学率）は顕著に改善された．ただし，第1次大戦までは完全雇用に近かったが，1930年代の大恐慌期には失業率が上昇した．
③ 第2次大戦直後から1960年までの時期に，雇用問題を含む基本的な社会・経済的問題はうまく軽減された．1960年代までについていえば，政府支出が増大すれば社会的指標が改善され厚生水準も上昇するという主張は理にかなっている．
④ 1960年代以降，政府支出が増えつづけたにもかかわらず社会的指標の改善速度はスロー・ダウンした．例えば下位40%の低所得層のシェアは60年代の16.7%から，80年代の18.6%へと微増したにすぎない．また1990年代以降，先進諸国では失業率が7%（30年前には受け入れがたかった数字）へと上昇した．

このように，政府支出はアダム・スミス等の古典派財政論が非難してやまなかったような「不生産的」なものではない．歴史的にみて政府は人々の厚生水準を引き上げる「有用」で，かつ「生産的」な役割を果たしてきた．しかし60年代以降，追加的な政府支出拡大がもたらす限界的な効果はかつてほど大きくはない．

◆ **政府規模とパフォーマンス**　4番目の結論に関連させて，タンツィは更に「財政支出を抑制した国々が，大きな政府をもつ国々と同等ないしそれ以上の成果を挙げたか否か」という大胆な作業仮説を提示した．その検証のために1990年時点での財政規模に応じて，17カ国を3つのグループに分類した．すなわち対 *GDP* 比が50%を超える国を「大きな政府」，40-50%の国を「中規模の政府」，そして40%以下を「小さな政府」に分けた（具体的な国名は表1.3の注を参照せよ）．つぎに各グループ間で，経済・労働市場，医療・教育，所得分配・社会的安定性そしてガバナンスに関連する社会経済指標を相互に比較した．その結果は表1.3にまとめられている．

表 1.3　政府の財政規模とパフォーマンス

	先進工業国						新興工業国[d]
	大きな政府[a]		中規模の政府[b]		小さな政府[c]		
	1960	1990	1960	1990	1960	1990	1990
財政規模（対 GDP 比，%）							
総支出	31.0	55.1	29.3	44.9	23.0	34.6	18.6
うち消費	13.2	18.9	12.2	17.4	12.2	15.5	9.1
うち移転・補助	11.9	30.6	10.4	21.5	6.9	14.0	5.7
経済的パフォーマンス							
実質 GDP 成長率（61-68, 86-94）	4.1	2.0	4.0	2.6	3.7	2.5	6.2
GDP 成長率の標準偏差	1.5	1.6	1.7	2.1	1.9	1.9	—
インフレーション（60-68, 86-94）	3.6	3.9	3.7	3.7	3.4	3.7	15.3
政府債務							
公的債務残高	47.5	79.0	37.4	59.9	46.4	53.3	13.5
年金債務（対 GDP 比，%）	—	113.0	—	112.0	—	53.3	—
政府債務のリスク・プレミアム	—	37.0	—	27.0	—	2.0	—
労働市場							
失業率	2.9	8.5	4.6	11.9	2.7	6.6	2.9
青年層の失業率（15-24歳）	—	16.0	—	19.0	—	13.0	—
医療・衛生							
財政支出（対 GDP 比，%）	2.6	6.6	3.0	5.9	2.3	5.2	3.3
平均寿命	72.0	77.0	70.0	77.0	71.0	77.0	75.0
乳児死亡率（1,000人あたり）	23.0	6.7	29.0	7.0	22.4	6.4	8.6
（国連の「人間開発指数」順位）		11		13		6	31
教育							
財政支出（対 GDP 比，%）	4.5	6.4	2.9	5.6	3.4	5.0	3.4
非識字人口割合（15歳以上）	9.3	1.2	13.3	1.2	2.2	1.0	5.9
中学校生徒の数学能力[e]	—	515.0	—	523.0	—	533.0	607.0
環境							
石油 1 Kg あたり GDP（米ドル）	0.7	4.8	0.7	4.7	0.6	5.9	4.5
温室効果ガス排出量（1人あたり）	—	4.7	—	4.6	—	5.9	—
ゴミ・リサイクル率（ガラス，紙）	—	42.2	—	33.2	—	36.8	—
所得再分配							
下位40%家計の所得割合	15.6	20.1	16.9	18.7	17.1	17.3	15.3
ジニ係数	33.7	32.1	34.4	33.4	32.4	37.6	42.1
下位20%家計への移転割合	—	22.2	—	25.2	—	33.6	—
税・移転を通じる所得再分配[f]	—	2.7	—	2.2	—	2.1	—
社会的安定性							
囚人数（1万人あたり）	—	23.0	—	58.0	—	123.0	—
婚姻者の離婚率，%	—	33.0	—	29.0	—	36.0	—
男性の自殺（10万人あたり）	—	21.0	—	23.0	—	22.0	—
行政の効率性[g]							
司法制度の効率性（1994）	—	9.3	—	8.6	—	10.0	8.3
官僚的形式主義（1994）	—	8.1	—	7.8	—	9.0	8.9
汚職（贈賄，収賄）	—	8.2	—	8.2	—	8.1	7.2
法令・規制の効率性							
地下経済の規模（対 GDP 比，%）	—	17.7	—	12.0	—	9.4	—
特許件数（1万人あたり）	—	2.0	—	2.3	—	8.6	—

（資料）Tanzi and Schuknecht（2000）*Public Spending in the 20th Century: A Global Perspective*, tableV-1, 2, 3, 4, 5より抄録.

　　a：ベルギー，イタリア，オランダ，ノルウェー，スウェーデン（財政支出対GDP比が50%超）／b：オーストリア，カナダ，フランス，ドイツ，アイルランド，ニュージーランド，スペイン（財政支出対GDP比が40-50%）／c：オーストラリア，日本，スイス，イギリス，アメリカ（財政支出対GDP比が40%以下）／d：チリ，香港，韓国，シンガポール／e：中位数を500とする／f：下位40%家計の所得割合の増加／g：0（最低）から10（最高）までのランキング

ここには財政支出のみの比較とは著しく異なった政府のパフォーマンスが示されている．すなわち財政支出のみに依拠すれば，あたかも「大きな政府」は「小さな政府」をはるかに凌駕する生活の質を国民に提供しているかのように見える．しかし社会経済指標をもとに政府のパフォーマンスを検討すると，とうていそうはいえそうにないことがわかる．

第1に，経済・労働市場のパフォーマンスと政府の財政規模との間にある程度の負の相関がある．表1.3によって確認する．安定化政策による景気変動の平準化効果（GDP 成長率の標準偏差）は，「小さな政府」の国々では60年代と90年代とでは一定であった．ところが「大きな政府」と「中規模の政府」の国々では GDP の変動性はやや増大している．

また公的債務なり年金債務なりの指標は明らかに「大きな政府」の方が悪化している．これを反映して国際的な債券市場において「大きな政府」は，高いリスク・プレミアムを要求されている．このように高いコストを支払ったにもかかわらず，90年代には「大きな政府」や「中規模の政府」の国々において失業率は60年台の3倍近くに上昇した．

第2に，医療・教育の成果に関して，「大きな政府」の国々と「小さな政府」の国々はよく似ている．ふたたび表1.3によって確認する．国際連合（UN）の公表している**人間開発指数**（寿命，教育，所得等からなる複合指標）から判断すると，「小さな政府」の国々の方がむしろ生活の質は高い．個別に見ても公的医療支出は「大きな政府」の国々で相対的に大きいが，平均寿命と乳児死亡率は各グループにおいてほぼ同じである．

また教育費も「大きな政府」の国々においてやや大きいが，識字率は各グループで100％に近い．中学・高等学校への就学率も各グループでほとんど同じである．教育の成果を測るのは容易ではないが，経済協力開発機構（OECD）が実施した数学能力の検定によると，すべてのグループが中位数を越えている．しかし「小さな政府」の国々の成績は他のグループよりもやや優れている．

第3に，環境保護への取り組み（大気汚染の浄化，排出基準の設定，環境税導入，排出権売買等）は各国で重要性を増しているが，「大きな政府」の国々での成果が他のグループのそれをやや上回っている．表1.3によって再確認する．「小さな政府」の国々では，温室効果ガス（二酸化炭素，代替フロン等）の

排出量が相対的に大きく，ゴミのリサイクル率も低い．ただしエネルギー1単位あたり所得は「小さな政府」の国々の方が高く，エネルギー効率が良いことを示唆している．環境政策への支出は環境指標に影響を及ぼす変数のひとつでしかない．

◇ **タンツィの支出パラドックス** 第4に，所得分配・社会的安定性に関して「大きな政府」の国々には「小さな政府」の国々に対する優位性がある．しかし，財政規模と所得分配の間には非対称性があるという．表1.3によって確認しよう．所得分配は「大きな政府」の国々がより平等であり（ジニ係数で測ると），60年代から90年代にもっとも改善されたのもこれらの国々である．しかし移転支出の桁違いの相違に比べると（「大きな政府」ではGDPの31%，「小さな政府」では14%），グループ間での所得分配の違いはあまり大きくない．

その理由を「大きな政府」の国々において移転支出は増大したが，本当に困っている人々に限定して給付されているわけではないからであるとタンツィは推論する（下位40%の家計の所得割合を見よ）．むしろ高負担に対する政治的支持を調達するため「大きな政府」の国々では中間層を対象にして社会保障移転が給付されているという．犯罪の脅威を反映する囚人数は「小さな政府」の国々において大きいが，この現象はアメリカの特異性による．

第5に，政府のガバナンスについて3つのグループ間にはかなり大きな差異があり，パフォーマンスは「小さな政府」の国々の方がはるかに良い．法による支配は市場経済が円滑に運営されるためには不可欠であるが，その鍵を握るのは司法制度である．また汚職がないことは法の執行はお金で「買えない」ことを意味する．官僚的形式主義の横行は法令順守のコストを高くし，汚職や地下経済（正式な政府統計の範囲外で行われる経済活動．麻薬取引，武器密輸，人身売買，マネー・ロンダリング等）拡大の土壌となる．表1.3で確認しよう．

まず行政面から見ると司法制度の効率性は「小さな政府」の国々が最も高い．「小さな政府」の国々では官僚的形式主義による弊害が相対的に少ない．ただし汚職と財政規模との関連は弱い．つぎに法令・規則に目を転じる．法令や規則が守られていないと地下経済に「潜る」インセンティブが生

じる．また権利保護が不十分だと発明の対価が保障されないので，革新的な技術が生まれにくくなる．「大きな政府」の国々では地下経済の規模が GDP の17％にも達しており，「小さな政府」の国々のそれのほぼ２倍に等しい．また10万人あたり特許件数も後者の国々において大きい．

　イタリアの財政学者タンツィによる上記のような検討作業はあくまで試験的なものであり，その当否について議論の余地はある．しかしデータが語ることを総合的に考慮すると，「小さな政府」は「大きな政府」よりも社会・経済的パフォーマンスが大幅に劣るわけではないことを示唆している．いいかえると「同じレベルの社会・経済的目標（極端な貧困の是正や経済の安定，教育の機会均等等——持田）は，聡明な政策をとれば，より低い水準の財政支出によっても達成できることを示唆している」(Tanzi and Schuknecht [2000] p.119)．この経験則を「**タンツィの支出パラドックス**」と呼ぼう．

　もちろん，タンツィは「夜警国家」的な役割に限定されていた19世紀の自由放任主義に回帰すべきだということを主張しているわけではない．政府の果たす役割は前世紀を通じてますます重要になってきた．彼が言いたかったことは財政支出が様々な問題に対する唯一の解決手段ではないということである．この点については財政システムの将来を展望する第13章において（とくに２節），より系統的に論じられる．

演習問題

内閣府のホームページから「国民経済計算」にアクセスして，第１部フロー編５付表「一般政府の目的別支出」を閲覧しなさい（URL は http://www.esri.cao.go.jp/jp/sna/h19-kaku/21annual-report-j.html）．つぎに最終消費（現物社会移転，現実最終消費），社会給付および総固定資本形成のそれぞれについて，支出目的別の金額を確認しなさい．政府の経済活動がどのような役割を果たしているかをイメージしなさい．

文献案内

財政学全般については，つぎの文献を薦める．林健久（2002），神野（2003），金澤編（2005），貝塚（2003），井堀（2008），Rosen（2005），マスグレイブ（1984）．財政学の入門書として米原（1997），入谷（2008）が，わかりやすい．公共経済学については，スティグリッツ［藪下訳］（2004），井堀（2005）を薦める．財政思想を調べる

には次の文献が便利.マスグレイブ゠ブキャナン［関谷・横山監訳］(2003),アダム・スミス［大内・松川訳］(1987),池上 (1998),神野 (2003),持田 (2007),Backhaus and Wagner (2004),Musgrave and Peacock (1958).財政学の古典的名著として島 (1973),林榮夫 (1951),鈴木 (1968) がある.財政に関する最新データは,つぎの文献やホームページで見ることができる.池田編 (2008),財務省:http://www.mof.go.jp/jouhou/syukei/zaiseitoukei.htm

第2章

経費論と政府部門の役割

　政府は，経費支出を通じて，その役割を果たしている．政府は，市場から財貨・サービスや労働力を調達して，国家体制の維持・安全にかかわる行政サービスを提供する．また政府に対向する商品の流れを伴わない，無償の移転的経費を支出して所得の再配分を行う．さらに政府は投資的活動を行い，何らかの形で固定資産形成にも寄与している．

　このように経費の変化は財政規模を規定するだけでなく，それに必要な租税負担をも左右する要因となる．財政学の体系のはじめに経費の問題がおかれ，さらにそれとの関連で政府部門の役割が説かれるのはこのような理由による．

　本章では，はじめに国民経済計算における政府部門の位置及び財政支出の構造を概観する．つぎに，財政支出の規範的な議論を紹介する．最後に財政支出の意思決定が行われる政治的プロセスにどのような問題があるかを検討する．

1. 政府部門の位置づけ

◆ **政府サービス**　はじめに，政府の経済活動をどのように把握するかを論じる．産業の経済活動を測る尺度は，「付加価値」である．産業の生産物の価格から原材料部分を差し引いた残りが，その生産段階において新たに生み出された「付加価値」である．「付加価値」は，別の角度から見ると生産要素の所得に等しくなる．雇用者所得，営業余剰，固定資本減耗，純間接税を

一国全体で足し合わせたものが，国民総生産（Gross Domestic Product）であり，それは付加価値の合計に等しい．*GDP* は，日本の国土の中で1年間につくりだされた全ての財・サービスの総量である．

つぎに政府の経済活動は，産業のそれと同じように測ることができるかを考える．一般政府は一般行政，教育，外交，警察，消防，司法など様々な活動を行っている．けれども，産業が生み出す財貨・サービスと違って，これらは市場で取引されない．政府の行政サービスは，ひろく一般国民を対象として無償で提供されているからである．

行政サービスには市場価格が存在しないので，その産出額（output の価格）を測定するには財貨・サービスを産出するのに必要な政府経費（input の価格）をもって行うほかない．企業会計に譬えるならば，売上原価によって売上高を測定するようなものである．もっとも，一般政府は利潤獲得を目的とした存在ではないので，「営業余剰」はない．したがって，一般政府の財貨・サービス産出のための費用は，中間投入，雇用者所得，純間接税および固定資本減耗の合計，ということになる（間接税および補助金は，経済活動が生み出す付加価値とはいえないが，財貨・サービスの取引がこれらを含んでいるため，便宜的に付加価値の構成項目となる）．

例えば，「中間投入」とは政府機関が消費する文房具，光熱費，交通費，業務委託費などを示す．「雇用者所得」は，行政職の公務員，公立学校の教員，公立病院の職員などに対するそれであり，費用総額の約75％程度を占める．「固定資本減耗」は政府庁舎，学校，病院などの建物に関するものである．「純間接税」は量的には少ない．

政府部門の産出額は，その「売上高」によってではなく「売上原価」である費用によって測定されるということがわかった．ところで，生み出された財・サービスは何らかの形で需要される．国民経済計算では「支出」という言葉を用いて，これを表している．つぎに，一般政府の産出した財貨・サービスを「支出」という側面から見てみよう．

◆ **政府の最終消費支出**　政府の支出は最終消費，公的固定資本形成，そして移転的支出（社会給付等）から構成される．図2.1は国民経済計算上での，これらの項目を分類したものである．はじめに最終消費から見よう．消費は

図 2.1　一般政府支出の内訳（2006年度，10億円）

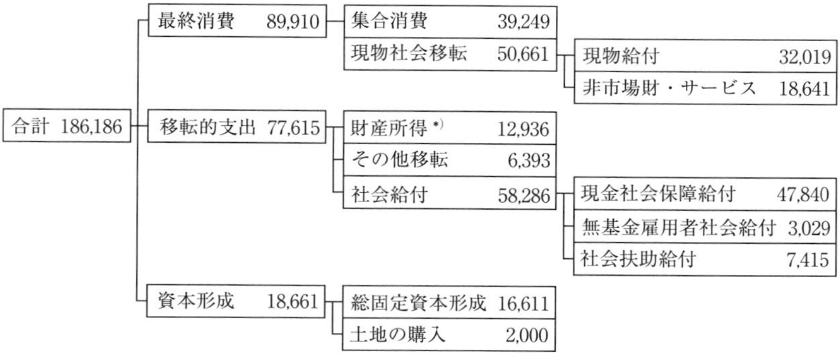

```
                ┌─ 最終消費 89,910 ─┬─ 集合消費        39,249
                │                    └─ 現物社会移転    50,661 ─┬─ 現物給付           32,019
                │                                                 └─ 非市場財・サービス 18,641
合計 186,186 ─┼─ 移転的支出 77,615 ─┬─ 財産所得*)      12,936
                │                     ├─ その他移転       6,393
                │                     └─ 社会給付        58,286 ─┬─ 現金社会保障給付      47,840
                │                                                  ├─ 無基金雇用者社会給付   3,029
                │                                                  └─ 社会扶助給付           7,415
                └─ 資本形成 18,661 ─┬─ 総固定資本形成 16,611
                                      └─ 土地の購入      2,000
```

（資料）内閣府『国民経済計算年報』（平成20年）
＊）「財産所得」は国債利払い費を示す．

一定期間のうちに便益やサービスを享受しつくし，後に何も残らないような財・サービスの需要である．政府サービスのなかには一般公共サービス，防衛，公共秩序，安全，経済業務など，国家体制の維持・安全にかかわる部分がある．これらを「純粋公共財」という．ここでは公共財は，租税を中心とする一般財源でまかなわれていること，受益者が特定できないことを確認して先に進もう．

　このような純粋公共財を国民経済計算では**集合消費**（collective consumption）と呼ぶ．「政府最終消費支出」の主たる項目のひとつである．2006年度で，約39.2兆円が支出されている．行政サービスは国民が消費するものであるにもかかわらず政府最終消費支出というのは，国民一般に代わって一般政府が「自己消費」するという解釈による．

　けれども，一般政府支出のなかには特定の政府サービスとそれを消費する家計との対応が明らかな場合がある．これを，GDP 統計において現物社会移転（**個別消費** individual consumption ともいう）と呼ぶ．2006年度でいうと50.6兆円が現物社会移転であり，純粋公共財よりも大きいことに注意する必要がある．

　ここで注意しなければならないことは，**現物社会移転**（social transfer in kind）が対人サービスとして機能していることである．「現物」とは一般政府が生産者から購入した財貨を支給することであり（例えば，車椅子），狭い意味での移転（政府に対向する商品の流れを伴わない無償の，貨幣のみの一方的な

流れ)とはいえない.

　しかし,福祉国家が成熟して現物給付を通じる所得再分配機能を政府が積極的にとりこむようになると,反対給付のない現金形態の移転的支出だけを抽出して議論しても,国家の本質が十分にはとらえられなくなってきた.現物社会移転の概念の登場はこうした要求にもとづくのである.

　例えば,高額医療や出産給付金のように給付そのものが先行して,いったん家計の負担となった代金が社会保障基金から払い戻される場合がそれである.また介護・医療サービスや高齢者に対するバス・地下鉄乗車券のように,現物そのものが受給者に支給される場合も個別消費である.さらに教科書の無償給付や集団検診,災害時における救援物資の配付も,消費者が特定できるという意味で個別消費に含まれている.

◆　**公的資本形成**　民間部門が投資するように,政府部門も固定資本形成を行う(公的資本形成という).「投資」とは,耐久性をもち便益・サービスを将来何期間にもわたって提供しつづける財に対する需要である.つぎに公的資本形成について見てみよう.

　政府庁舎や道路・橋梁の建設費などが典型的な「公的資本形成」である.図2.1で示されているように,2006年度においては約16.6兆円が支出されている.公的資本形成については,いくつかの留意すべき点がある.

　第1に,「消費」と「投資」の区別は,考えている物理的な期間に依存する相対的な概念である.「消費」と「投資」の区別は微妙な問題である.例えば,2001年度から実施されている国民経済計算(93SNA体系という)では,コンピューター・ソフトウェアの購入は従来の「最終消費支出」から「公的資本形成」に振り替えられた.いまひとつの例は,防衛関係支出のうち民間目的に転用できる固定資産にたいする支出が,93SNAから一般政府の公的資本形成として扱われるようになったことである.教育や公衆衛生に関連した支出も,経済理論の観点からすれば資本形成に寄与するのであるが最終消費に分類されている.

　第2に,予算に関連してしばしば言及される公共事業費との区別である.公共事業費には用地費・その他の補償費が含まれる.しかし,土地取引そのものはその年に新たに生み出された財・サービスではないので,公的資本形

成には含まれない．政府が行う景気対策の「真水(まみず)」と呼ばれる部分は直接に国民経済計算の支出項目になるものをさし，用地費・補償費などは除かれることに留意されたい．

第3に，公共事業では地方自治体の事業に国が補助金を交付しているが，それがいったい誰の事業なのかが問題となる．誰がどのくらいの割合で費用を負担しているかを問題にするのを，資金源泉主義という（1977年までの旧国民所得統計がこのような立場をとっていた）．

これに対して，現行の国民経済計算では工事の施工と完成後の管理に誰が責任を負うのかということを重視している．これを**最終支出主体主義**という．2006年度では国の行った固定資本形成は4.3兆円にすぎないが，地方公共団体の12.3兆円の固定資本形成に対して，6.4兆円の資本移転（国からの補助金）が補助金として交付されている．ここに見られるように，日本の国・地方の財政関係において財源は国が握っているが，公的資本形成の主体は圧倒的に地方自治体である．

◆ **移転支出（社会給付）**　　一般政府の支出のなかには，政府に対向する商品の流れをまったく伴わない，無償の経費が含まれる．移転支出がそれであり，国民経済計算では**現物社会移転以外の社会給付**と呼ばれている．「補助金的支出」あるいは，ピグーのいう「移転的経費」もほぼ同様の概念である．

私たちは第3章で，その膨張が本来の公共財のそれをはるかに超えていることを考察する．ここでは2006年度において約58.2兆円が支出されていて，最大の項目であることを確認しておけば足りるだろう（図2.1）．この社会給付の大勢を規定しているのは公的年金と公的扶助であり，両者は2大主柱となっている．これらの支出は国民経済計算上，年々の付加価値を生み出す生産活動には直接的には関係していない．

しかし，政府は市場で決定された所得分配を修正して，その再分配を行っている．福祉国家の本質が所得再分配にあるとするならば，移転的支出は正面から論じられる必要があろう．詳しくは第3章に譲るが，ここでは社会保険と公的扶助について簡単に触れよう．

年金のような社会給付には社会保険という仕組みが利用されている．保険とはあるリスクに備えて各自があらかじめ保険料を負担しておき，いざリス

クが発生した場合に給付を行うことによって，リスクの分散を図る仕組みである．その目的は，疾病，失業，老齢に伴う稼得能力減退による所得喪失の補償にある．2006年度には「現金社会保障給付」には47.8兆円もの金額が支出されている．社会保険制度は個人の自己責任を基礎として，その「相互扶助」によって支えあうという考え方に適合する制度である．

　これに対して，労働する能力を失って経済的自立ができなくなったり，社会保険料を拠出できなくなったりする場合に対処するのが「最後の砦」である公的扶助である．日本でいえば，生活保護制度が典型的な公的扶助であるといえる．2006年度には，7.4兆円の公的扶助が支出されている．公的扶助の受給者は，老齢や障害により労働能力がなくなった者や，他の援助に頼ることのできない低所得者層が多い．公的扶助には社会保険料のような拠出要件がなく，租税等の一般財源によって費用が賄われている．いわば古典的な救済・所得再分配型のセーフティ・ネットとしての性格をもつ．

2. 日本の経費構造

◆ **歳出規模の国際比較**　　一般政府の産出した財貨・サービスを「支出」という側面から見てみた．つぎに現代日本の経費をより具体的に観察して，政府がいかなる役割を果たしているかを論じる．はじめに，日本の政府活動は国際的に見てどのように位置づけられるのかを考える．表2.1は主要6カ国の一般政府支出を経済性質別に比較したものである．日本の一般政府支出の対 GDP 比は38％であり，アメリカと並ぶ低さである．こうした低位性は最終消費支出が相対的に少ないことに起因するが，これは軍事費の負担が他国に比して軽いからである．繰り返すが一般政府支出の対 GDP 比は欧米，とくにヨーロッパの福祉国家と比べると相対的に小さい．

　時系列でみると日本でも政府の規模は大きくなっている．事実，最終消費の低さは他国を凌ぐ公的資本形成（その大半は公共事業費）によって相殺されてきた．けれども近年では，公的資本形成は減少して，社会給付（その大半は社会保障関係費）が急速に膨張している．しかし，それでも表2.1からわかるように現物移転以外の社会給付（年金，公的扶助等）は，ヨーロッパ諸国と比べるとはるかに小さい．要約すると，日本の歳出規模はアメリカを少し上

表 2.1　国民経済に占める一般政府の割合

	年	対 GDP 比（％）				
		政府最終消費支出	総固定資本形成	現物社会移転以外の社会給付（年金等）	その他	一般政府総支出（合計）
日　　本	1991	13.0	4.9	7.0	6.7	31.5
	2002	17.7	4.7	10.9	4.8	38.1
アメリカ	1991	17.2	2.4	10.9	7.3	37.8
	2002	15.2	2.5	12.0	6.3	36.0
イギリス	1991	20.7	2.4	14.2	6.7	44.0
	2002	20.1	1.3	13.5	6.9	41.8
ド イ ツ	1991	19.2	2.7	15.7	9.5	47.1
	2002	19.2	1.6	19.4	8.5	48.7
フランス	1991	22.5	3.6	17.3	8.1	51.5
	2002	23.9	3.1	18.0	8.5	53.4
スウェーデン	1993	29.4	3.8	22.6	17.1	72.9
	2002	28.1	3.3	17.5	9.4	58.2

（資料）OECD（2004）*National Accounts for OECD countries*，財務省『財政統計』

回っているが，ヨーロッパより低い水準である．この事実のもつ意味については，第13章で詳しく触れる．

◆ **支出の地方分散**　つぎに支出がどのような主体により，いかなる対象に支出されているかを論じる．支出の主体としての政府は中央政府と地方政府に分かれ，さらに後者は都道府県と市町村との二段階に分かれる．

表2.2によると，一般政府の最終消費支出と公的資本形成のいずれをとっても，明らかに中央政府よりも地方政府の方が比重は高い．国民が等しく享受する便益への経費としての「現実最終消費」では67％を，公共投資などの「総固定資本形成」でも74％の比重を地方政府が占めている．移転支出においても現金による社会保障給付以外で，地方政府は非常に高いウェートを占めている．この表では示されていないが，現物社会移転（医療や介護）では8割，社会扶助給付（生活保護等）では8〜9割を占める．

地方の分担割合が大きいといっても，それらの財源の少なくない部分が補助金や地方交付税という依存財源によって支えられている．いわば**財源の中央集中と支出の地方分散**というパターンが定着している．これは日本の行政

表 2.2　一般政府内部の支出配分（2006年度）

現実最終消費	中央	30.8
	地方	67.7
	社会保障基金	1.5
	計	100.0
現物社会移転	中央	4.2
	地方	31.4
	社会保障基金	64.4
	計	100.0
現物社会移転以外の社会給付	中央	2.9
	地方	14.9
	社会保障基金	82.2
	計	100.0
総固定資本形成	中央	25.6
	地方	74.0
	社会保障基金	0.4
	計	100.0
支出合計	中央	13.0
	地方	39.4
	社会保障基金	47.6
	計	100.0

（資料）内閣府『国民経済計算』

が中央政府の企画や統制のもと，地方政府が執行と費用を負担するというシステムであることを反映している．

◆ **社会保障関係費と国債費の膨張**　つぎにどのような対象に支出されているのかを見てみよう．国の予算では主に税収入によって財源が調達される一般会計が中心であり，その内訳を示したのが**主要経費別分類**である．これは毎年「予算の説明」に表示され国会にも提出されていて最も一般的な分類である．

表2.3によると2007年度には82〜83兆円の歳出の中で，社会保障関係費26.8%，国債費25.3%，地方財政費（地方交付税交付金）18.0%が上位を占め，これに国土保全及び開発費7.5%，教育文化費6.1%が続いていることがわかる．

社会保障関係費は徐々に比率が高まり第1位を占めるに至ったが，特に1970年代に飛躍的にウェートが上昇した．ごく最近では国債費が社会保障に匹敵する最大の経費項目のひとつになっている．バブル経済崩壊後の1990年代に行われた，景気下支えのための財政赤字の後始末ともいうべき経費だといえる．地方財政費は実態としては地方交付税交付金なので（第12章を参

表 2.3 中央一般会計目的別累年比較（構成比，%）

	1950	60	70	80	90	2000	2007
国 家 機 関 費	10.8	9.7	6.7	5.0	6.8	5.4	5.2
地 方 財 政 費	17.1	19.1	21.7	18.1	23.0	17.7	18.0
防 衛 関 係 費	17.6	9.4	7.3	5.2	6.2	5.5	5.8
対 外 処 理 費	0.2	1.8	0.3	0.0	—	—	—
国土保全及び開発費	14.8	16.9	16.6	13.8	8.5	10.9	7.5
産 業 経 済 費	16.5	9.4	12.4	9.2	5.9	4.6	3.5
教 育 文 化 費	3.3	12.1	11.5	10.7	7.8	7.4	6.1
社 会 保 障 関 係 費	8.6	13.3	15.9	21.3	18.4	23.3	26.8
恩 給 費	0.8	6.7	3.6	3.8	2.6	1.6	1.1
国 債 費	9.2	1.5	3.5	12.7	20.7	23.9	25.3
そ の 他	1.2	0.2	0.6	0.2	0.1	0.9	0.6
合 計	100.0	100.0	100.0	100.0	100.0	100.0	100.0

（資料）財務省『財政金融統計月報』

照），国の行政サービスを直接的にあらわすものではない．

　もっとも，交付税は国が地方政府に義務づけた行政サービス（生活保護や義務教育等）をマクロ的に財源保障する機能をもっている．このため地方財政関係費は，地方政府が中央政府の分肢として活動している度合いを示す指標といえる．

　このように日本の経費構造は公共投資に代わって，社会保障関係費が中心になっていると特色づけられる．したがって社会保障で国とならんで重要な役割を果たしている地方財政への補助金・交付金もウェートが高い．一方，財政赤字のツケとして残された国債費が他の政策的経費や交付税を圧迫しつつあり，財政構造は硬直化している．

◇ **大きい特別会計**　ここまで支出の主体と目的別の対象を見た．つぎに各省庁に配賦された予算が，最終的にどのような使途にむけられたかを示す使途別分類を論じる．政府が政策を立案し，それを執行するためには人件費を支出して一般職員や教員等の公務員を雇用しなければならない．また全国的に政策を展開するためには旅費を支給して，公務員の出張費を賄う必要がある．もちろん日常的な行政執行にはセメントや橋梁の材料から，コンピューターや通信回線などの設備を購入する物件費が必要であることはいうまでもない．

表 2.4　中央歳出使途別構成（当初予算，2007年度）　（億円，%）

	一般会計	特別会計	政府関係機関
人件費	41,167　(5.0)	6,514　(0.2)	984　(4.2)
旅費	1,053　(0.1)	147　(0.0)	58　(0.2)
物件費	29,698　(3.6)	14,457　(0.4)	807　(3.4)
施設費	9,074　(1.1)	37,096　(1.0)	—
補助費・委託費	233,730　(28.2)	228,557　(6.3)	373　(1.6)
他会計への繰入	493,644　(59.5)	1,029,735　(28.5)	—
その他	20,718　(2.5)	2,302,291　(63.6)	21,207　(90.5)
合計	829,088　(100.0)	3,618,800　(100.0)	23,430　(100.0)

（資料）財務省『財政金融統計月報』

また公共サービスを提供するための校舎・庁舎の建設・維持のために，政府は施設費を支出している．政府が直接にサービスを提供せずに，それを代行してくれる事業者や人がいる場合には補助委託費を支出する．このように，予算は最終的に人件費，物件費，旅費，施設費，そして補助委託費として支出されるのである．これが**使途別分類**である．

　私たちは主要経費別に依拠して政府の活動を見た．それによるとあたかも一般会計それ自体が，社会保障活動や公共事業を行っているようにみえた．しかし，林健久教授の名著『財政学講義』で解明されているように，使途別に検討すると著しく異なった政府活動の側面が示されるのである（林［2002］）．表2.4に示されているように，一般会計82.9兆円に対して特別会計361.8兆円，政府関係機関2.3兆円という規模の違いに注目する必要がある．政府全体の予算に占める一般会計の地位はこの程度にすぎない．

　しかも相対的に小さい一般会計がその大部分を省庁自ら一般会計として消費して行政実務を行うのではなく，他会計への繰入や補助金として支出している．例えば2007年度の場合，一般会計歳出のうち84%の72兆円が他会計や事業主体に現金のまま移転されていて，行政執行のために支出するのは16%にすぎない．

　特別会計や政府関係機関では「その他」の比重が大きい．これは国債元利償還費や地方交付税のような移転的支出の性質をもつものである．また一般会計ほどではないが「他会計への繰入」や「補助・委託費」の割合も高い．補助・委託費の主たる受け手は地方政府なのであるから，中央政府のコントロールのもと地方政府がその代理人として機能している姿を垣間見ることが

できる．

　最後に1980年代以降，多用されている経費分類として硬直性の度合いを基準とするものをあげておこう．これは一般会計歳出を「国債費」，「地方交付税交付金」および「一般歳出」に分け，前二者は裁量の余地のないものとして計上するほかないのに対して，**一般歳出**については裁量を加えうるので，その伸びを抑制するという趣旨の分類である．

　地方交付税交付金は地方行政に必要な財源を保障し，財政力格差を是正する一般財源である．その原資は国税たる所得税・法人税・酒税・消費税・たばこ税の一定割合とすることが法律で定められている（地方交付税法6条による．具体的には，所得税及び酒税の32%，法人税の34%，消費税の29.5%，たばこ税の25%）．政策的経費である「一般歳出」とは区別されているのである．

　国債費が一般会計に占める割合は1965年にはわずか0.6%であったのが，2007年度にはついに25.3%にまで跳ね上がってきた．社会保障関係費の25.5%とほぼ同じ水準にまで増大した．これは過去の借金のツケが，今日最重要である経費と考えられる社会保障関係費に匹敵してきたということを意味する．

　他の2つの経費項目である地方交付税交付金および「一般歳出」は，その相対的な比重が下がりつつある．国債費増加による財政硬直化の現象が生じているのである．低金利のもとでさえこのように他を押しのけているのであるから，金利上昇局面では事態がいっそう深刻になる可能性を否定できない．

3. 財政支出の規範的分析

◆ **公共財の定義**　企業にとって製品価格や原材料，労働賃金などの価格は市場で決まっており，企業にとっては変えることのできない与件である．一方，一単位の製品を増産するために要する追加的なコスト，すなわち限界費用は生産量が増大するのに比例して上昇していく．したがって，ある水準以上の製品を生産すると限界費用が製品価格を上回るようになり，「採算割れ」を起こしてしまう．限界費用と製品の価格が一致するところが企業にとっての最適な生産水準である．企業にとって生産量を決めるのは価格であ

る．また企業の場合，outputの市場価格がinputの経費に充てられる．

　これに対して一般政府は無償で行政サービスを提供する代わりに，国民は税金の形で，政府生産物の享受とは一応無関係に購買力の一部を政府におさめる形をとっている．つまり，政府生産物の享受とそれに対する代価の支払いとが切りはなされて，それぞれ独自に決定されるという形をとっている．しかも，政府生産物は市場価格で測定できないので国民の支払った税負担の総額でもって，すなわち政府生産物を提供するために購入した財や労働力の価格でもってあらわさなければならない．

　政府部門の支出を市場メカニズムに類似した機構によって，決めることはできないのだろうか．ここでは公共財の最適供給の条件を説明しよう．私的財と公共財との違いは何であろうか．第1に，二人の個人が私的財を同時に消費できないのに対して，公共財は一人が消費したからといって，他の一人の消費を減らさない．第2に，私的財の消費から他人を排除することはできるが，公共財の場合にはほとんど不可能だということである．つまり，純粋公共財（pure public goods）とは，つぎのような2つの性質を備えた財である．

（1）　**非競合性**：一旦供給されると，もう一人の個人が消費するのに必要となる追加的な資源はゼロであるという性質．

（2）　**非排除性**：他の人がその財を消費することを排除することが非常に高くつくか，もしくは物理的に不可能という性質．

　これに対して私的財はその消費が競合し，かつ（対価を支払わない人は消費できないという意味で）排除可能である．公共財の性質については，つぎのような点に留意する必要がある．第1に，公共財の分類は絶対的なものではなく市場の環境や技術に依存する相対的な概念である．例えば，灯台の場合を考えてみよう．ビーコンから信号が発せられるとどの船舶も他の消費を減らすことなくその恩恵を被ることができるし，特定の船舶だけが信号の受信から排除されることはない．灯台はこの場合，公共財である．

　しかし，電波妨害装置が開発されて特別の受信装置を購入しないと信号を解読できなくなったと仮定しよう．この場合，非排除性という基準は満たされないので灯台は純粋の公共財ではなくなる．

　第2に留意する必要があるのは，公共財の定義のうち一方を満たすけれど

図 2.2　私的財の効率的供給

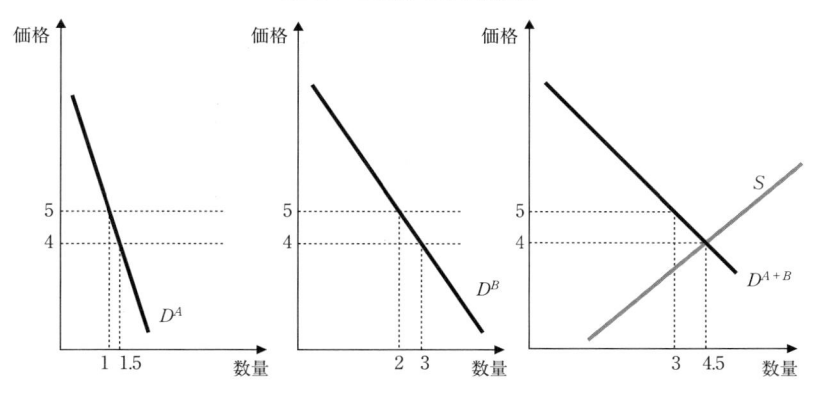

（資料）　Rosen（2005）*Public Finance*, seventh edition, Figure4.2に加筆修正．

も，他の条件は満たさない場合があるということである．例えば，ラッシュ・アワー時の都心を貫いている道路の場合を考えてみよう．道路の出入りを確認するための料金所をどこにでも設置するのは不可能だから，非排除性は満たされている．しかし，簡単に渋滞につかまってしまうことからわかるように消費には「競合性」がある．

◆ **私的財の市場均衡**　公共財を効率的に供給するには，どのような条件が満たされる必要があるのだろうか．私的財の最適な供給条件について，ごく簡単に再確認しておこう．いま社会がAとBの二人から成り立っているとする．2種類の私的財，コーヒーと紅茶がある．図2.2は縦軸に価格が，横軸に数量がとられている．各人の需要曲線はそれぞれの価格で各人が消費したいコーヒーの量をあらわしている．

では，市場全体の需要曲線はどのようになるであろう．価格に応じて各人が需要するコーヒーの数量を単純に足せばよい．私的財では各人の需要する数量（視覚的にいうと，需要曲線と縦軸との水平距離）を「水平加算」して，市場全体の需要曲線がもとめられる．これに供給曲線を加えると，需要と供給が等しくなる点で市場は均衡する．均衡ではAさんとBさんのコーヒー消費量はそれぞれ1.5と3で同じではない．私的財の市場均衡では価格は同一であるが，嗜好や所得に依存して消費量は異なる（「同一価格，別量消費」ともいう）．

この均衡には重要なメッセージが含まれている．コーヒーの配分は「パレート最適」の状態にある．ミクロ経済学によれば，効用最大化を目的とする消費者はコーヒーの紅茶に対する**限界代替率**が，コーヒーの紅茶に対する相対価格と等しくなるように消費を決定する．つまり，$MRS_{ct}=P_c/P_t$ となる（限界代替率が相対価格より大きい場合，この消費者にとってコーヒーの価値は市場で評価している価格を上回るので，紅茶をコーヒーに買い換えることで効用を増す．逆の場合は，コーヒーを紅茶に買い換える）．ここでは相対価格だけが問題なので，話しを簡単にするために一単位の紅茶の価格を1とする．効用最大化の条件は簡単な形，すなわち $MRS_{ct}=P_c$ となる．

　つまりコーヒーの価格は，一単位のコーヒーを増やしたとき効用水準を同一に保つにはどのくらいの紅茶をあきらめてもよいか，その代替率をあらわしている．したがって，需要曲線は消費に応じてコーヒーの紅茶に対する限界代替率がどのように変化するかをあらわしている．同じように，Bさんの需要曲線も限界代替率をあらわす．また図の供給曲線は，コーヒーの生産の紅茶の生産に対する限界変形率をあらわす（限られた資源の範囲内で，コーヒー一単位の追加生産を行うために，紅茶の生産をどのくらい縮小しなければならないかという，生産の困難さをあらわす）．

　図の均衡においてAさんもBさんも限界代替率が4になるように消費しているし，限界変形率も4となっている．したがって私的財の市場均衡では，

$$MRS^a_{ct}=MRS^b_{ct}=MRT_{ct}$$

という条件が満たされなければならない．各人の限界代替率が等しく，かつ限界代替率が限界変形率に等しいことがパレート最適となるための必要条件である．市場が競争的でうまく機能していれば，厚生経済学の第1定理はこの条件に合致することを保証する．

◆ **公共財の供給**　　私的財の効率的供給の条件を確認したので，つぎに本題である公共財について同様に考える．AさんとBさんの近隣に公立の公園があるとする．Aさんの消費がBさんの消費を減らすわけではないし，（柵を至るところで設置しないかぎり）公園に入ることを排除することはできない．よって公園サービスは公共財である．公園の面積は拡張することがで

き，広ければ広いほど様々な植物や遊具が利用できるので，効用は大きくなる．

公園の面積が90㎡であり，10㎡拡大するごとに，費用が10万円かかるとする．Aさんは10㎡拡大することに対して，12万円負担する意志があるけれども，Bさんは8万円までなら負担してもよいと考えている．公園の面積を増やすことは効率的であろうか．

このような選択を考える場合，限界費用と限界便益を比較することが重要である．限界便益を計算する際に，公園の消費には非競合性があるので，AさんもBさんも共に100㎡を消費できることに注意しなければならない．したがって，100㎡の公園の限界便益は，二人が支払ってもよいと思う価値の合計，すなわち20万円である．一方，限界費用は10万円であり，そのコストによって公園を100㎡に拡張できる．

より一般的にいうと，追加一単位の公共財に対して各人が支払ってもよいと思う価格の合計が限界費用を超過しているならば，公共財の供給を増やすのは効率的である．言い換えると，追加一単位の公共財についての各人の**限界評価**の合計が，限界費用に一致するまで公共財を増やすことが効率的となる．

上記のことを，より視覚的にあらわすとつぎのようになる．図2.3では横軸で公園の面積が測られていて，縦軸にはその価格があらわされている．各人の需要曲線はそれぞれの価格で各人が消費したい公園の量（面積）をあらわしている．では，公園に対する集団の需要曲線はどのように描けるだろうか．私的財の場合には，各人の需要曲線を水平的に加算した．私的財は同一価格で別量消費されるので，これでよかった．

しかし，公園のような公共財では等量消費となるので，水平的な加算では意味をなさない．公共財に対する集団の需要を導出するには，ある消費量に対応する各人が支払ってもよいと思う価格を加算しなければならない．つまり，公共財については集団の需要は，各人の需要曲線を垂直に加算して導くことができる（「等量消費・別価格」ともいう）．

ここで，公共財と私的財ではあらゆる点が対称的であることに注意しよう．私的財では各人の限界代替率は同一になるけれども，各人の消費量は異なっている．したがって，需要曲線は水平的に加算された．一方，公共財は

図2.3 公共財の効率的供給（公園の例）

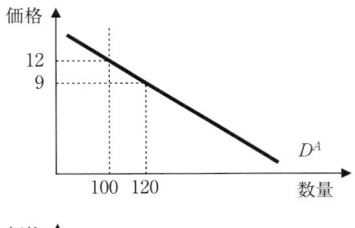

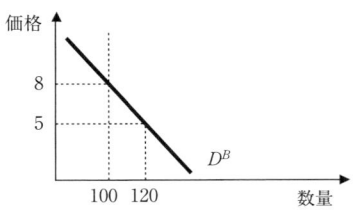

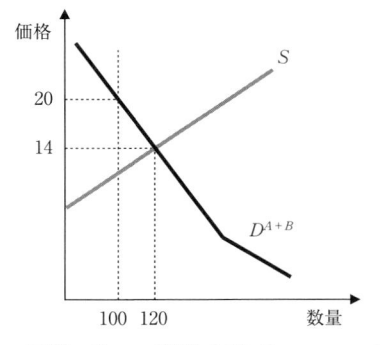

（資料） Rosen (2005) *Public Finance*, seventh edition, Figure4.4に加筆修正.

各人の消費量は等量であるが，限界代替率は異なっている．このため，公共財にたいするグループ全体の需要を導くためには需要曲線を垂直に加算しなければならないのである．

話しを公園に戻すと，公園の効率的な供給は面積を10㎡拡張するのに，AさんとBさんが支払ってもよいと思う価格の合計が，限界費用に等しくなることである．図2.3では公園の面積が120㎡，限界費用が14万円のとき，需要と供給が交叉し，均衡点となる．

ここでも価格は限界代替率と同じであると解釈できる．Aさんが公園拡張に支払ってもいいと思う価格は，彼の限界代替率（MRS^a_p）と同じである．Bさんについても同じことがいえる．したがって，二人が支払ってもいいと思う価格の合計は，$MRS^a_p + MRS^b_p$ である．生産面から見ると，価格はやはり限界変形率 MRT_p（一単位を追加供給するのに必要な費用のこと）と等しい．したがって図2.3の均衡は，つぎのように表すことができる．

$$MRS^a_p + MRS^b_p = MRT_p$$

この条件を，私的財の効率的な供給のそれと比較しよう．私的財では各人の限界代替率は同一で，かつ限界変形率に等しかった．公共財の場合には，各人の限界代替率の合計が限界変形率に等しくなければならない．換言すると，最後の一単位に対する各人の限界便益の合計がそれを供給するのに必要な限界費用に等しいということが，公共財供給の最適条件なのである．これを公共財供給に関する**サミュエルソンの公式**という．

◆ **フリー・ライダー問題**　市場メカニズムは公共財を効率的に供給できるだろうか．その答えは，人々が公共財に対する真の選好を正直に表明するかどうかにかかっている．

私的財が競争的市場で交換されるときは，彼がその財をどのくらい評価しているかについて，嘘をつくインセンティブは存在しない．もしAさんがコーヒーの価格を支払う意志がある場合，彼がおカネを払ってそれを買わなければ何も得られないだけである．

ところが人々には純粋公共財に対する真の選好を表明しようとしない誘因がある．図2.3の場合，Aさんが9万円，Bさんが5万円を負担すれば公園の供給は効率的になる．このように応益原則にもとづいて，各人がそれぞれの限界代替率に比例して費用を負担し，しかも供給量が上に述べた意味で最適になっている場合を**リンダール均衡**と呼ぶ．リンダール均衡では各消費者の費用負担が，各自がその公共財を限界的に評価する程度に比例して費用を負担しているという意味で公正である．

リンダール均衡を達成するには，政府は各消費者の限界代替率を知る必要がある．しかし，Bさんは公園にはまったく価値がないと嘘の表明をするかもしれない．Aさんにその費用を支払わせることに成功したならば，Bさんは「ただ」で公園を利用することができる．このように他人に支払をさせて，その便益を享受する人のことをフリー・ライダー（free rider）という．同じくAさんもフリー・ライダーになりたいと思うだろう．結局，市場メカニズムでは公共財を効率的に供給できない．図2.3に示されるような効率的な資源配分に，市場が自動的に到達する保証はない．

全員の選好がわかっていれば，政府は強制力をもちいて公共財の費用を各人に割りあてる．これが可能であればフリー・ライダー問題は克服でき，公共財は最適に供給できる．しかし，これはもっともらしくない．

個人は政府による強制なしに共同して行動することがある．ボランティア組織に集まる寄付金によって，教会や音楽堂，図書館や実験室，美術館や病院が建設・維持されている．古典的な公共財である灯台すら民間団体によって維持・運営されているケースがある．これらの事例はフリー・ライダー問題がどうでもよいということを意味しない．公共的な性格をもつ財が私的に供給されることはある．しかし，本当に供給されるべき財が十分に供給され

るとはかぎらない．

4. 民主主義における意思決定

　現実の公共財供給量や負担の決定は，主として官僚機構内部で，しかも最終的には政治的に決定される．公共部門は市場メカニズムに任せておいてはうまく機能しない分野を扱うものであり，「市場の失敗」に対する対応策である．ところで民主的社会における公共部門の意思決定は政治的プロセスを経なければならない．政治的メカニズムには固有の問題があり，公共部門の意思決定には「政治の失敗」という難関が待ち構えている（本節については井堀［2005］を参考にした）．

◆ **投票のパラドックス**　政府は国民全体の経済厚生を最大にするように行動しているが，政策決定のメカニズムには問題がある．すなわち，政府の行動には必ずしも一貫性があるわけではない．政府の経済政策が，たった一人の選好の反映ではないことからすれば，それは当然である．より単純にたった3人が3つの選択肢の中から選択する場合でも，多数決では明確な結果が得られないことがある．これは，200年以上も前にフランスの数学者で政治哲学者でもあるコンドルセ（Condorcet, 1743-1794）が指摘した投票のパラドックス（voting paradox）である．単純な例を考えよう．A，B，Cの3人の有権者がいて，道路支出を削減して捻出した財源をもとに，他の公共サービスを充実させるという目標を共有しているとする．彼らは公共サービス充実の選択肢を3つに絞った．環境，福祉，そして治安である．

　各人の選好順位はつぎの表2.5の通りである．この場合に多数決で，戦略の選択を行うと，**投票サイクル**が起きてしまうことが簡単に分る．選択肢を2つずつ比べた場合には，環境は福祉よりも2対1で選好され，また福祉は治安よりも同じく2対1で選好される．この情報だけとれば環境は福祉よりも好まれ，福祉は治安よりも好まれるので，環境は治安よりも好まれると推論するだろう．ところが，この2つの選択肢について投票した場合，治安は環境よりも2対1で選好される．多数決をすべて勝ち抜く，選択肢はない．多数決制は選択肢の中の任意の2つずつを比較できるが，3つの選択肢全体

の順位をつけることはできないのである．

ノーベル経済学賞の受賞者であるケネス・アロー（Kenneth Arrow, 1921- ）は，「投票のパラドックス」

表2.5　投票のパラドックス

	選　好		
	A	B	C
第1位	環境	福祉	治安
第2位	福祉	治安	環境
第3位	治安	環境	福祉

が単純多数決にとどまらず，すべての社会的選択ルールに共通する根本的な問題であることを証明した．この問題を回避して整合的な選択を確実に行うための唯一の方法は，一人にすべての決定を委ねることである．このような制度による選択は整合的ではあるが，民主的であるとはいえない．

◆ **中位の投票者**　幸いなことに，「投票のパラドックス」は不可避的な問題ではない．公立学校に予算をどのくらい使うべきか，といった単純な問題について投票を行うと何が起こるだろう．ある人は多く，他の人は少なく使うことを望む．一体，誰の選好が優先されるだろう．その答えは意思決定が行われるルールに左右される．「中位の投票者」理論（median voter theory）によれば，単純多数決であれば驚くほど単純な結果を予測できる．意思決定を支配するのは，中位の投票者（小さい順に並べて中央の値）の選好である．

いま5人の有権者（A，B，C，D，E）がいて，住民一人当たりの福祉支出を投票で決める．各人が最も望ましいと思う金額が表2.6に示されている．選好は単峰型なので，有権者が望ましいと思う水準に近づけば，彼／彼女はその選択肢に投票する．

はじめに5万円と10万円の選択を考える．後者は4名から支持される．10万円と15万円の選択でも，3名が支持する後者が選択される．しかし，15万円と16万円の選択では，15万円が多数となる．結局，15万円が多数票を獲得する．この金額は，中位の投票者であるCが望ましいと思う金額に一致する．つまり投票結果には，中位の投票者の選好が反映される．

もちろん，有権者は直接に意思決定に参加するのではなく，選挙で選ばれた政治家が法案に投票する．しかし政治家は**再選**されることを望む．再選の可能性を高めるため，得票数を増やすような公約を掲げる．もし2つの政党が得票数を最大化するように公約を掲げるならば，両者は中位の投票者の意

表 2.6　福祉支出に対する選好

有権者	一人あたり支出(万円)
A	5
B	10
C	15
D	16
E	70

見を反映するような立場をとるだろう．

この点を理解するために，各有権者が望ましいと思う支出規模が小さいものから大きいものへと並べられている先の例に戻る．2つの政党があるとして，そのうちのひとつがBの選好に近い公約を掲げる．2人はそれ以下の支出を，4人はそれ以上の支出が望ましいと思っている．もうひとつの政党はCの選好を反映した公約を掲げれば，3人の得票を獲得できるので勝利する．もちろん最初の政党もこのことを知っているし，対立する政党が下の方を切り取って多数派を獲得することのないような戦略を立てる．このように両方の政党にとって，中位の投票者の選好を反映するような公約を掲げる誘因がある．

この考え方はしばしば「選択肢が少ない」と有権者が不満に思うのは何故かを理解するのに役立つ．2大政党は負けないように，共に中間の立場を見つけようとするからである．この考え方は政府の行動を予測するのにも役立つ．政府は中位の投票者に近い政策をとる．

ただし中位の投票者理論は「投票のパラドックス」を解決するものではないことは強調されなければならない．争点がひとつしかなく，かつ選好が単峰型（最も望ましい点がひとつしかないということ）の場合は，中位の投票者が結果を左右する．けれども環境，福祉，治安の例のように，ピークが複数ある場合には投票のパラドックスが起こることは避けがたい．

◆ レント・シーキング　　ここまで政府はできるかぎり有権者の選好を反映して，経済政策を実施すると仮定してきた．しかし，政府の目的それ自体が国民の経済厚生の最大化とは異なるという見方が近年，注目を浴びている．

前項で触れた「中位の投票者」理論は単純明快であった．しかし，現実の政府の活動は中位の投票者の利害というよりも特殊利益集団の利害を反映することが少なくない．ここで，**特殊利益集団**とは農協，医師会，業界団体，労組などを意味する．

例えば，市場を開放すると消費者は外国からの安い牛肉やオレンジを享受できる．しかし，輸入品との競争にさらされる国内の生産者，例えば農畜産

物の場合には農家が少なくとも短期的には不利益を被る．それが輸入競争産業による自由化反対という形で，政治的に反映されることになる．また日本からの良質の自動車の輸入（ハイブリッド車など）でアメリカの消費者は利益を受ける．しかし自動車産業に従事する人々はアメリカ製の自動車が競争にさらされて失業が生じるので，日本からの自動車の輸入制限を議会に働きかける．

特殊利益集団は，彼らの利益を支持してくれそうな政治家には資金を拠出して財政的な援助をおこなう．政治家も立候補して当選するために企業献金に依存する．経済学者はこのような活動をレント・シーキング（rent seeking）と呼ぶ．レントとは供給に必要な正常利潤を超えた収益のことであり，レント・シーキングという表現は，個人や業界がレントを獲得するために政府に働きかけることを示す．実際に政府は税制優遇，関税，補助金や規制を通じて，様々な企業の儲けに影響を及ぼすことができる．

ところでレント・シーキングは，一般に消費者サイドよりも生産者サイドにおいて活発である．その理由は生産者の利害表明と，消費者の利害表明との間に非対称性があるからである．消費者は数多くの商品を少しずつ消費している．市場開放によって牛肉や洋酒の値段が安くなることは消費者にとって良いことである．しかし消費者の利害は数多くの消費財に分散しているので，利害が結集することが限られてくる．

それに対して市場開放のもたらす不利益は，輸入競争産業に従事する人々の生計をゆるがす形でふりかかってくる．したがって直接被害を受ける輸入競争産業の利害は結集しやすく，政策的圧力として働きやすい．そのため，自由貿易によって消費者の受ける利益のほうが，輸入競争産業の受ける被害よりも，全体として大きいことが多いのにもかかわらず，消費者の声は結集できずに分散してしまう．生産者全体の総利得は実際には，消費者全体の総損失よりも小さいけれども，個々の生産者は個々の消費者が失う以上に多くのものを得ている．

◆ **官僚制と予算最大化**　つぎに考えるべきグループは官僚である．政府は官僚なしには機能しない．官僚には法案の作成能力や情報収集能力がある．しかし官僚や事業官庁が有権者の利益を法案に反映させることだけを目的と

して行動していると考えるのは無邪気すぎる．官僚の行動規範は，何であろうか．民間企業の従業員の給与は，会社の業績が上がれば上昇する．

これに対して官僚には金銭的報酬を得る機会がないので，特権的地位，名声，許認可権限といった非金銭的要素にこだわる．**ニスカネン**（William Niskanen）によれば，権限，社会的名声は官僚の所属する官庁の予算規模に比例するので，官僚の目的は予算最大化である．つまり，事業官庁は自らの支配力や所属する官僚の引退後の給料（天下り先等）がその官庁の予算の大きさに関係するため，国全体の財政状況や財源問題を考慮するより，自らの予算額を最大化させようと努力するインセンティブを持つ．

このような事業官庁の予算最大化行動は，特殊利益集団の政府への働きかけと結びついて，財政の放漫化を強める傾向がある．例えば，日本では各省庁からの概算要求は8月末に締め切られる．要求官庁では会計課と呼ばれる部局によって予算要求が積み上げられる．基本的なメカニズムは行政機構を通じる積み上げ方式である．

この過程で各省庁の管轄下にある社会的利益集団（業界団体，職業団体，年金受益者，地方公共団体）の財政支出要求が，管轄行政部局の予算要求に反映される．「多元的な利益が関連部局の仕切りに応じて吸収される，行政機構内部の交渉によって裁定されるという意味で，『仕切られた多元主義』を体現している」といわれる（青木・鶴編［2004］）．一方，利益集団の支出要求をくみ上げ，予算化することによって，当該省庁の天下り機会は拡張するので，省庁と管轄民間利益集団の間の結託が発展する．

◇ **コモン・プール問題**　政治家は，どこの国でも自分の選挙区の利益になるような支出プログラムを提案する傾向がある．このようなプログラムは，アメリカでは，ポーク・バレル・プロジェクト（元来，豚肉保存用の樽を指す）と呼ばれている．日本でも農業関係の公共支出や補助金は農業人口に比較して多額に上っている．空港投資についても1県1空港という需要に比較して過剰な投資が地方部においてなされている．鉄道投資に対する補助金のほとんどが整備新幹線につぎ込まれている．四国と本土の間には3つの橋がかかっている．

このようなプロジェクトであってもその財源は国全体で賄われることが普

通である．つまり，利益誘導型のプロジェクトのコストが税金として広く薄く負担されれば，コストは内生化されず，そうした個別支出への増加圧力は大きくなりやすくなる．

例えば，N個の地域があり，税が地域ごとに均等に分担されているとすると，あるプロジェクトで恩恵を受ける地域が負担するコストは，そのプロジェクト全体のコストの１／Nとなる．利益誘導を行う政治家（地域）が多ければ多いほど，その恩恵を受ける地域の負担は少なくなるため（「１／Nの法則」とも呼ばれる）利益誘導は激しくなる．その結果，国民全員にとって共通の資源である税金は枯渇してしまう．これは「コモン・プール問題」と呼ばれる（青木・鶴編［2004］）．

青木・鶴（2004）によれば，「コモン・プール問題」がどの程度深刻であるかは各国の行政ないし立法制度の仕組みに左右される．例えば，行政府内であれば，公平な立場から国全体の財政規律を考える立場にある財務大臣や総理大臣が，予算の意思決定プロセスで，どの程度強い権限を持っているかが重要である．「立法的な割拠」の状況も予算に影響を及ぼす．一般的にいうと，単独政権よりも参加政党数が多い連立政権のほうが，利害関係の対立があり，意見調整が難しいため，与党各党に配慮した予算が策定されやすい．

演習問題

ある道路に面した区画に10人の人が住んでいる．各人は一個の街灯を追加するのに２万円支払ってもよいと評価している（街灯数そのものに関係なく）．X個の街灯を設置するための総費用は$C(X)=X^2$であるとする．このときパレート効率的な街灯の数はいくつか．

文献案内

国民経済計算における「一般政府」に関しては作間（2003），中村（1999）が標準的なテキスト．公共財の効率的供給については詳しくは井堀（2008），貝塚（2003），Rosen（2005）を参照せよ．経費論の古典的名著として，宮島（1989），林榮夫（1951）を掲げておく．経費の長期的趨勢に関する分析やデータはつぎの文献やホームページで見ることができる．Ishi（2000），Tanzi and Schuknecht（2000），内閣府の統計情報：http://www.esri.cao.go.jp/index.html#index03

第3章

社会保障の財政

　政府部門の支出には無償の移転的支出が含まれていて，最終消費支出をはるかに超える速度で膨張している．その大勢を規定しているのは社会保障関連費である．公的年金，公的扶助，医療・保健サービスが移転的支出の3大主柱である．これらの支出は，国民経済計算上，年々の付加価値を生み出す生産活動には直接的には関係していない．

　しかし政府は市場で決定された所得分配を修正して，その再分配を行っている．福祉国家の本質が所得再分配国家にあるとするならば，移転的支出は正面から論じられる必要があろう．もっとも社会保障関連費の内容や機能は時期や国によって様々であって，その全貌を理解するのは容易ではない．

　本章では，はじめに社会保障を概観し，社会保障が経済活動に及ぼす誘因効果を一般的に論じる．つぎに社会保障の給付と負担について具体的に考察し，最後に所得分配是正効果を検討する．

1. 社会保障の概観

◆ **給付費の上昇**　国民経済計算における指標を利用することによって，経済全体に占める社会保障給付費の比重を頭の中に描くことから始める．表3.1は社会保障給付費と国民所得に占める比重を時系列として示したものである．つぎの点に留意されたい．

　第1に，社会保障給付は1970年代を境にして膨張した．医療保険・年金保険を基軸とし，公的扶助，社会福祉を備えた日本の社会保障制度は1961年の

表 3.1　社会保障給付の比重　　　　　　　　（単位：兆円）

	国民所得(A)	社会保障給付総額(B)	年金	医療	福祉その他	対国民所得比（B/A）
1970	61.0	3.5	0.9	2.1	0.6	5.77%
1980	203.2	24.8	10.5	10.7	3.6	12.19%
1990	348.3	47.2	24.0	18.4	4.8	13.56%
2005	367.6	87.9	46.3	28.1	13.5	23.91%
2008	384.4	95.7	50.5	29.8	15.4	24.90%

(資料) 厚生労働省『厚生労働白書』平成20年度版

国民皆保険・皆年金の成立によって全容を整えた．この新しい皮袋に盛られるべき新しい酒の量を増やしたのが，1970年代である．そうした志向の頂点にあるのが「福祉元年」といわれた1973年の制度改正である．これは，皆保険・皆年金とならんで戦後の日本の社会保障の歴史における最大の画期である．老人医療の無料化や年金における物価スライド制の導入など給付水準の大幅な引き上げがなされた．社会保障給付の対国民所得比が1970年の5.7％から1980年の12.1％へと倍増しているのはこのためである．

　第2に，1980年代には社会保障給付は停滞している．「福祉元年」と同じ年に発生した石油ショックは経済成長の持続という前提をくつがえした．成長率の低下による財政難と高齢化の進行による支出圧力によって，社会保障の制度存立の基礎が動揺することになる．この問題に対処するために，1980年代には支出をさまざまな形で抑制するとか，国庫負担を減らして受益者負担を増大させることによって需要の膨張に応ずることが模索された．

　こうして昭和の末から平成にかけて，日本の社会保障制度は重大な制度改革を経験した．1984年の医療保険改正，1985年の年金改正を画期としたそれらの内容をひとことでいえば，制度の一元化と給付水準の抑制となろう．表3.1において1980年代には社会保障給付の対国民所得比が抑制されているのは，こうした背景があるのである．

　第3に1990年代以降，ふたたび社会保障関係費は膨張に転じている．1980年代に実施された制度改正によって問題は緩和されたものの，人口の高齢化や慢性疾患への疾病構造の変化が福祉需要を拡大させた．老人介護や長期療養などのケア的なサービスの比重が高まり，医療費は急増する．「受診率」はいずれの年齢をとってもほぼ横ばいか低下傾向にあり，医療費増加の牽引車の役割をはたした「検査」も診療報酬の抑制措置がとられた結果，増加に

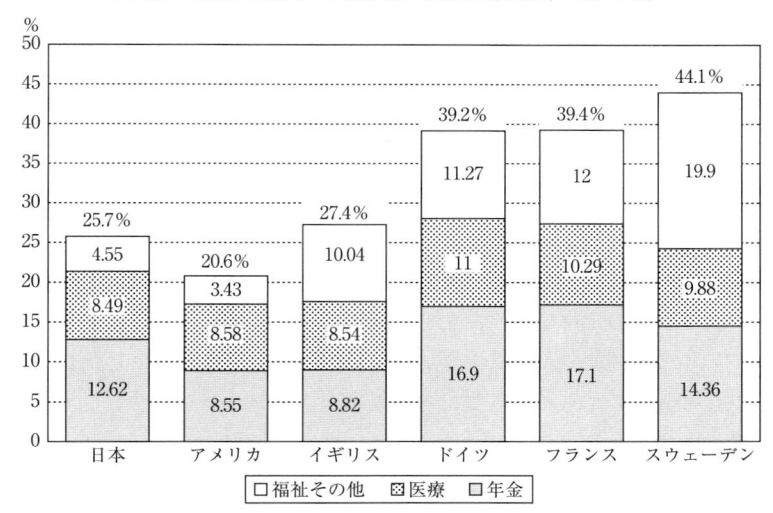

図 3.1 社会保障給付の国際比較（対国民所得比，2007年度）

	日本	アメリカ	イギリス	ドイツ	フランス	スウェーデン
合計	25.7%	20.6%	27.4%	39.2%	39.4%	44.1%
福祉その他	4.55	3.43	10.04	11.27	12	19.9
医療	8.49	8.58	8.54	11	10.29	9.88
年金	12.62	8.55	8.82	16.9	17.1	14.36

（資料）『厚生労働白書』，OECD（2007）*Social Expenditure Data Base*.

対する寄与度は大幅に低下している．

◆ **社会保険中心の構造** つぎに日本の社会保障給付費を国際比較の観点から眺める．経済協力開発機構（OECD）の「社会支出」データを用いて主要先進国と比較したのが，図3.1である．日本の社会保障給付の規模を部門別に比較すると，年金でアメリカやイギリスを上回っている以外，おおむねヨーロッパ諸国をかなり下回る規模である．

もっとも社会保障給付の対国民所得比は移転支出に対する課税の影響を考慮していないので，必ずしも十分とはいえない（例えば，児童手当が所得に合算されて所得税が課されること）．課税の影響を考慮すると日本とヨーロッパの違いはかなり縮小する．社会保障関連費は政府だけが提供しているのではなく，民間部門にも義務付けられている（例えば，政府が雇用主に家族手当の支給を義務づけること）．民間部門に義務付けられた社会支出は日本でも GDP の 0.7％ぐらい存在している．純社会支出と義務的な民間社会支出の合計でみると，日本における社会支出の水準は OECD 加盟諸国の平均をわずかに下回る水準となる（第13章を参照せよ）．

つぎに社会保障関係費がどのような対象に支出されているかを見ておく必

要がある．日本の社会支出は「年金」，「医療」，「失業対策」，「介護」といった社会保険中心の構造になっている．これらのプログラムへの支出総額は全体の8割近くにのぼっている．このような支出構造は高齢者の労働市場参加率の高さとあいまって，高齢者の所得水準を高く維持するのに貢献している．実際，65歳以上の高齢者の可処分所得は18歳から65歳までの生産年齢人口（年齢区分はOECD［2006］による）のそれの84％に達していて，OECD加盟諸国平均を上回っている．

社会保険への支出の集中とは対照的に「生活保護」や「家族手当」などの福祉プログラムの水準は低く，全社会支出の5～6％を占めるにすぎない．日本での年金・医療分野の支出増加は諸外国よりも速かった．しかし，失業率の低さや失業しても給付を受ける労働者が少ないことを反映して，失業対策や積極的労働政策への支出は低い．さらに家族手当，疾病手当は，諸外国に比べても小さい．このように日本における社会支出の水準は，ヨーロッパの福祉国家に比べるとあまり大きくはなく，かつ受益者が高齢者に集中している点に特徴があるといえる．

◇ **リスク分散と再分配**　つぎに社会保障関係費がどのような主体により支出されているかを一瞥しよう．政府は中央政府と地方政府に分かれ，前者は一般会計と特別会計，後者は普通会計と事業会計に分かれる．

一般会計はもっぱら社会保障給付の国庫負担部分を担当している．これに対して特別会計では一般会計からの繰入と保険料収入を財源にして，一歩現場に近いところで社会保険制度による給付を行っている．これには厚生年金給付，国民年金給付，失業保険給付，児童手当が含まれている．中央の特別会計は地方の事業会計に対して負担金を交付している．

地方公共団体は公的扶助や社会福祉といった事後救済的なセーフティ・ネットの事業主体としての役割を果たしている．国民健康保険などの地方団体の事業会計は地域ベースの社会保険制度を担当しているが，他会計からの繰入金がある．なお地方公共団体の中では市町村の役割が圧倒的に高い．これは地方団体間の事務配分において，社会福祉施設の設置・運営は主として市町村，また都市区域の生活保護事務は市の役割とされているからである．

社会保障関係費の財源に目を転じよう．表3.2によると，2005年度の社会

表 3.2 社会保障給付費の財源（2005年度）

社会保障給付費	84.8兆円	—
保険料	54.7兆円	65%
被保険者拠出	28.3兆円	33%
事業主拠出	26.3兆円	31%
税財源	30.1兆円	35%
国（一般会計社会保障関係費）	22.1兆円	26%
地方（一般財源）	8.0兆円	9%

(資料) 厚生労働省『厚生労働白書』平成20年度版

保障給付費に対する国民の拠出・負担は84.8兆円である．このうち保険料は65%の54.7兆円であるが，税負担は35%も占めている．細かくみると保険料のうち被保険者拠出は28.3兆円で33%，事業主拠出は26.3兆円で31%となっており，被用者と雇用者とで保険料がほぼ折半されている．税のうち22.1兆円が国税であり，ほぼ一般会計の社会保障関係費に対応している．また地方公共団体の一般財源は8.0兆円となっているが，これには地方税と地方交付税交付金が含まれている．

このように社会保険以外の社会保障制度は，国庫負担等の公費（税，税外収入，公債収入による財政支出）にほぼ全面的に依存している．しかし本来，社会保険料を財源とすべき社会保険制度にもかなりの規模の負担金や補助金が支出されている．とくに国民年金保険や市町村が保険者になっている国民健康保険において，その傾向がつよい．これは国民皆保険を維持するために加入者の負担能力が低く，弱体な保険事業を維持するためのコストとして，被保険者間のリスク分散という保険の仕組みに所得再分配という異質な要素を持ち込んだものといわれている．

2. 社会保障の体系

◆ **社会保険によるリスク分散**　社会保障関連費が社会保険を中心に膨張していること，租税への依存も小さくないことを見た．つぎに社会保障制度の概念をより詳しく論じる．図3.2にあるように，主要な概念は社会保険，公的扶助，社会手当，そして負の所得税の4つである．

はじめに社会保険制度とは何かを考える．年金や医療では社会保険という仕組みが利用されている．保険とは，あるリスクに備えて各自があらかじめ

図 3.2 社会保障の体系

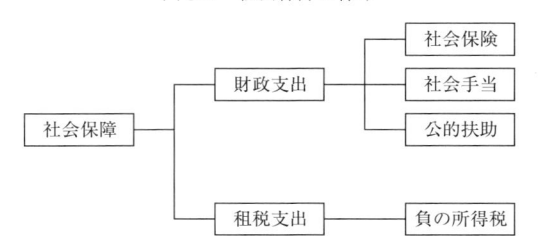

```
社会保障 ─┬─ 財政支出 ─┬─ 社会保険
         │           ├─ 社会手当
         │           └─ 公的扶助
         └─ 租税支出 ─── 負の所得税
```

保険料を負担しておき，いざリスクが発生した場合に給付を行うことによって，リスクの分散を図る（困難な状況を軽減すること）仕組みである．社会保険制度には，医療保険，国民年金，失業保険や介護保険等がある．その目的は疾病，失業，老齢に伴う稼得能力減退による所得喪失の補償にある．

社会保険による受給は一定期間定められた保険料を支払う要件を満たすことによって初めて可能になる．社会保険はその一部の原資を租税にもとめることがあるが，原則として保険料で賄われ，会計は政府の一般会計とは別建てになっている．

したがって社会保険制度は予防的セーフティ・ネットの性格がつよく，個人の自己責任を基礎として，その「相互扶助」によって支えあうという考え方に適合する制度といえる．また拠出者は拠出にもとづく権利として所定の給付を受けることができ，税だけを財源とする場合に比べて受給の権利性がつよい．保険料の支払を通じて費用意識が比較的つよく働くので，制度の効率性を高めるインセンティブも期待されている．

先進諸国は社会保険を基本として社会保障制度を構築してきた．ただし現金給付中心の国々と社会サービス中心の国々との違いがある．ドイツ，フランス，イタリアは前者に属し，北欧諸国は後者に属している．日本は一応，前者に属しているが介護保険の比重が高まると社会サービス重視の方向をたどる可能性が高い．アメリカ，イギリスは民間部門の役割が大きいので他の国々とは異なる．

イギリスでは公的年金は民間の企業年金を基礎にしたものであり，アメリカには包括的な健康保険はなく民間の健康保険が中心である．伝統的にアメリカ，イギリスは，公共部門を通じる社会保障にあまり好意的とはいえない．

◆ **公的扶助によるセーフティ・ネット**　社会保険にもとづく所得保障は予防的であり相互扶助を前提とするが，人々がこの仕組みから脱落したときの事後的救済の役割を果たすのが公的扶助である（図3.2）．すなわち，労働する能力を失って経済的自立ができなくなったり，社会保険料を拠出できなくなったりする場合に「最後の砦」である公的扶助によって対応するというのが，社会保障制度の一般的な考え方である．日本においては生活保護制度や児童扶養手当がこれに該当する．諸外国では，1990年代央までアメリカの州レベルで実施されていた母子家庭扶助であるAFDCが典型的な公的扶助である．オーストラリアやニュージーランドでは社会保険ではなく，公的扶助を基礎にして社会保障制度が構築されている．

　公的扶助について，つぎの点に留意する必要がある．第1に公的扶助の主たる受給者は老齢や障害により労働能力がなくなった者や，他の援助に頼ることのできない低所得者層に限定される．このような限定主義は社会保険料のような拠出要件がなく，租税等の一般財源によって費用が賄われることに起因する．古典的な救済・所得再分配型のセーフティ・ネットの性格が濃厚である．「相互扶助」というよりも，「公助」としての性格をもつと言い換えることができる．

　第2に公費を財源とするので給付が本当に必要かどうかを判定するための申請者の資力（所得や資産など）審査があることである．これを**ミーンズ・テスト**（means test）といい，現場の社会福祉事務所等が実施している．もっともミーンズ・テストに伴うスティグマ（社会的恥辱）のため，本来必要とする人々が遺漏なく受給しているとはかぎらず，漏給者が存在するといった問題がある．例えば，日本では捕捉率（生活保護基準以下の低所得の扶助を必要とする要保護者に対する，実際に扶助を受けている被保護者の割合のこと）は，かなり低い．

　第3に公的扶助の受給者が働くようになり，稼得所得が増えるとその分だけ扶助額が減額されるので，ネットの受取はゼロになる．欧米では福祉給付の存在によって就労インセンティブが失われ，貧困線を超えるか超えないかの生活に甘んじる「貧困の罠」に陥った母子家庭が問題とされ，ワークフェアのスローガンの下で政策転換が図られている．

◆ デモグラントとしての社会手当　　社会保険と公的扶助の中間に位置する制度が社会手当である．社会手当は給付対象を所得や生活困窮度によってではなく，特定のカテゴリーを基準に設定し（子供を扶養する親，障害者など），生活に必要な現金給付（児童手当等）を供給する仕組みである．そして給付は一般的に定額である．社会手当がデモグラント（demogrants）とも呼ばれるのはこのためである．

社会手当の財源は保険料ではなく，基本的に租税などの一般財源による給付であるという点では公的扶助に近い性格をもつ．しかし受給希望者に厳格な資産調査，すなわちミーンズ・テストを課さないという点では公的扶助とは異なっている．

つまり社会手当は税財源による社会保障給付であり，その実施にあたっては行政が決定的な役割を果たす．けれども所得や困窮度といった所得保障ニーズ基準ではなく，子供を扶養する親，障害者といった特定のカテゴリーを基準にして，定額の給付を行う．実際にはミーンズ・テストに代わって所得制限を行い，なんらかの支給制限を設けることもある．

日本の児童手当は所得制限が設けられた社会手当であり，また20歳前障害による無拠出型の障害基礎年金は所得制限がない社会手当である．

◆ 租税支出と「隠れた福祉国家」　　ここまで述べてきた社会保障制度は明示的に政府支出が伴う仕組みである．しかし政府支出以外にも社会保障制度と同等の機能をもつ仕組みがある．図3.2にあるように，これは租税支出（tax expenditure）と呼ばれる．租税特別措置による減免税を納税者への補助金給付とみなし，隠れた支出（歳入減）として把握するのである．租税支出の果たす役割には移転的支出とある程度，代替関係があるといわれ「隠れた福祉国家（hidden welfare state）」と表現されることもある．

この観点から注意しなければならないのは，**負の所得税**（negative income tax）である．これは既存の公的扶助に代わるアイデアとして，所得がある水準以下の者に対しては，その水準を下回る差額の一定割合だけ負の課税，つまり給付を行うというものである．

1962年に「負の所得税」がアメリカの経済学者ミルトン・フリードマン（Milton Friedman, 1912-2006）によって提示された当時，その実現可能性に

は疑問が投げかけられていた．けれども近年，欧米ではフルタイムで働いても貧困線以下の所得水準にとどまるワーキング・プアが「貧困の罠」に陥っていることが問題とされている．こうした事実を背景にして「負の所得税」のアイデアを取り入れた貧困対策への政策転換が図られている．その代表的事例はアメリカやカナダで実施されている勤労税額控除（Earned Income Tax Credit）やイギリスの児童税額控除（Child Tax Credit）である．

3. 社会保障の誘因効果

◇ 「負の所得税」とは何か　社会保障には所得再分配や社会保険としての役割があるが，それらを通じて資源配分にも間接的な影響を及ぼしている．例えば労働市場への参加や労働時間の調節は，社会保障制度を考慮せずに議論することはできない．以下では，社会保障が労働供給に及ぼす影響を論じる．

はじめに前節で触れた「負の所得税」と他の福祉給付との比較を考える．第1に所得税は図3.3の線分 BA で示されている．所得が B 以下の人は非課税であるけれど，それを超えると比例税率 t で課税される．例えば B が300万円で，t が25％であるとする．個人の所得が300万円以上であれば，これを超過する所得部分に25％の税金が課される．

第2に負の所得税は線分 G_0B で示されている．所得が300万円以下であれば，所得と300万円との差額の25％に相当する給付を受ける（「負の所得税」を納める）．ここで負の所得税を一般的にあらわすと次の通りである．

$$T = t(Y - B) \quad (1)$$

Y は所得，B は**臨界所得**（負の所得税がゼロになる閾値），t は限界税率，T は個人が支払う税負担（正または負）を示す．Y が B よりも小さい場合に T は負の値をとり，「負の所得税」が支払われる（現金給付を受取る）．

第3に「負の所得税」は最低所得保障システムとしての機能をもつ．(1)式を別の角度から見てみよう．税引き後の可処分所得は(1)式を変換すると

$$Y - T = Bt + Y(1 - t) \quad (2)$$

と表される．この(2)式で Bt は所得がない場合の最低保障水準 G を表している．この式は，すべての人に定額の給付（$G = Bt$）を保障した上で，稼得

図 3.3 負の所得税

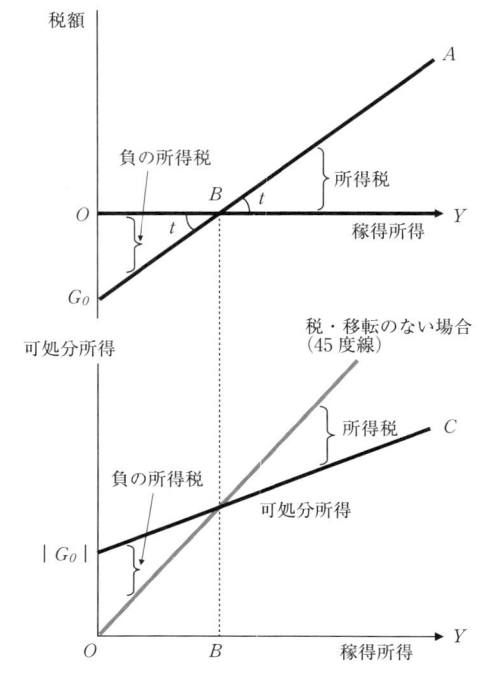

(資料) Barr (2004) *Economics of the Welfare State*, fourth edition, figure11.4に加筆補正.

所得に対する比例税 (t) を課税する仕組みを表現している．これをベーシック・インカムあるいは**最低所得保障システム**と呼ぶ．負の所得税は，最低所得保障システムの一形態だということができる．税引き後の可処分所得は図3.3の G_0C で示されている．

負の所得税の長所はどこにあるのだろうか．第1に「負の所得税」では分立した福祉制度が単一の所得税制に統合されるので，行政が簡素化される．社会保障と税制の一体化である（公的扶助にはミーンズ・テストが必要であるが，負の所得税では課税最低限以下の人は給付を受取り，それ以上の人は納税するだけ）．

第2に「負の所得税」は公的扶助に比べて就労のマイナス誘因が少ない．公的扶助の下では受給者の稼得所得が増えると給付額は自動的に減少する．別の角度から見ると公的扶助は限界税率が100％の所得保障システムだといえる．合計所得は変わらないので職について働こうとする誘因は低い．

これに対し負の所得税の限界税率が t（$0<t<1$）であるとすると、1万円の追加所得があると手取りは $(1-t)$ 万円である。つまり所得が増えれば給付（負の所得税）は減るが、稼得所得に給付を加えた可処分所得は増える。これは図3.3で可処分所得を示す G_0C が正の傾きをもっている点に示される。したがって人々の働く意欲を阻害しない。

◆ **労働供給についての見方**　上記の点（2番目の長所）について、経済学者の見方を論じる。これを理解する鍵となるのは、レジャーと所得の選択に関する無差別曲線である。Aさんは、1ヶ月のうち何時間を労働に、何時間を非市場的活動（ここではレジャーと呼ぶ）に使うかを思案している。

　つぎの図3.4では水平軸ではレジャーの時間が計られている。Aさんがまったく働かなくても、1ヶ月には決められた時間しかないので、レジャーに消費できる時間には上限がある。この時間数は時間資源と呼ばれ、この図では OT の長さによって表現されている。レジャーに費消されない時間は労働に費やされると仮定する。

　この仮定により水平軸のどの点もレジャーと労働の組み合わせを表す。例えば点 F では OF 時間がレジャーに費やされ、OF と時間資源 OT との差である FT が労働時間を表わしている。問題は垂直軸で計ったAさんの所得が、労働時間の長さに応じてどのように変わるかである。

　Aさんは時間当たり w 円の賃金を得るとする。しばらくの間、福祉給付は利用できないとしておく。労働時間数に応じた彼の所得は、w と時間数の積に等しくなる。Aさんが選択しうる、すべてのレジャー／所得の組み合わせを描くことができる。それは TD であり、その傾きの絶対値は賃金率 w である。1時間のレジャーの価格はそれの機会費用（働かないことによって失う所得）であり賃金に等しい。

　Aさんの TD 上での選択を確定するためには、彼の嗜好に関する情報が必要となる。レジャーと所得の選好は正常で原点に凸の無差別曲線で表されるとしよう。Aさんは効用を点 E_1 で最大化し、時間 OF をレジャーに使い、時間 FT を労働に使うだろう。

◆ **公的扶助と負の所得税の比較**　ここまでは福祉給付がない場合の労働供

図 3.4 福祉給付と労働・レジャー選択

合計収入（稼得所得＋福祉給付）

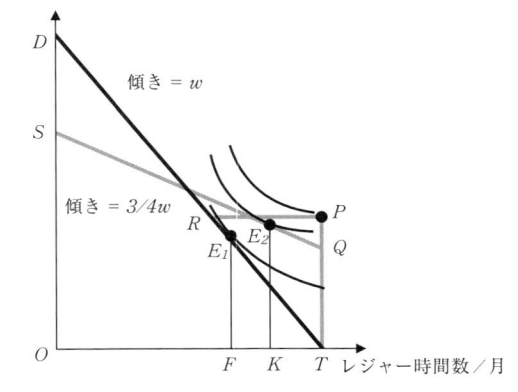

（資料）Boadway and Kitchen（1999）*Canadian Tax Policy*, third edition, Figure8.1に加筆補正．

給を考えた．つぎに限界税率100％の公的扶助が給付された場合に，労働供給がどのように変化するかを考える．話を具体的にするために，週4万円の最低所得が給付されるとする．

図3.4でAさんが利用できるひとつの選択は点Pであり，そのとき彼は働かず4万円の福祉給付を受け取る．彼が1時間働くと雇用者から賃金wを受け取る．同時に扶助金は同額だけ減るので，労働しても所得は変わらない．これが点Rまで繰り返される．点Rを越えると，1時間働くごとに彼の所得はwだけ増える．よって予算制約線はPRDという形に屈折する．PRでは傾きはゼロ，RDでは傾きの絶対値は賃金に等しい．

Aさんは，そのようなインセンティブに対して，どう反応するだろうか．図3.4はひとつの極端な可能性を表している．彼は点Pで効用を最大化し，働かない．合理的な個人は働いても合計所得が同じならば働かないだろう．このように最低所得保障の存在が個人の労働意欲を失わせ，公的扶助の受給を継続させる状況は「**貧困の罠**」（poverty trap）と呼ばれる．労働に対する負のインセンティブは公的扶助に対する批判のひとつである．

ここで福祉給付を公的扶助から負の所得税に代えると，Aさんの労働インセンティブはどのように変わるかを考える．公的扶助の代わりに「負の所得税」が導入され，その最低所得保障額は月3万円，限界税率は25％だとする．負の所得税はAさんの予算制約をどのように変えるだろうか．

図3.4ではこれが描かれている．彼が働かない場合でも 3 万円の福祉給付を受ける．A さんが 1 時間働くと w を雇用者から受け取り，福祉給付は $1/4$ w だけ減少するので，手元には $3/4w$ が残る．ある時間数に到達したところで福祉給付はゼロになり，それを超えると A さんは税率25％の所得税を支払う．

　したがって「負の所得税」の予算制約線は QS という直線になる（図3.3を左右に反転させると直感的に理解できる）．QS では傾きの絶対値が $3/4w$ になる．労働についての究極的な意思決定は個々人の無差別曲線の形状にも依存している．図3.4に見られるように公的扶助があるときには働こうとしなかった A さんは，負の所得税のもとでは K 点を選ぶ．このように公的扶助に比べると負の所得税の方が働くことへの負のインセンティブが減り，就労が促進される．

◇ **一般納税者の費用負担**　「負の所得税」には問題もある．第 1 の問題は労働インセンティブと最低保障所得の確保との間のトレード・オフである．（1）式を変形して $T=Yt-G$ という等式を頭の中に描く．左辺の給付の総費用が一定という条件のもとで最低保障額を大きく（小さく）すると，恒等式を成立させるために限界税率は高く（低く）ならなければならない．労働インセンティブを高めることと最低保障額を確保することとは両立するとは限らない．

　最低保障額を一定にした場合も同じである．（1）式からわかるように，給付がゼロになる臨界所得水準は最低保障額を限界税率で割った値に等しい．労働インセンティブを刺激するために限界税率を下げると臨界所得水準は上昇する．臨界所得水準が上昇すると受給資格者（負の所得税を支払う）が増えて，一般納税者に過大な費用負担が発生する．

　第 2 の問題は，税制を通じて画一的に運営されるため「負の所得税」は受給者の属性や困窮度をきめ細かく反映できないことである．理想的にはワーキング・プアに低い限界税率を適用しつつ（就労への負の誘因を最小化するため），最低保障水準を抑制する（公費負担を抑制するため）必要がある．けれども，このような制度設計は働く能力のない人には不適当である．高齢や障害で働く能力のなくなった人には最低保障水準を高く設定するのが適当である

し，「労働インセンティブ」が高まっても働けないからである．

　このように十分な最低保障の確保，労働意欲に対する阻害効果の軽減，一般納税者に対する過大な費用負担を避けることという3つの目標の間にはトレード・オフの関係がある．また高齢者や働く能力のない人々に「負の所得税」を適用するのは不適切である．

4. 社会保障の給付と負担

◆ 国民年金（基礎年金）　　ここまで社会保障の体系や経済活動への影響をみてきた．つぎに社会保障の給付と負担をより具体的に論じる．以下で触れるのは，国民年金，厚生年金，医療保険，介護保険そして生活保護制度である．

　現役を引退した高齢者の所得保障を担うのが老齢年金である．日本では高齢者世帯では所得の7割が年金収入であり，約6割の世帯は公的年金だけで生活している．広義の公的年金は全国民が加入し基礎的な給付を行う国民年金，被用者に対してそれに上乗せして報酬比例の年金を支給する被用者年金，そして税制適格の厚生年金基金等の3つの柱から構成されている．ここでは最初の2つを中心に論じる．

　はじめに国民年金から考える．図3.5は年金制度の体系を表している．この制度の存在意義は現役時に低所得で貯蓄もほとんどしていない人でも，高齢者になったときに最低限度の生活を営めるようにすることにある．このため，定額給付となっている．国民年金の加入者は自営業者などを対象とする「第1号被保険者」(2,123万人)，民間被用者などを対象とする「第2号被保険者」(3,836万人)，そして民間被用者に扶養される妻などの「第3号被保険者」(1,079万人) に分けられる．

　保険料は定額であり，加入者は月額1万4,660円を社会保険事務所に納付している（平成21年度）．ただし後述する厚生年金に比べると，同じ社会保険でも国民年金の財源構造は異なっている．実際には被保険者の保険料拠出よりも，政府の公費負担（大部分は国庫負担）への依存度がやや高い．保険料拠出が国民年金給付費の財源にしめる割合は現在3分の2であり，残りは国庫負担である（国庫負担の比率は，2009年までに2分の1へ引き上げることが決定さ

図 3.5　年金制度の体系

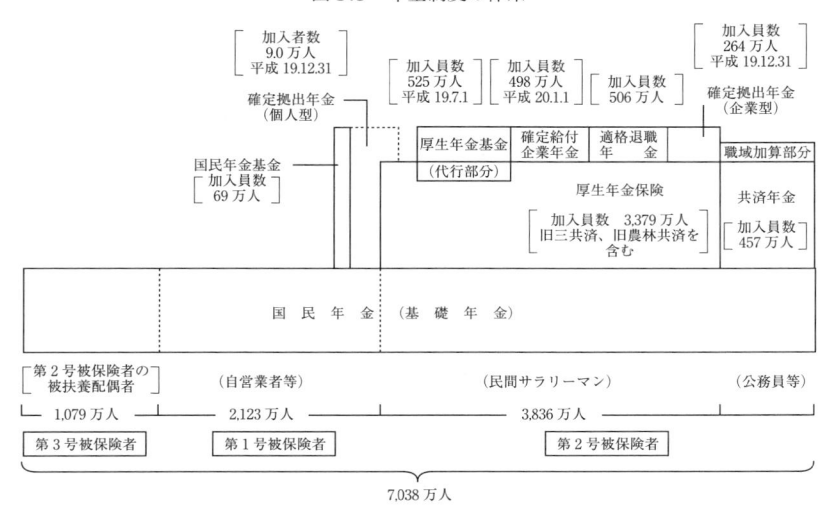

```
                            ┌加入者数 ┐                                              ┌加入員数 ┐
                            │ 9.0万人 │  ┌加入員数┐ ┌加入員数┐                      │ 264万人 │
                            │平成19.12.31│ │ 525万人 │ │ 498万人│ ┌加入員数 ┐       │平成19.12.31│
                 確定拠出年金              │平成19.7.1│ │平成20.1.1│ │ 506万人  │   確定拠出年金
                   (個人型)                                                            (企業型)
                                         ┌厚生年金基金┐ 確定給付  適格退職
    国民年金基金                          │ (代行部分) │ 企業年金   年金      職域加算部分
    ┌加入員数┐                                                    
    │ 69万人 │                                      厚生年金保険                共済年金
    └        ┘                              ┌加入員数 3,379万人┐          ┌加入員数┐
                                             │旧三共済、旧農林共済を│          │ 457万人│
                                             │  含む               │          └        ┘
─────────────────────────────────────────────────────────────────
                     国 民 年 金　(基 礎 年 金)
─────────────────────────────────────────────────────────────────
┌第2号被保険者の┐
│ 被扶養配偶者  │   (自営業者等)          (民間サラリーマン)         (公務員等)
└                ┘
   1,079万人      2,123万人                  3,836万人
  第3号被保険者    第1号被保険者              第2号被保険者
                        7,038万人
```

(資料) 池田編『図説　日本の財政』平成20年度版

れている)．

　国民年金の給付水準は，高齢者の基礎的な消費支出を賄うという観点から40年加入で一人当たり月額 6 万6,000円となっている．国民年金だけで，高齢者の生活実態を反映した「最低生活水準」を維持できるかは疑問である．

　国民年金には7,038万人もの人々が加入しているが重要な問題に直面している．国民年金の未加入，未納，免除者の急増，いわゆる「空洞化」問題である．問題の焦点は社会保険事務所に自ら保険料を支払う自営業などの「**第1号被保険者**」に関わる．行政の職権適用（20歳到達者に国民年金手帳を送付することにより，被保険者とすること）という措置により，1992年に約200万人近くいた未加入者は2004年までに36.2万人まで減少した．しかし，未納者は徐々に増えており1996年の172万人から2006年には374万人となった．これらの人々は将来，低額年金者となる可能性が高い．

　この問題を解決する選択肢のひとつとして，基礎年金の財源を全額税方式で調達するという「税方式」への移行が議論されている．税方式については第 7 章 4 節で論じる．

◆ **厚生年金**　　現役時代の従前所得を代替する役割を果たしているのは，現

役時代の賃金に概ね比例して給付される被用者年金である．図3.5に見られるように公的年金制度の「2階」部分といわれる．被用者年金は民間被用者を対象とした厚生年金と公務員等を対象にした各共済年金等から構成されている．ここでは厚生年金を主に論じる．

厚生年金の被保険者は毎月受取る給与やボーナスにもとづいた額（標準報酬月額という）に一定の比率を乗じた額を（約15%）労使で折半して支払う．ちなみに将来の現役世代の加重な保険料負担を回避するため，2004年度に最終的な保険料拠出の水準を厚生年金で18.3%，国民年金で16,900円に固定する仕組みが導入された．

厚生年金の給付水準は現役時代の賃金の平均額にもとづいて算定され，かつ現役世代の手取り賃金上昇率にスライドさせて再評価されている．所得代替率（年金給付の現役世代平均手取り収入に対する割合）は約60%と国際的に見ても遜色ない水準だった．しかし現役世代の負担を抑制するため，給付水準を被保険者数の減少に応じて一定の範囲で自動的に下げる「マクロ経済スライド」が2004年度に導入された．これによってモデル年金の所得代替率は，2023年以降には約50%にまで下がることになった．

厚生年金が抱える第1の問題は，資金が十分に蓄積されていないことである．現役と引退した世代の拠出金は積み立てられ，ここから給付のために引き出されている．しかし拠出された資金が将来の給付の財源になっているわけではない．引退する世代の割合が増えるにしたがって基金はだんだん小さくなり，退職高齢者への給付は現役労働者の拠出金によって賄われている．退職高齢者を支えるべき現役の労働者の数は相対的に小さくなっていくので，保険料の水準は給付水準を維持するために上昇しなくてはならない．

賦課方式の枠内でこれを立て直すには，社会保険拠出の増税，所得代替率の引き下げ，労働力人口の増大という3つの選択肢がある．また賦課方式が人口動態の変化に対応できない点や報酬比例部分が「保険」としての性格をもっていることから，積立方式に移行すべきとの提案もある．これらの改革案については第7章4節で論じる．

第2は未積立債務である．保険料拠出ですでに引退した世代とこれから引退する世代に約束した給付水準を維持すると，どのくらい足りなくなるかを示すのが**未積立債務**（unfunded liability）という概念である．未積立債務は

「現在までに蓄積された積立金プラス将来の保険料でカバーできない給付を確実に履行するために，将来の納税者が支払わなくてはならない税金」である．国債も償還するために将来の納税者が支払う税金（正確には現在割引価値）なので，未積立債務は準国債とでもいうべき性格をもつ．2005年における未積立債務の金額は約550兆円と推計されており，これは国債残高と比べても遜色ない．

　もっとも将来にかけての給付債務とそれを履行するための年金資産はほぼ均衡している．年金資産を超過しているのは過去の保険料拠出によって約束された給付債務である．過去のバランスシート上の債務超過を解消するには現役世代だけではなく，引退世代もある程度の負担をする仕組みが必要になるかもしれない．

◆ **医療保険制度**　日本の医療制度は，その他のOECD諸国に比べてうまく機能している．まず全国民が社会保険制度に加入し，患者は望むときに望む場所で治療を受けることができる．このため健康状態を表す指標に関して優れた成績をあげており，平均寿命といったパフォーマンスは高い．また財政の観点から見ると，医療費の GDP に占める割合はOECD諸国の中で低い部類に属している．その反面，医療の質については懸念が生じている．待ち時間が長く，診療時間が短い，診療回数が過剰で，入院日数が長いといった傾向がある（今井 = オクスレイ［2007］）．

　日本の医療制度は，社会保険制度をとっていることに特徴がある．図3.6は医療保険の仕組みを示す．具体的には被保険者は，毎月一定の金額を保険料として保険者に支払う．病気の際には医療機関を受診し，医療サービスを現物で受け取る．費用の一部は一部負担金（原則，医療費の3割）として医療機関に直接支払いを行うが，大部分は医療機関の方から保険者に請求する．実際には，保険者の方から実施された医療サービスが適切なものであったかの審査および支払を審査支払機関に依頼しているので，医療機関は審査支払機関に請求書（レセプトという）を送り，支払を受ける．

　日本の医療保険制度では，被用者と自営業主というグループ分けが重要な区分である．前者は民間の大企業の被用者とその家族を対象とする組合健康保険（約3,100万人），同じく中小企業の被用者とその家族を対象とする全国

図 3.6　医療保険の仕組み

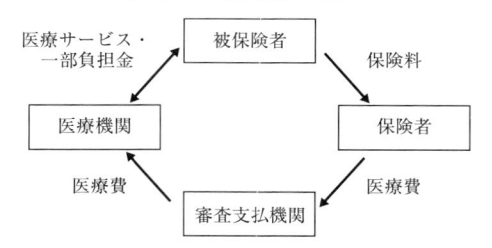

```
          医療サービス・        被保険者
          一部負担金    ↗         ↘   保険料
                    ↙             ↘
         医療機関                    保険者
              ↑                    ↗
         医療費   ↖  審査支払機関  ↙  医療費
```

健康保険協会管掌健康保険（約3,600万人）からなる．後者は，自営業や農林水産業の従業者を対象とする国民健康保険（約4,800万人）である．保険の運営主体は「保険者」と呼ばれるが，組合健保の場合は各健康保険組合，「協会けんぽ」の場合は全国健康保険協会，国保の場合は市町村が保険者となっている．

　医療制度の抱える問題の第1は，**保険者間の財政的不公平**である．社会保険制度が分立しているため，保険基金の規模が健康リスクを効果的にプールするには不十分なだけではなく，財政面での水平的不公平が生じている．

　被用者保険に加入しているのは比較的若年で健康な被保険者が多く，財政も比較的安定している（被用者の支払う賃金に対する保険料（4.1％）と雇用主の支払う賃金に対する雇主負担（4.1％）が主な財源）．しかし国保ではその逆である．とくに退職後は被用者保険を脱退して国保に加入することが多いため，財政基盤が弱い（市町村を保険者とする国保の財政状況は悪く，事業主負担もないことから給付費の50％を国の一般会計が負担する）．

　このため両者の財政状態の公平化を図るために両者からの老人の割合に応じた拠出金による老人保健制度が設けられていた．拠出金は老人の多い保険者がより多く支払うように定められていた．それでも国保の保険料には7倍近い格差が生じていた（老人保健制度は見直され，2008年4月から後期高齢者医療制度が開始された）．

　こうした財政的不公平を取り除くための改革が議論されている．まず国民健康保険を都道府県レベルに統合する案が考えられている．さらに政府はこれまで単一であった政府管掌健康保険を都道府県単位に分割して，最終的に国民健康保険と政府管掌健康保険を統合することを視野に入れている．

　第2の問題は，医療費の膨張である．日本はその他の先進諸国と比較して

医療費の上昇の抑制に成功してきた．これは一方では政府が単一の全国的な価格政策を通じて，医療サービスの対価に対する厳しい規制を維持してきたこと，他方では自己負担割合が上限30％と高いために医療サービスへの需要が限られてきたことによるところが大きい．

しかし高齢者人口の増加，医療技術の進歩など，医療費を膨張させる要因は無視できない．日本では診療行為を細かく細分化したうえで点数を設定し，医療機関は行った医療行為の量に応じて診療報酬を請求する**出来高払い制**がとられている．このため，病床数の過剰供給，外来の診察回数の多さ，処方薬に対する過剰な支出が促されている．

医療費支出の効率性を高めるためには，今井＝オクスレイ（2007）が指摘するように，様々な診療行為を包摂して（診療行為の量にかかわらず1月いくらという形で）評価する包括支払方式を，定型的な評価が容易なものに導入していくことが必要になる．

◆ **介護保険制度**　伝統的に日本では高齢者が家族によって介護されるべきと考えられてきた．しかし高齢化の進行と家族の役割の低下とともに状況は変化した（貝塚＝クルーガー編［2007］10章）．公的部門では一般財源による高齢者福祉を市町村が担っていたが問題含みであった．そうした中で，2000年に高齢者介護サービスを社会保険の仕組みを通じて提供するシステムである介護保険制度が導入された．

導入にあたって政府は2つの根拠を示した．第1は，個人の権利と消費者選択の余地の拡大である．それまでの市町村の社会福祉は行政が裁量的に決定を下す措置制度と呼ばれた．例えば，老衰した義理の母の介護を求める女性はたとえ彼女が仕事を止めざるを得なくなったとしても，「自分で面倒を見てください」と行政が決定を下したならば従うほかなかった．社会保険方式であれば，客観的に介護の必要度を認定されれば，どのようなサービスを誰から購入するかを（保険料負担の見返りとして）「権利」として決定できる．

導入の第2の根拠は，いわゆる「社会的入院」の問題である．介護保険導入前は，高齢者が事実上介護サービスを受けていながら医療保険の支払を受けて，病院に長期入院するという社会的入院がかなり見られた．2000年の介護保険導入後は，施設介護と在宅介護の両者について供給能力が拡大したた

め，入院に対する超過需要の状態は改善された．

　導入された介護保険の仕組みは，つぎの通りである．被保険者は65歳以上の第1号被保険者と40-65歳の第2号被保険者とに区分される．40歳以上の被保険者は保険料を支払うが基本的に介護サービスを受けるのは65歳以上の被保険者である．後に述べるように，この区分は重要な意味がある．

　被保険者は，**介護保険料**を保険者である市町村に支払う．具体的には65歳以上の高齢者は年金から天引きされ，40-65歳の人々は健康保険料に上乗せで源泉徴収される．前者の保険料は全国平均で月4,160円である．介護保険の財源は，保険料と国・地方自治体の一般財源で折半される．その割合は国が25％，都道府県が12.5％，市町村が12.5％となっている．利用者が要介護状態になった場合に保険給付を行うが，介護サービスを利用するためには要介護者であるかどうかを認定される必要がある．認定結果に基づき，どのような介護サービスを申請するかの計画を作成するのがケア・マネージャーである．

　介護保険制度の抱える問題の第1は，この制度が社会的要請に合致したことによる支出の増加である．今井＝オクスレイ（2007）によると，公的介護支出は2001年から2004年の間に55％増大しており，これは受給者数の急速な増加（50％）と，緩やかな受給者一人当たりのコストの増大（5％）に分解できる．2003年には保険料が引き上げられたが，支出の急速な増大によって財政上の問題が生じている．財政面での持続可能性を確保するために，40歳未満の労働者も含めて拠出ベースを拡大することが検討された．しかし若い世代にも何らかの便益を与える提案をしなければ実行は政治的に困難だろう．

　第2は給付の合理化である．介護保険は在宅ケアの促進を意図していたが，実際の給付構造は施設ケアが優遇されている．家族の能力の低下を考えると在宅ケアの促進はむずかしい．またケア・マネージャーの中立性を確保する方策についても議論されている．

◆ **生活保護制度**　日本の所得分配は，ここ20数年の間に不平等化している．18-65歳の生産年齢人口（年齢区分はOECD [2006] による）に属する世代のジニ係数は上昇して，OECD平均に近づいた．もっともフルタイムの労

働者の賃金格差は近年，縮小している．稼得所得の格差を説明する要因は，非正規労働者の増加にある．企業が非正規雇用を増やしてきたのは，法定労働費用の一部（社会保険料の雇主負担）を節約でき，かつ雇用調整の安全弁として利用できるからだろう．

　非正規雇用労働に従事している人々は，雇用が不安定なため保険料を継続して支払うことが困難な場合が多い．雇用保険や健康保険に加入していない非正規労働者が失業したときや，心身に障害のある人は低所得になるリスクを背負っている．また離婚・死別によって経済的に困窮する母子家庭や，路上生活者も低所得に陥るリスクが高い．このような低所得の人を救う「最後の砦」としての役割を果たしているのが生活保護制度である．

　生活保護を請求する権利はすべての国民に付与されている．もっとも保護を受けるためには補足性の原理（生活保護法4条）によりその能力の活用を求められ，かつ親類等の扶養義務（同）が優先される．これらの資源を使い果たしても，なおかつ最低生活を維持できない場合にのみ保護申請を行うことができる仕組みになっている．それでも生活保護の受給世帯数は110万世帯を超えている．

　生活保護の事業実施主体は，住民に近い市町村である．もっとも憲法にもとづく国の責任であるため，地方が実施する生活保護費はその4分の3を国庫負担等の公費に依存している（約2.6兆円）．残りの地方負担分について，自主財源の不足する地方公共団体は地方交付税制度によって財源が保障されている．給付と負担の関係が弱いことから見ても生活保護制度は救済の性格のつよい事後的なセーフティ・ネットであるといえる．

　生活保護の具体的な仕組みは，次の通りである（阿部・國枝・鈴木・林［2008］を参照）．要保護世帯に保障される最低生活水準は，生活保護基準と呼ばれる．現行制度では一般世帯の生活水準の60%を生活保護基準とする**「水準均衡方式」**がとられている．つぎに保護世帯の収入（収入充当額という）をこれから差し引き，その差額が保護費として給付される．もっとも生活保護費のうち医療扶助が半分以上を占めている一方で，生活保護という言葉からイメージされる生活扶助と住宅扶助は合計でも半分に満たない．医療扶助が多いのは，被保護者は保険料支払いができないために，国民健康保険に加入できず，生活保護制度の中の医療扶助を用いて医療サービスの提供を

受けているからである．

現在の生活保護制度は1950年代に設計された制度のままであり，非正規労働の増大をはじめとする社会・経済の変化に必ずしも十分に対応しているとはいえない．第1に，ミーンズ・テストに伴う社会的恥辱感と濫給を抑制しようとする行政の「努力」とにより，本来必要とする人々が遺漏なく受給していない．生活保護の財源は税収なのでモラル・ハザードの排除は必要である．しかし保護申請を受け付けない，受け付けても資力審査が厳しく，保護費を受給できない人が多いと見られている．

生活保護基準以下の扶助を必要とする要保護者に対する実際に扶助を受けている被保護者の割合を捕捉率という．日本では捕捉率について公式の推計は存在しない．研究者による複数の推計によると10数％と概してかなり低い（阿部・國枝・鈴木・林［2008］8章）．

第2は就労インセンティブという，より構造的な問題である．公的扶助の受給者が働くようになり稼得所得が増えるとその分だけ扶助額が減額されるのは問題である．欧米では福祉給付の存在によって就労インセンティブが失われ貧困線を超えるか超えないかの生活に甘んじる「貧困の罠」に陥った母子家庭が問題とされ，ワークフェアのスローガンの下で政策転換が図られている．

日本では潜在的に稼働能力があると考えられる世帯（母子世帯や路上生活者）は受給世帯総数の2割以下であり，就労が現実的な問題となる受給者は少ない（阿部・國枝・鈴木・林［2008］6章）．しかし就労からの追加的所得に対する限界税率は100％に近い水準になっている．母子世帯の就労を促進するためにも，マクロの雇用条件の改善を前提に就労すれば合計収入が少しでも多くなるような制度に変更することが望ましい．

5．社会保障の再分配効果

◆ **不平等の測定**　市場メカニズムは効率的な資源配分に不可欠である．しかし，最低限の生活水準を維持する所得すら得られない人々がいることも事実である．日本では高額所得者の所得は経営者，医者，プロスポーツ選手，作家，芸能人を中心に何十億円にも達している．一方，生活保護を受給する

図 3.7　ローレンツ曲線

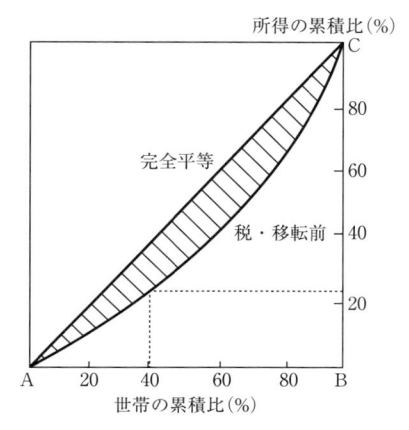

人が最近では110万世帯にも達していることからわかるように低所得者の数が増大している．これには年功序列制から能力・成果主義への移行，個人業主やベンチャービジネスの成功，失業率やホームレスの上昇や女性・若者のパートタイマーや派遣労働の増大などが背景にある．

　租税や福祉，社会保険制度を通じた所得再分配はうまく機能しているのだろうか．経済学者は所得不平等の度合いを**ローレンツ曲線**（Lorenz curve）によって表わす．アメリカの経済学者マックス・ローレンツが1905年に初めて公表したことが，その名の由来となっている．ローレンツ曲線は下位10％の集団，下位20％の集団，下位30％の集団というように，社会全体の所得に占めるそれぞれのグループの累積所得の割合を表す（累積度数分布という）．

　図3.7が示すように政府による税・移転が行われる前後でのローレンツ曲線の変化は，所得再分配の度合いを示している．完全に平等ならば全体の20％の所得は人口の下位20％の集団に帰属し，全体の40％の所得は下位40％の集団に帰属するであろう．すなわちローレンツ曲線は45度線に等しくなる．もし所得分布が非常に偏っているならば下位80％の集団の所得はゼロで，上位5％が全所得の80％を独占する．この場合，ローレンツ曲線は右下の方角に湾曲するであろう．45度線とローレンツ曲線とで挟まれた斜線の部分の面積が三角形 ABC に占める比率は，所得不平等を測定する尺度として使われており，**ジニ係数**（Gini coefficient）と呼ばれる．

　ジニ係数はある所得分配 $y = (y^1, y^2, \ldots y^n)$ に対して，

表 3.3　税・社会保障給付による所得再分配

調査年	当初所得	①＋社会保障給付金−社会保険料	可処分所得（②−税金）	再分配所得（③＋現物給付）	再分配による改善度		
					社会保障による改善度	税による改善度	
	①	②	③	④	※1	※2	※3
1993	0.439	0.389	0.369	0.365	17.0	12.7	5.0
1996	0.441	0.380	0.366	0.361	18.3	15.2	3.6
1999	0.472	0.400	0.388	0.381	19.2	16.8	2.9
2002	0.498	0.399	0.385	0.381	23.5	20.8	3.4
2005	0.526	0.406	0.393	0.387	26.4	24.0	3.2

(資料) 厚生労働省『所得再分配調査報告書』
※1) 再分配による改善度＝1−④／①
※2) 社会保障による改善度＝1−②／①×④／③
※3) 税による改善度＝1−③／②

$$G = \frac{1}{2n^2\mu}\sum_{i=1}^{n}\sum_{j=1}^{n}|y^i - y^j|$$

と定義される（n は標本数，μ は平均値）．事後的な所得再分配の大きさは，税・移転前のジニ係数 G_x と税・移転後のジニ係数 G_y を比較して，その減少率 ϕ すなわち $\phi = (G_x - G_y)/G_x$ によって測定する．もし移転後の曲線が税・移転前の曲線の内側に移動するならば，税・移転システムが要素市場での所得分布をより平等に近づけていることを示す．

◆ **税・移転給付による是正効果**　高度経済成長以降の日本では所得分配は比較的平等であった．かつては終身雇用や年功序列といった年齢や在職期間の長さが従業員の報酬を決める日本企業の慣行が所得分配を比較的平等なものに保っていた．また他国であれば政府が果たすべき役割を日本では家族内相互扶助機能（育児や介護）や企業福祉（退職金や住宅などの現物給付）が部分的に代替してきたために，政府の規模は小さく租税負担も軽かった．

しかしここ20年間ほどの間に所得の不平等と相対的貧困が増大し，OECD 諸国の平均を上回るようになった．現在ではジニ係数は OECD 諸国の平均を上回り，かつ低所得層が占める割合も拡大した．下位20％の家族は全世帯所得の0.2％しか所得を得ていない．上位12％の裕福な世帯の所得は全世帯所得の37％にも達している．他の国と比べるとこのような不平等の拡大は無視できない．

表 3.4　社会保障の生涯純受給額　　　　（単位：万円）

生まれた年	年金	医療	介護	全体
1940	3,397	1,479	403	5,279
1960	−848	589	233	−26
1990	−2,453	−351	321	−2,484
2005	−2,823	−525	527	−2,821

（資料）鈴木亘（2006）「現在の社会保障制度の下における世代間受益と負担の見通し」図表1.10より抜粋．生涯賃金は3億円と仮定．

　他の OECD 諸国に比べて，日本での税・移転給付のもつ格差・貧困是正機能はどのようなものであろうか．表3.3によっていま少し具体的に見ることにしよう．

　第1の特徴は，税制による再分配の低下である．1990年代初頭にはジニ係数で計った稼得所得の分配の不平等は税制によって約5％程度是正されていた．だが経済的効率性をめざした税制改革によってブラケット数が15段階（最高税率70％，1986年）から6段階（同40％，2006年）に減らされたため，近年では税制を通じる再分配効果は3％台に落ちている．

　税制とは対照的に移転給付を通じる再分配効果は相対的に大きく，かつその役割は増大している．移転給付は稼得所得のジニ係数を1993年には12.7％，2005年には24％引下げている．自前で稼いだ所得と税・移転給付後の可処分所得の不平等度の差はほとんど移転給付によって説明できるのであり，税制の貢献度は小さい．

　第2に，移転給付の対象は65歳以上の高齢者に偏っており，勤労世代に与える影響は意外に小さく，**世代間の不公平**が生じている．事実，移転給付が勤労世代の所得分配を平等化する度合いは，OECD 平均の半分に満たない．そもそも社会支出（年金，医療，労働市場，家族給付の合計）が *GDP* に占める割合が必ずしも高くない．また日本の社会支出の80％は年金・医療・介護などの社会保険で占められている．これらの支出の70％は高齢者を対象としている．かつ社会保障支出の対象が本当に困っている人にうまく限定できていない．

　最新の実証研究である鈴木（2006）は，年金，医療，介護に関して，それぞれ厚生労働省「社会保障の給付と負担の見直し」の諸前提に基づき，予測値を再現するモデルを構築し，世代間の生涯受益と生涯負担の格差の推計を

行った．その結果は表3.4の通りである．これを見ると1940年生まれでは約5,300万円の受取超過である一方，2005年生まれでは約2,800万円の支払超過であり，両者の差は約8,100万円にも達している．遺産や生前贈与という形で逆向きの所得再分配が行われているので，このような不公平はある程度相殺されている．戦争を経験した不幸な世代への保証という見方も世代間の不公平をある程度正当化しうる．そのような正当化事由を差し引いても，許容できる水準を超えている．

演習問題

1. 臨界所得 B が300万円で限界税率 t が25%の負の所得税があるとする．最低保障水準 G はいくらか．
2. 1の例で，ある人に負の所得税（−25万円）が課税されたとする．このとき負の所得税額を一定にしたまま最低保障水準 G を100万円に変更すると，限界税率 t は何%になるか計算しなさい．労働インセンティブを高めることと最低保障額の引上げが両立するかを考えなさい．
3. 1の例で，最低保障水準 G を一定にしたまま，限界税率 t を10%に引下げると臨界所得 B は何万円になるかを計算しなさい．労働インセンティブを高めることと負の所得税の総費用との関係を考えなさい．

文献案内

社会保障制度を概観するには，堀編（2004），岩村（2007）が便利．財政学者の社会保障論として宮島（1992），橘木（2002）が有名．年金，生活保護，介護保険の個別分野については，貝塚・財務省財務総合研究所編（2006），阿部・國枝・鈴木・林（2008），Conrad and Lutzeler eds.（2002）が参考になる．社会保障制度の経済学的な分析について Barr（2004），Rosen（2005），Boadway and Kitchen（1999）がわかりやすい．「負の所得税」に関心のある読者には Barr（2004）Ch.11は必読．所得分配と税・移転支出に関しては，OECD（2006），厚生労働省（2005）等に豊富なデータがある．社会保障一般に関するデータは，厚生労働省（2008），OECD Social Expenditure Database：http://www.oecd.org/document/9/0, 3343, en_2649_34637_38141385_1_1_1_1,00.html 等にある．

第4章

予算の意義と循環

　政府の公共サービスは無償で与えられる代わりに，国民は租税の形で公共サービスの享受とは一応無関係に購買力の一部を政府におさめる．公共サービスの消費とそれに対する対価の支払とが切りはなされて，それぞれ独自に議会で審議される予算をへて決定されるという形をとっている．

　このため民主主義国家では，国家の歳入および歳出について主権者たる国民の予測を可能とし，監督を可能とする仕組みが必要となる．こうした要請に応えるために予算という制度が存在し，法的な制約を受けるのである．予算が国の一会計年度における収入および支出を見積もったものであり，歳入および歳出を系統的にかつ計数的に表示した計画となっているのは，このためである．

　本章では，公権力体としての政府の経済活動をコントロールする予算制度について考察する．はじめに予算の意義と原則を論じる．つぎに日本の制度を念頭に予算の編成・審議・執行・決算という予算循環を検討する．最後の節は，予算制度改革に焦点をあてる．

1. 予算の意義

◆ **財政民主主義**　政府が提供する公共財は人々の集団的な社会生活の存立のためどうしても必要なものである．その供給に必要なコストを政府は何らかの手段で調達しなければならない．しかし，政府は市場で商品を販売してコストを代金で徴収できないので，利益を受ける国民全員がそのコストを拠

出するしかほかに方法がない．これが租税である．

　租税が国民の自由意志により任意に拠出するというのではよくない．ある社会的ルールに従いつつ，政府が強制的に賦課するという性格のものにならざるをえない．したがって財政活動は，最大限に民主主義的な手続きにしたがって行われる必要がある．これが財政民主主義の必要性である．財政民主主義とは「財政活動が予算を通じて国民全体に公開され，国民の承諾と監視のもとで実施されること」を示す．

　財政民主主義は，マグナカルタに源をもった人類の進歩の所産であるといえる．17世紀にイギリスでは財源調達をめぐり議会と国王との長い争いがあった．議会はチャールズ一世に権利請願（1628年）を提出した．そこで議会の同意なき課税や献金の強制といった国王の行為は13世紀のマグナカルタ以来のコモン・ローによって保証された権利と自由を侵害するものであると訴えた．そして1689年に名誉革命が起き，勝利を収めた議会は権利章典を制定し租税承認権が確立されたのである．

　ところで予算は，家計にも企業にも存在している．しかし国や地方団体の予算は単なる見積もりではない．それは1年間の政府の歳入歳出の見込み費用であり，一定の形式に従って内閣によって編成され国会に提出され審議議決されるべきことが法律によって定められている．

　これを政府から見るならば，1年間の政府の行政活動を賄うために国会に提出する収入支出の**承諾要求書**である．国会側からいえば予算の審議議決を通じて国民の意思に従って政府を統制し，制約することが可能になる．したがって予算はこの目的にかなうように一定の厳格な形式を持つことが求められているのである．

● Column-2 ●　「予算」の語源

「予算」という言葉はbudgetの訳語である．ブリタニカ百科事典の1911年版によると，その語源はゴール語の「袋」である．古代ローマ帝国の時代には，ラテン語で「革の財布」を意味するbulgaに変化する．中世フランス語では皮袋をあらわすbougeに「小さい」という意味の接尾辞etteが結びついたbougetteとして継承された．イギリスで最初に使われたのは1760年代頃らしい．当時，公文書の保存や送付には皮革で覆われた小さな鞄が用いられていた．このため大蔵

> 大臣が歳入・歳出について下院で演説を行うことは「鞄を開ける」open his budget と表現されていた．つまり皮袋（＝財布）の中身について公開するということが転じて，budget が「予算を組む」ことを表すようになったのである．

◆ **憲法上の規定**　財政民主主義を制度化するには，どのような原則を満たす必要があるのだろう．つぎの4つの原則が代表的な規定である．第1は，租税その他の財政上の負担は毎議会が法律という形で定めるという租税法律主義である．第2に，歳入歳出はあらかじめ予算として議会に提出し，その審議を経て承認されなければならないという予算原則がある．第3は，歳入歳出の結果は決算として議会の審議と承認を要するという決算原則である．第4は，二院制議会では下院が予算先議権や議決優越権をもつという下院優越原則である．

　第83条は国の財政を処理する権限は，国会の議決に基づいて行使することを定めている．これは国会が財政についての最高機関であることを意味する．この条項に基づいて財政にかかわる付属法令が制定されている．財政法（1947年），会計法（1947年），国有財産法（1948年）等がこれである．

　租税法律主義は第84条に定められている（「新たに租税を課し，または現行の租税を変更するには，法律又は法律の定める条件によることを必要とする」）．憲法ではおよそ国民が何らかの形で国に支払う金銭については，原則として国会が関与するという厳格な規定を置いている（84条は直接には租税についてしか言及していないが，財政法第3条には「租税を除く他，国が国権に基づいて収納する課徴金および法律上または事実上国の独占に属する事業における専売価格もしくは事業料金」についても国会の議決を要するという規定が置かれている）．

　予算原則は第85条に規定されている（「国費を支出し，または国が債務を負担するには，国会の議決に基づくことを必要とする」）．国の支出は通常，予算の形態でなされるので，これを受けて第86条では「内閣は，毎会計年度の予算を作成し，国会に提出して，その審議を受け，議決を経なければならない」と内閣の予算編成権を規定している．

　憲法第90条は決算に関する規定であり，会計検査院の根拠でもある（「国の歳入歳出の決算は，すべて毎年会計検査院がこれを検査し，内閣は，次の年度に，その検査報告とともに，これを国会に提出しなければならない．会計検査院の組織及

び権限は，法律でこれを定める」)．会計検査院は憲法に根拠を有する特別な機関で，国の組織としては行政部に属するが財政の領域では裁判所，国会と同等の位置づけを与えられている．このことは財政のコントロールという観点からも会計検査院の活動に十分な注意を払う必要があることを意味している．

　第91条は財政状況の報告について定めている（「内閣は，国会及び国民に対し，定期的に少なくとも毎年1回，国の財政状況について報告しなければならない」)．わざわざ国民への直接の報告義務を課している点に注目したい．もっとも決算は予算と異なり国会に対する報告事項である．このため政府からは両院に同時に提出されるが，両院は別個に審議している．更に提出された会期に審議未了となっても，次の通常国会に提出される必要はないとされる．

　第60条は下院優越原則について規定している．ただし日本の場合には衆議院も参議院もともに国民の直接投票によって選ばれている．イギリスなどのように旧社会での支配階級からなる上院に対して，市民身分を代表する下院が優越するという本来の意義がどの程度日本にあてはまるかについては議論の余地がある．

▶ Column-3 ◀ 国民健康保険料と憲法84条

　憲法84条をめぐって，2006年3月，最高裁は重要な判決を行った．旭川市では国民健康保険の費用について保険料方式を選択し条例で算定基準を定めていたが，保険料率の決定は市長告示に委任していた．賦課処分を受けた一市民が，条例において保険料率を定めず，これを告示に委任することは憲法84条に違反するなどと主張し，旭川市に対し賦課処分の取消しを求めた（本人訴訟)．

　国民健康保険料は「租税」にあたるかについて，この最高裁判決は「国民健康保険事業に要する経費の約3分の2は公的資金によって賄われているが，これによって保険料と保険給付を受け得る地位との牽連性が断ち切られるものではない」として租税に該当しないと論じた（最大判平成18年3月1日)．他方この判決は，租税以外の公課も租税に類似する性質を有するものについては，「憲法84条の趣旨が及ぶ」とも述べているが，原告の主張を退け憲法違反でないとした．本件は租税以外に関して租税法律主義がどこまで適用されるかについて最高裁判所が初めて下した判決で，重要な意義を有している．

　〔参考〕金子宏他（2007）『ケースブック租税法』

2. 予算の原則

◆ **単年度原則**　財政民主主義とは財政活動が予算を通じて国民全体に公開され，国民の承諾と監視のもとで実施される制度であることを見た．つぎに，それを前提にして具体的な予算制度をデザインするにあたって，その時代の社会・経済・国家のあり方に整合するような原則を満たすことが求められる．

図4.1は近年，OECDが世界各国の予算制度を比較検討した『予算システムの法的枠組み』(2004年) より抜粋した予算原則一覧である．この体系では第1に正統性の原則が掲げられている．これは予算プロセスが行政的な裁量によって決定されるのではなく，立法府によってコントロールされていることを示す．日本では憲法83条にこの点についての定めがある (国の財政を処理する権限は，国会の議決に基いて，これを行使しなければならない)．

正統性の原則を前提にして，古典的な予算原則と現代的な予算原則が導かれる．古典的な予算原則には単年度原則，包括性，統一性，厳密性，均衡主義などがある．これらは予算の編成にあたって満たすべき基準というべきもので，伝統的にヨーロッパ大陸諸国が重視してきたという．

一方，現代的な予算原則には説明責任，透明性，安定性，達成度などが含まれている．古典的な原則が行政内部での予算統制を中心にしているのに対して，現代的な原則は行政の納税者に対する説明責任や行政サービスの達成度などに関心を広げている．近年では特にアングロ・サクソン系諸国において，このような予算原則が尊重されているという．

第2は単年度原則である．議会の予算審議権を保障するためには予算の審議と執行の期間，すなわち会計年度を規定しておく必要がある．通常1年を単位としているが，1年以上の長期では予算統制の目的を達しにくいというのがその理由である．そして各会計年度における経費はその年度の歳入によって調達すべきという原則は，会計年度の独立性と呼ばれる．日本では財政法の第12条に，この原則が規定されている．

ただし会計年度独立の原則には必ずしもなじまない経費がある．継続費，国庫債務負担行為，あるいは繰越明許費(くりこしめいきょひ)といった年度を越えての支出に関する制度がそれに該当する．継続費とは完成までに数年度を必要とする事業に

図 4.1　予算原則論

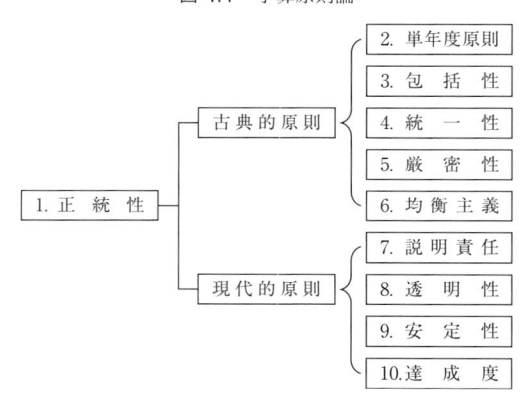

```
                                    ┌─ 2. 単年度原則
                                    ├─ 3. 包 括 性
                    ┌─ 古典的原則 ──┼─ 4. 統 一 性
                    │               ├─ 5. 厳 密 性
                    │               └─ 6. 均衡主義
1. 正 統 性 ────────┤
                    │               ┌─ 7. 説明責任
                    │               ├─ 8. 透 明 性
                    └─ 現代的原則 ──┼─ 9. 安 定 性
                                    └─ 10. 達 成 度
```

(資料) OECD (2004) *The Legal Framework for Budget System*.

関してその総額と年割額とを定め，その事業が始まる年度の予算で来年度以降の支出権限を与える制度である（継続費の制度を利用している例としては自衛艦の建造費がある．財政法第14条の2）．

　また**国庫債務負担行為**とは，将来一定額の支払いを行う契約の締結について，あらかじめ議会が議決することである（財政法第15条．国庫債務負担行為の例として戦闘機の購入，途上国に対するインフラストラクチャー建設などがある）．国庫債務負担行為に基づいて支払いを実行するときは，その年度の歳出予算にその金額を計上しなければならない．これが継続費と違う点である．

　更に歳出予算の中には年度内にその支出が終了しないと予想されるものがある．これについて事前に国会の議決を得て翌年度にも使用することができるようにしておくのが，繰越明許費である（財政法第14条の3）．

◆ **包括性・統一性・厳密性**　　第3は包括性であり，国の収支はもれなく予算に計上することを示す．これは総計予算原則とも呼ばれる．日本では財政法第14条にその規定がある（「歳入歳出は，すべて，これを予算に編入しなければならない」）．ここから予算には収支差額のみを計上するのではなく，歳出と歳入を別建てで計上し，両者を対照させるという形式が導かれる．

　第4の統一性とは国の財政活動はなるべく一般会計に集中して，網羅的に閲覧できるようにすることをいう．日本では財政法第13条に規定されている

（「国の会計を分かって一般会計および特別会計とする」と定めている）．統一性の原則を基準にすると予算は単一の予算に統合される．もっとも単一の予算に性格の異なる資金の出入りが混合されると正確な判断を困難にする．

このため原則として租税で賄う一般の行政にかかわるものは一般会計で処理して，各種の事業や資金運用などは別に特別会計や政府関係機関の予算で処理するという仕組みが採用されている．すなわち財政法（13条2項）では，一般会計から独立した31の特別会計と9つの政府関係機関が定められている．

これら特別会計の歳出規模は一般会計の4ないし5倍に達しており，各予算の間で複雑な資金のやりとりが行われている．しかし3種類の予算（一般会計，特別会計，政府関係機関）は別々に編成され，個別に審議が行われている．

第5の厳密性の原則とは，歳入と歳出を一定のルールに応じて詳細に予算書に明記することをいう．日本では，財政法23条に規定されている．歳入，歳出予算はその収入または支出に関係のある部局等の組織の別に区分される．歳入は性質にしたがって「部」に大別し，各「部」中においては「款」，「項」に区分する．歳出は目的にしたがって「項」に区分されている．

◆ **均衡主義**　第6の均衡主義とは，予算の歳出はその歳入によって賄われることをいう．日本の財政法では「各会計年度における経費は，その年度の歳入を以て，これを支弁しなければならない」（12条）と定められている．「収入」とは「国の各般の需要を充たすための支払の財源となるべき現金の収納」をいい，「支出」とは「国の各般の需要を充たすための現金の支払」である（同2条）．

予算均衡主義は別の角度からいうと公債不発行主義となる．財政法は公共事業とそれに関連する経費を賄ういわゆる建設国債は別にして，国債の発行を原則として禁止している（4条）．かりに予算上，経常的支出が経常的な収入を上回る場合には**財政法4条**よりも優先される特別な法律を制定しなければ，政府は国債を発行して債務を負うことはできない．例えば，1975年から2008年までの間（1990-94年度を除く），財政赤字を補塡するために特例法が

制定された．

　公債の発行額について国会の承認を求めている点も，日本の予算制度の特色のひとつといえる．憲法では国が債務を負担する場合には，国会の議決が必要であると定めている（85条）．ここにいう「債務」には公債と政府保証のような条件付債務が含まれる．これを受けて，財政法では建設公債は国会の議決の範囲内で発行でき，その償還計画も国会に提出しなければならないと定めている（建設公債の総額は予算総則に明記される）．

◆ **透明性の原則**　　第8の透明性の原則とは，財政運営の現状を透明度の高い状況で国会や国民に開示することをいう．これは財政の状態を国民に開示し，財政を持続可能な状態にする必要性を国民ひとりひとりが認識する材料を提供する点からみて重要である．

　こうした取り組みはニュージーランドの1994年財政責任法，オーストラリアの1998年予算公正憲章法，およびイギリスの1998年財政安定化規律などで行われている．国際通貨基金や経済協力開発機構もガイドラインを公表している（貝塚編［2005］10章）．日本では憲法第91条と財政法第46条に，内閣の財政状況報告が規定されている．

　具体的には財政の将来展望を描いた中期財政計画，マクロ経済見通しの慎重化（予想される複数の経済成長率見通しのうち，控えめな見通しを採用して，税収の過大見積もりを抑える工夫）等によって，この原則は担保されている．

　日本ではバランスシートの作成，政策評価の導入，情報公開法の制定等，透明性の向上にむけて努力が続けられている．しかし諸外国の優良慣行と比べると改善の余地があるといわれている．例えば，日本では中期財政計画も財政ルールもない（「改革と展望」は試算という位置づけ）．5年間を超える長期にわたる財政の持続可能性を確保するための規律が存在していないのである．慎重な財政運営を行うためには，長期的な財政の持続可能性を維持するための何らかのルールを併用することが必要である．

　なお第7の説明責任とは，行政府が責任をどのように果たしたかについて立法府に報告を行うことを示し，会計検査機関の存在根拠となる．第9の安定性とは予算及び公的債務残高の目標値が定期的に更新される中期的な財政計画の中に含まれていることを示す．第10の達成度とは，予算プログラムの

直近ならびに期待される結果が，予算に反映されていることを示す．

3. 予算の循環

◆ **予算の編成**　毎年の予算は前年度中に編成審議され，年度開始とともに執行され，翌年度に入り決算されて終結する．こうした予算の流れを予算循環という．はじめに図4.2の「編成」の部分を説明する．憲法には内閣が予算を編成し国会へ提出するという一般原則が規定されている．これを受けて財政法では，予算案は当該年度の1月中に提案すべきとしている（27条）．

「編成」のポイントは2つある．第1は概算要求である．各省庁は財務大臣に歳入・歳出の見積もりを提出する．これを**概算要求**という（図4.2の②）．概算要求の提出期限は8月末である（会計年度の開始7ヶ月前）．要求官庁では会計課と呼ばれる部局によって概算要求が積み上げられている．

もっとも各省庁における概算要求に先立って，財務省は総理大臣や内閣府と連絡をとりながら，概算要求基準といわれるものを提示する．この概算要求基準とは各省庁が概算要求を行うのに先立って，概算要求の内容に枠を設定することをさす（この慣行は1961年度に始まった．歳出面でのコントロール手段として機能したのは75年度以降）．なお2001年の省庁再編で創出された経済財政諮問会議が概算要求基準の内容を詳しく検討し，内閣の承認を経て要求官庁へ送付する．

第2のポイントは政府案の閣議決定である．要求官庁の提出した概算要求を査定して政府案を準備するのは財務省である（④）．そのガイドラインとして12月初旬頃に内閣は「予算編成の基本原則」を閣議決定する（③）．財務省原案が閣議に提出されると，それは要求官庁にも内示される．要求官庁は自らの要求の査定結果を知り，復活を必要とするものについて交渉を行う．いわゆる「復活折衝」である（⑤）．もっとも財務省の原案は復活の余地までを含んだものとして作成されるので，最終段階でのセレモニーとしての色彩がつよい．こうして政府案の閣議決定がなされる（⑥）．毎年12月末になることが多い．

◆ **国会での審議**　つぎに図4.2の「審議」の部分に着目する．政府案が作

図4.2　予算の編成・執行・決算（平成20年度予算編成の例）

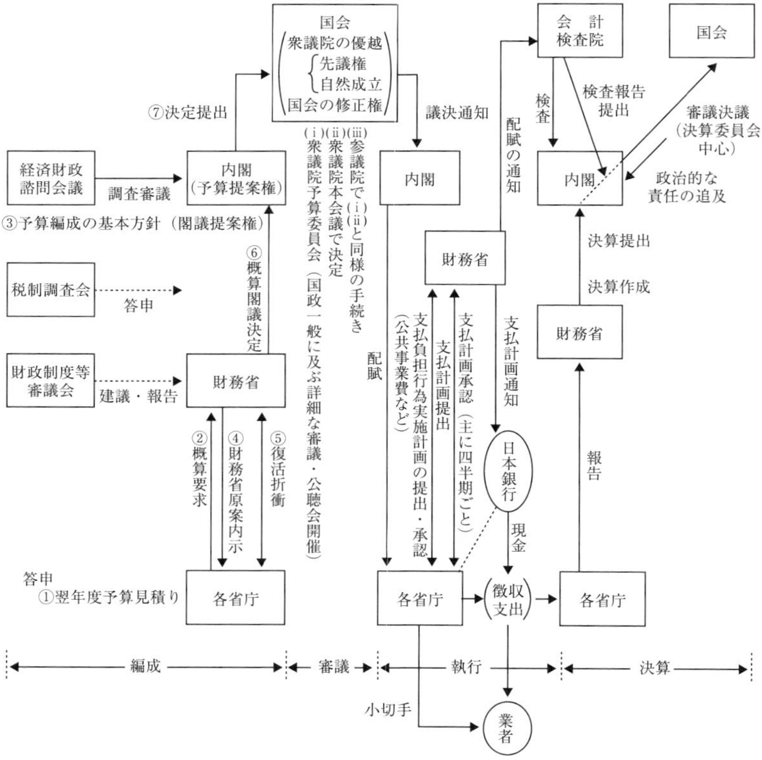

（資料）池田編『図説　日本の財政』平成20年度版

成され国会に提出されるのは1月と定められている（⑦）．財政法は，国会に提出される予算の内容をつぎの5つの分野に特定している（16条）．すなわち予算総則（4条公債の発行限度等），歳入歳出予算（予算の本体部分），継続費，繰越明許費，そして債務負担行為である．「歳入歳出予算」は一般会計だけでも約900頁あり，これを読み込むのは容易ではない．

　財政法によると国会での審議は衆議院からはじまる．衆議院の予算委員会で承認されると，予算案は本会議にかけられる．もっとも予算案の修正はまれである．衆議院で可決されると参議院へ送付され，同じように予算委員会ののち本会議で審議される．

　国会審議のポイントは2つある．第1は衆議院の優越である．憲法60条と

国会法第85条は予算案に対して，参議院が衆議院と異なる決定をした場合には両院の協議会を開いて合意を探ることを定めている．かりに両院の協議会が合意に到達しないか，もしくは参議院が30日以内に結論を出さない場合には衆議院の議決が優先される．いわゆる衆議院の優越である．このプロセスは両院における予算審議を促進して，国会における予算案の通過が不必要に遅延しないようにするためにある．

第２のポイントは**国会の修正権**の問題である．国会での審議は財政民主主義を担保する重要なプロセスである．しかし内閣の予算編成権と国会の予算審議権との関係はやや微妙な問題である．内閣の予算編成権と国会の予算審議権との関係は，国会が内閣の提出した予算を大幅に修正しようとしたときに問題となる．国会が内閣の提出した予算とまったく異なる予算を議決した場合，内閣の予算編成権を侵害するというのが政府の解釈である．

ただし修正の内容により，減額修正と増額修正とでは扱いが異なる．減額修正は国会が政府の行動をチェックするという観点から認められるが，増額修正は予算を作成するという意味をもつので認められないという処理がなされてきた．実際には，国会でも修正が不可避となった場合には政府は予算案を撤回し，修正内容を含んだ予算案を議決することによって予算編成権と予算審議権を両立させる方法がとられている．

このように国会の修正権が事実上，制約されているのは，議院内閣制では内閣の存立が議会（ことに下院＝衆議院）の信任を必須要件としており，下院における多数党によって内閣を組織しているからであろう．実際，政府予算案はほとんど修正されることなく，国会で可決されてきた．過去20年間では参議院が1999年度当初予算案（小渕内閣）と2008年度当初予算案（福田内閣）を否決した以外は，政府案は衆参両院ですべて可決されている．

ここで２点，付言しておく．ひとつは議決の対象となる予算の範囲である．歳出予算は政府の支出の上限を定めたもので，財政法によると所管別（省庁別）に区分され，歳出目的にしたがって，さらに「款」へと分類される（23条）．省庁の内部では財政法により「款」はさらに「項」に分類されている．この「項」が議決科目となっている．このため「項」レベルでの目的外の予算使用は，財政法第32条で禁止されている．

いまひとつは暫定予算である．国会の審議過程は原則として前年度中に完

了する必要がある．4月1日までに予算が成立していないと予測されるときに（例えば，国会議員選挙と重なる場合），財政法30条は内閣が暫定予算を組むことを認めている．財政法は暫定予算の内容を規定していないが，人件費その他行政運営上，最低限必要な既定経費に限られる．

◆ **予算の執行**　つぎに図4.2の「執行」の部分に着目する．財務省と要求官庁に加えて日本銀行が登場していることに留意しよう．内閣は国会で可決されて成立した予算を，各省庁に配賦する（財政法31条）．各省庁の大臣は支出計画を財務大臣に提出し，その承認を受けて初めて支払が可能となる．ちなみに予見しがたい事情のために生じる予算不足に充てるために，国会の議決にもとづいて予備費を設けることができる．

予算の執行と管理に責任をおっているのは財務省であるが，現金管理を直接行っているわけではない．現金の管理は，日本銀行にある政府預金勘定を通じて行われているのである．すなわち日銀にある政府勘定には租税等の歳入が入り，他方歳出は各省庁が発行した小切手を業者が提示することを通じて，政府勘定から引き落とされるのである．

なお政府預金のうち，当座預金には予期せざる残高不足に備えて，一定の支払い準備がある（1,500億円）．また現金保有コストを減らすために，国庫金への受払いの時期のずれを極力小さくする改革がすすめられている．

「執行」について注釈すべき点はつぎの2つである．第1は「移用」である．上述したように財政法では各省庁による歳出予算の執行について，明確性の原則にもとづいて厳しい制約をかけている．しかし例外として執行段階での「項」の間の「移用」が認められている．「移用」は予算によって国会の議決を経ている場合に限られ，財務大臣の承認も必要になる．

第2に注釈すべき点は補正予算である．内閣は予算開始後において**補正予算**を編成し，国会に提出することが法的に認められている．補正予算の数について制限はない．しかし補正予算を編成することの要件は，予算作成後に生じた事由により特に緊急な場合と定められている．具体的には自然災害や経済状況の急変あるいは政策変更などのために，予算執行が不可能ないし不適当になることがこれに該当する．

もっとも財政法が施行された1947年度以降，補正予算が組まれなかった年

度は存在しない．1990年代以降，不況対策としての財政出動が要請されたことが補正予算の常態化をまねいた．補正予算が常態化した状態のもとで，当初予算に盛り込まれなかった経費を補正予算に編入することを意図的に行うことを「補正回し」という．補正予算の多用は公的債務累積の原因のひとつとなっている．

◆ **会計検査と決算審議**　執行が終わると予算は決算プロセスに入る．つぎに図4.2の「決算」に着目しよう．ここでは何といっても重要なプレイヤーは会計検査院である．決算は3つの過程に分かれる．政府諸機関が決算報告を作成する過程と，これと並行して行われる会計検査院による会計検査の過程，そして政府諸機関の決算報告と会計検査院の検査報告がともに国会に提出され審議・承認を受ける過程である．こうして決算報告が国会で承認されると，ここで初めて内閣の予算責任が解除されて，予算循環は終了する．

会計検査院はその存立の根拠を憲法第90条に置き，内閣から独立した最高検査機関として公共部門の腐敗や非効率の発生を抑えている．検査院の組織と権限は憲法ではなく，1947年の会計検査院法に定められている．他の国々と違って会計検査院は国会の付属機関ではない．しかし会計検査院法によって検査活動，人事及び財政面において検査院は内閣から独立した地位が与えられている．

会計検査院は3人の検査官より構成される検査官会議と事務総局とから組織される．検査官は国会の承認を経て，内閣によって任命される（任期は7年）．院長は3人の検査官のうちから互選した人を，内閣が任命する．検査官は心身の故障や職務義務違反，禁固以上の刑に処せられた場合を除いて，その意に反してその地位を失うことがない．さらに財政法では検査院の財政面での独立性をつよめるために，検査院みずから予算を作成して内閣に提出する権限を与えている．このように**会計検査院の独立性**を担保する仕組みは多岐にわたる．

会計検査院の活動の目的は，「正確性」，「合規性」，「経済性・効率性」および「有効性」の観点から公的機関の会計経理の妥当性を判定して，不適切な場合にはこれを是正することである．正確性というのは決算が予算執行の状況を適正に反映しているかどうかという基準であり，合規性とは会計経理

が予算や法令を遵守しているかという基準である．また経済性・効率性とは事業が最小の費用で所与の支出をおこなっているかの基準であり，有効性は事業が所期の目的を達成して効果をあげているかどうかの基準である．伝統的にいうと最初の2つの検査が検査院の活動の中心であった．しかし1990年代末以降，経済性・効率性および有効性検査の比重がふえている．

● Column-4 ● 財政投融資改革

日本では財政投融資がしばしば「第2の予算」と呼ばれ，大規模かつ重要な役割を果たしていた．この財政投融資は2001年度から大幅に改正され，その規模は縮小している．財投は「国の信用や制度を通じて集められる各種公的資金を原資として行われる政策的な投資と融資」である．政府による投融資は戦前から存在するが，現在の財政投融資計画がはじまったのは1953年であった．

財投の原資は産業投資特別会計，資金運用部資金，簡保資金，政府保証債の4資金であるが，資金運用部資金が原資の大部分を占めている（郵便貯金と厚生年金・国民年金積立金）．財投の運用先は元利償還が確実で，公共目的に沿った分野とされる．具体的には，基幹産業・産業基盤から民生・厚生へ，さらには資金運用事業（郵貯・年金などの機関が一旦預託した資金運用部から財投の枠内で貸付を受け，自主運用すること）へと変化してきた．

図4.3　財投改革のイメージ

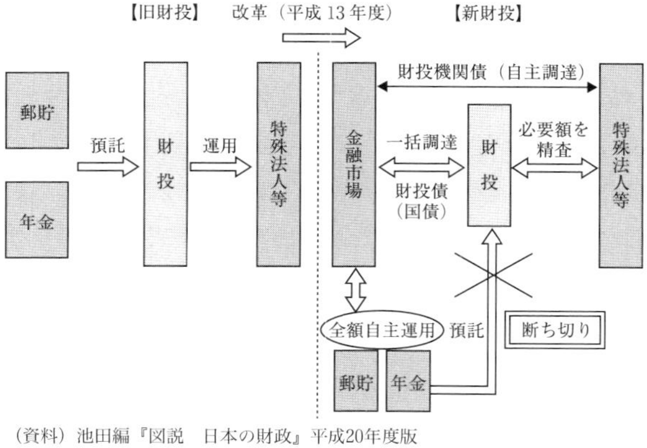

【旧財投】　　改革（平成13年度）　　【新財投】

郵貯・年金 →預託→ 財投 →運用→ 特殊法人等　　｜　　金融市場 →一括調達（財投債（国債））→ 財投 →必要額を精査→ 特殊法人等

財投機関債（自主調達）

全額自主運用　郵貯・年金　預託　断ち切り

（資料）池田編『図説　日本の財政』平成20年度版
注1）簡略化のため，産業投資，政府保証は省略している．
　2）簡保については，財投改革前より預託義務はなかった．

財投システムには3つの大きな問題が含まれていた．第1は民間金融よりも借手に有利な条件で（長期・低利）投融資できるという財投の存在意義に関わる．

低成長と金利の自由化で財投のこのメリットが失われた．第2に資金運用部への預託義務と一体となった統合運用により，資金拠出者である郵貯預金者や社会保険加入者の利益が損なわれている疑いがあった．民間ベースよりも借り手に有利な投融資を可能ならしめるために，預託利率をなるべく低水準に設定しなければならず，それは法定されていた．金融自由化の波の中で法定制は撤廃されたが，資金拠出者は自主運用を求めた．第3に「はじめに原資ありき」で，入り口側で資金が集まり過ぎるため政府の役割としての必然性の薄い事業が出口側（公社公団，政策金融機関）で実施されているのではないかとの批判があった．

2001年度からの新しいシステムでは従来，大蔵省の資金運用部に全額預託する義務があった郵貯や年金積立金が，金融市場で自主運用されることになった点が最大の変化である（図4.3）．資金運用部は廃止された．これに対応して，これまで投融資を受けていた特殊法人などは原則として自己の信用にもとづく「財投機関債」を市場で発行して資金調達することになった．さらに必要な資金にかぎり，新たに設置された財政融資資金特別会計が「財投債」（事実上の国債）を発行して市場から資金調達することになった．この限りではほぼ財投は解体されたといってよい．

財政投融資計画額の規模は2008（平成20）年度には13.9兆円であり，ピーク時である1996年度の3分の1の水準に縮減した．財投というメカニズムは戦後復興と高度成長に適合していた．その条件が失われるとともに，その意義が失われてきたのだということになる．

〔参考〕林健久（2002）『財政学講義』，池田編『図説　日本の財政』平成20年度版．

4. 予算制度改革論

◆ **財政ルール**　現行の予算制度は1940年代末に制定されて以来，半世紀以上その原型を保ったままである．経済社会の変化，とりわけ財政赤字の増大と債務の累積に伴って予算制度は制度疲労をおこし，改革の必要性が指摘されている．以下では財政ルール，予算プロセス，事後評価の3点について論じる．

予算作成過程では，予算要求が各仕切りの下部から分散的に積み上げられている．財務省による査定も予算規模に関するコントロールとしてはかつてほど能動的ではなくなった．頻繁な補正予算の編成も財政規律を弱める要因

となっている．将来にわたる財政の持続可能性を担保するため財政規模の総枠を策定し，政府がそれにコミットする仕組みが必要とされる（青木・鶴編［2004］）．

いくつかの国では財政赤字や債務残高の対 GDP 比を憲法などの最高法規で規制している．例えばアメリカ合衆国では約3分の2の州において州憲法に均衡予算原則が規定されている．ユーロ圏ではEU加盟のための条件である**マーストリヒト収斂基準**が各国の財政規律を保持している．これは2つの基準を満たす必要があるというもので，一般政府ベースの財政赤字対 GDP 比が3％以内になること，一般政府の債務残高対 GDP 比が60％以下になることの2つの基準がそれである．それに加えて，「安定と成長」協定では平時において財政は「ほぼ均衡しているかもしくは黒字」であることが規定されている．

財政ルールには，フィスカル・ポリシーから「裁量」を奪う面がある．財政ルールは硬直的・機械的なものではなく，弾力条項（ある程度，景気が後退した場合，回復するまでの間，財政赤字を許容するルール）が付随したものが望ましい．日本ではどのようなルールが考えられるだろうか．法的拘束力のある数値目標を設定した例は，日本の場合1997年12月に公布された「財政構造改革法」（「財政構造改革の推進に関する特別措置法」）がある．

しかし金融危機が顕在化して1998年には事実上，「財革法」は停止に追い込まれた．1997年の財政改革法が事実上，失敗したのは1997年秋に金融危機が顕在化して，未曾有の経済危機が進行する中で財政が「財革法」で「手足」を縛られた状態にあったことが大きい．緊急の場合の財政出動などを盛り込んだ弾力条項が，「財革法」の中に最初から盛り込まれていなかったことが強く影響したと考えられる（青木・鶴［2004］）．

日本の財政は持続可能性という観点から見て非常に心配される状況にある．プライマリー・バランスを均衡に持っていくだけでは心もとない．現在の財政目標を超えて長期的な財政の持続可能性を確保するような必要十分な財政目標が必要である．2003年に小泉内閣は「改革と展望」を改訂して，一般政府支出を2002年度の水準（対 GDP 比の39％）以下に抑制すること，2010年代初頭に基礎的財政収支の黒字を達成することの2点を目標に掲げた．このルールは法的な拘束力はないが毎年度の予算編成に影響を及ぼしている．

● Column-5 ●　　論争：1997年の緊縮財政

　これまでの財政政策で，しばしば論争の的になるのは1997年度のそれである．橋本内閣は，それまで続けられた拡張的財政政策を転換して，財政再建へ向けて緊縮財政にスタンスをかえた．具体的には97年4月から消費税率を3％から5％へ引き上げるなど，9兆円の公的負担増を求める一方，98年度予算において公共投資を中心に大幅な歳出カットを行った．

　緊縮財政の推進力となったのが，97年12月に公布された「財政構造改革の推進に関する特別措置法」（いわゆる「財革法」）であった．この法律は2003年度までに特例公債依存から脱却することを目標に，財政赤字を対 GDP 比3％以下に削減するため，一般会計の主要な経費別に量的縮減目標を設定した．

　しかし橋本内閣自体が翌年4月に早くも財革法を転換し，12月に凍結された．深刻な不況の中で参議院選挙に敗北した橋本内閣は退陣した．橋本内閣の緊縮財政，「財革法」は一般に「失敗」であったとされる．97年の緊縮財政に批判的な論者は，96年の景気回復の力を橋本内閣が過大評価していたと主張している．不良債権と脆弱な金融システムという問題を抱えた当時の日本経済で，緊縮財政路線を採用したのは失敗であったという．

　橋本内閣の緊縮財政は必ずしも失敗ではなかったと考える論者は，景気後退の直接の契機となったのは消費税の増税等ではなく，97年11月に始まる金融システム不安の顕在化であると主張する．そして経済動向との関係で柔軟な対応を図るための弾力条項が欠けているのが，問題だったと指摘する．97年の緊縮財政の評価は，日本の将来の財政再建のあり方を考える際にも避けることができない関門といえる．

　〔参考〕石（2008）『現代税制改革史——終戦からバブル崩壊まで』

◆　**横断的な予算編成**　　予算の編成プロセスで各省庁の管轄下にある社会的利益集団（業界団体，職業団体，年金受益者，地方公共団体）の財政支出要求が，管轄行政部局の予算要求に反映されている．利益集団の支出要求をくみ上げ予算化することによって，当該省庁の天下り機会は拡張する．省庁と管轄民間利益集団との結託がうまれている．これは青木昌彦氏のいう「**仕切られた多元主義**」（「業界」という「仕切り」に分かれて，「業界」，「業界団体」，管轄官庁の「原局」，「族議員」といった多元的なレベルでそれぞれの「仕切り」の利益最大化（既得権益の保護）を図っていくという政治経済的な制度特質）のひとつとい

うべきものである．

　税収が潤沢に増大していた時代に毎年の予算編成は，増分を一定比率にとどめる「増分主義」によって習慣化された．増分主義では前年度までに獲得した予算は「既得権益」化してしまう．政治コストを節約して予算を削減する手段として導入されたのがシーリングによる一律削減という手法であった．これは予算のわずかな増減をめぐって，族議員を通じて，利益団体が影響力を行使していることの表れといえる．

　こうした事態を改善するには中期的な財政ルールの下で，各省庁への縦割りの予算配分が特定化される前に予算配分の戦略的決定がなされるべきだという意見がある．具体的には財務大臣や総理大臣，あるいは内閣府といった組織に予算決定権限を集中させるという提案がそれである．

　その契機となったのが2001年の省庁再編の際，内閣府に**経済財政諮問会議**があらたに設置されたことである．省庁再編の狙いは，内閣主導ないし首相主導での政策運営を支援・補佐することである．そのため総理大臣を「直接支える」べく，各省の「一段上」に位置づけられた役所として「内閣府」が新設され，そこに諮問会議が設けられた．諮問会議の任務は，「経済全般の運営の基本方針，財政運営の基本，予算編成の基本方針等財政政策に関する重要な事項について審議すること」（内閣府設置法19条）と規定されている．この文面から見るかぎり，諮問会議は，企画・立案する場ではなく，あくまで調査審議の場のようである．

　しかし，たとえ調査審議の場であったとしても，予算編成の基本方針など重要な政策を首相主導で審議する場が，財務省以外の役所を事務局として，しかも民間有識者をメンバーに加えて設置されたということの意義は大きい．とくに小泉政権下の財政政策では，経済財政諮問会議が重要な役割を果たした．財政については，省庁再編後も財務省が中心的な役割を果たしている．しかし，諮問会議が財務省と並び場合によってはそれ以上の影響力を発揮することもあった．

　予算制度改革についていえば，いわゆる「骨太の方針」で政策の大方針を出し，「予算の全体像」ではそれを受けた予算のフレームを示し，中期的には「改革と展望」で改革の軌道を確認していく，というのが諮問会議の目標と見られる．「骨太の方針」は，政策論議のヤマが毎年6月にくるように

なったことから明らかなように定着しつつある．概算要求基準のような，予算編成の具体的な数値づくり（全体フレームや配分方針）については，財務省と諮問会議のテンションが生じている．

◆ **事後的な政策評価**　新しい政策の実施については予算の際に財務省の厳しい査定を受けるが，いったん予算化されるとその後のチェックは，必ずしも十分ではない．民間企業では一会計年度にどれだけの経費を使ってどれだけの利潤をあげたか，損失を出したかの決算は意味をもっている．

予算の場合には編成に重点がおかれ，予算をどのように使用してどれだけの効果をあげたかはあまり問題にされない．例えば，1986年から90年度までの決算は与野党逆転の参議院本会議で否認されている．これに対する政府の是正措置は国会に報告されていない．また会計検査院の検査報告は衆参両院に同時かつ別々に提出されるが，両院が異なった議決をしても予算と異なり協議することはない．さらに決算は毎年1月，前年度のものが提出されているが，その審査は必ずしも迅速に行われているわけではなく，2年度分の決算を同時に審査するということが行われることもある．

事後的な評価の役割を担うのは内閣による決算報告と**会計検査院**による検査報告であり，とくに後者の役割は大きい．重要な手続きであるにもかかわらず，決算への一般の関心は高くはない．その理由として次のような点が指摘されている．

① 政府予算の決定から，決算の確認まで，一会計年度の予算過程に，すくなくとも3年程度の時間を要する．
② 国会における決算審議の政治的影響力が弱いため，国会の決算審議を通じて世論が喚起されることが期待できない．
③ 増分主義と特徴づけられる予算編成方法が支配的であるために，決算にも違法の支出は別にして，注目すべき発見が困難である．

事後的な政策評価を予算編成にフィードバックするため，1997年には国会法が改正された（衆議院決算行政監視委員会の設置，国会法104条による報告・記録の提出要求制度の整備，国会からの会計検査院に対する会計検査・報告要請制度の創設，衆議院における「予備的調査制度」の創設）．

国会法等の改正が行われた時期に前後して，会計検査院による「政策評

価」（政策目的が有効に達成されたかどうかを検証し，次の段階での政策形成にフィード・バックさせること）を求める意見が多くなった．日本の会計検査院は内閣から独立しているが国会にも属さない独立機関として位置付けられているため，法律にのみ従い他者から影響されることなく検査活動を実行している．

　会計検査院のめざすべきモデルとして米国の会計検査院（Government Accountability Office：GAO）が参照されることが多い．GAO は議会の付属機関であり行政府から独立した強力な調査権限をもっている．その予算は議会で決定され，中央情報局，連邦捜査局を除く各省庁は GAO が要求するとどのような資料も提出しなくてはならず，スタッフの採用も他の機関から独立して行われる．会計検査院長は議会が選んだ 3 人の中から大統領が任命するが，任期は15年で，就任後はいかなる政治的圧力からも自由である．このような独立性，とくに検査院長の強力なリーダーシップは，プログラム評価のテーマ選択にも反映している．

　議会からの要請をうける米国方式は日本にはなじまない面がある．しかし何らかのかたちで議会の問題意識を反映することが必要である．1997年の国会法改正で「国会からの検査要請事項」が新設された意義は小さくない（105条）．会計検査院の活動の目的は，「正確性」，「合規性」，「経済性・効率性」および「有効性」の観点から，公的機関の会計経理の妥当性を判定して，不適切な場合にはこれを是正することである．伝統的にいうと最初の 2 つの検査が検査院の活動の中心であった．しかし1990年代末以降，経済性・効率性および有効性検査の比重がふえている．明るい材料といえよう．

演習問題

インターネットで財務省の『財政金融統計月報』（予算特集号）にアクセスして，つぎの問いに答えなさい（URL は http://www.mof.go.jp/kankou/zaikinge01.htm）．
1．「予算編成の基本方針」（閣議決定）を読み，要点をまとめなさい．
2．「一般会計歳出予算」を見て，主要経費別，目的別，所管別の経費の特徴を述べなさい．
3．「一般会計国庫債務負担行為」を見て，債務負担行為とは具体的にどのようなも

のかを確認しなさい．
4．「国債整理基金特別会計歳入歳出予算」を見て，一般会計と特別会計の関係をイメージしなさい．

文献案内

予算原則論について詳しくは神野（2003）7章を参照せよ．予算編成の政治力学や「コモン・プール問題」について青木・鶴編（2004），村松（2001）が詳しい．諸外国の予算制度改革について，OECD（2004），貝塚・財務省財務総合研究所編（2005）10章が参考になる．政策評価の具体的な方法を知るには金本・蓮池・藤原（2006）が便利である．日本の予算・決算に関する最新データは，つぎの文献やホームページで見ることができる．池田編（2008），財務省の財政統計：http://www.mof.go.jp/jouhou/syukei/zaiseitoukei/ichiran.htm，内閣府の経済財政諮問会議：http://www.keizai-shimon.go.jp/

第5章

租税の理論：入門

　政府の経済活動を支出面から検討してきた．経費を賄うために政府は収入を必要とする．政府の収入は家計や企業の収入とは性質が異なっている．企業は財貨・サービスを生産物市場で販売して代金を得て，労働力や原材料を購入する．けれども政府は個別的報償関係（個々の財貨・サービスの価格を支払って消費するような関係）なしに，公共サービスを無償で国民に提供している．

　市場で商品を販売して費用を代金で回収できないとすると，政府は経済の循環過程の外側から購買力を調達しなければならない．それが無対価で強制的に購買力の一部を民間部門から一般政府に移転する租税の役割にほかならない．事実，政府の収入とりわけ経常的収入の中心は租税である．本章では租税の根拠，租税体系，あるべき租税体系等について検討する．

1．租税の根拠

◆ **租税と公共部門の収入**　　租税について理解するには，統計を用いて現実の公共部門の収入についての知識をもっておくことが必要である．「政府」は国民経済計算上，一般政府（中央政府・地方政府・社会保障基金）と公的企業に分けられているが，ここでは前者の収入をとりだしておこう．政府の支出と収入の関係は政府の経常的支出と経常的収入，投資的支出とその資金調達というように二分して考えることができる．他方，実際の予算制度はこの両者を一括してその歳出と歳入という形で計上されている．ここでは，この2

表 5.1　一般政府の受取勘定（10億円，％）

	1980年度		2006年度	
	実数	構成比	実数	構成比
財産所得	4,848	7.3	10,060	6.4
生産・輸入品に課される税	17,823	26.8	43,398	27.5
所得・富等に課される経常税	25,899	38.9	47,510	30.2
社会保障負担	17,187	25.8	55,324	35.1
その他の経常移転	758	1.1	1,247	0.8
合計	66,514	100.0	157,539	100.0

（資料）内閣府『国民経済計算年報』（93SNA）
注）一般政府内の経常移転（受取）は除く．

つの表示法のそれぞれによって政府の収入の現状を示す．

　表5.1によると政府の経常支出を賄う財源として租税収入の比重が高いが，最近では比重が低下していること，また租税に類似した性格をもつ社会保障負担（社会保険料など）の比重が高くなったことがわかる．この表では示されていないが2006年度では経常支出が経常収入を18兆9,600億円上回っていて，政府はこの意味では純貯蓄はマイナスになっている．他方，政府は公共投資に18兆円余りを支出しているので，その合計は民間から借り入れている状況にある．

　つぎに国の予算の中心である一般会計でみた収入の構成を示したのが表5.2である．この表からわかるように1985年前後においては租税収入の比重が7割を占めていたのが，最近では景気の低迷や減税政策を反映して5割台に低下し，かわりに公債発行の比重が高くなっている．なお表中の印紙収入とは取引において作成される文書に印紙を貼るという形で租税が支払われる

表 5.2　一般会計の歳入

	1985年度		2005年度	
	実数（兆円）	構成比（％）	実数（兆円）	構成比（％）
租税及印紙収入	38.2	70.7	49.1	55.1
専売納付金	0.0	0.0	0.0	0.0
官業益金及官業収入	0.0	0.0	0.0	0.0
政府資産整理収入	0.2	0.3	0.3	0.4
雑収入	2.6	4.8	4.3	4.9
公債金	12.3	22.8	31.3	35.1
前年度剰余金受入	0.7	1.3	4.0	4.5
合計	54.0	100.0	89.0	100.0

（資料）財務省主計局調査課編『財政統計』

ものである．また専売納付金はかつての日本専売公社による納付金のことで，現在ではたばこ税に代わっている．また雑収入には罰金や手数料などが含まれる．前年度剰余金というのは前年度の決算において確定した収支の剰余を受け入れたものである．

◆ **租税とは何か**　　租税の定義から始める．租税とは「一般政府への強制的で無対価の支払い」である（Messere, de Kam and Heady [2003]）．この定義をいま少し敷衍(ふえん)すると次の通りである．

　第1に租税は**強制性**という性格をもつ．純粋公共財は国民一人一人に等量消費される．代金を支払わないからといって，その便益を受けることを排除できない．公共財にはフリー・ライダー問題が避けがたい．かといって税金は国民の自由意志によって任意の額を拠出するというのでは社会生活は存立しえない．租税は社会的ルールにしたがって，国家が強制的に賦課するという性格をもたざるをえない．

　租税回避や脱税について国家は断固とした手段をもって臨む．プロのスポーツ選手が永年に亘り人々に勇気と感動を与えたとしても，脱税に関与すれば刑事罰や出場停止処分が科される．滞納処分の手続きを税法で定めているのは，租税の強制性を担保している．

　第2に租税は私的財の購入と違って，基本的に**無対価**である．無対価というのは政府によって納税者に提供される便益がかならずしも納税額に比例しないことである．この点，運転免許証交付の手数料，パスポート発行の手数料，あるいは水道料金等は純粋の租税といえない．強制性はあるものの個別的な報償関係が伴う．

　むろん無対価という基準で租税とそれ以外の収入との間に明確ではっきりした境界線を引くことは簡単ではない．例えば，年金・医療の財源となる社会保険拠出には被保険者や事業主には加入が義務付けられ，かつ最終的には強制的な徴収が想定されている．しかし，社会保険制度は保険の技術にもとづく制度であるので，保険料の納入と給付の受給との間に一定の対価関係（「牽連関係(けんれん)」ともいう）が存在する．

　第3に租税は民間部門から一般政府への移転という条件を満たさなくてはならない．もっとも何が「政府」で何が「民間」であるかは国によって違う

1．租税の根拠　｜　99

し，同じ国であっても歴史的に異なっている．例えば，ヨーロッパ諸国の一部，すなわちオーストリア，ドイツ，北欧諸国等においては教会税がある．だが非キリスト教圏においては教会税が「税」に該当するという見方に違和感があるだろう．

　日本では，たばこ税が興味深い事例である．1985年に日本たばこ産業株式会社（JT）が創設されるまで日本専売公社はたばこの専売から得られる利益を専売納付金として国に収めていた．専売納付金は，広い意味での政府内部での移転であり，「税外収入」という位置づけがされていた．しかし専売公社が民営化されることによって納付金から「税」に生まれ変わった．たばこ税は，たばこ税法（昭和59年8月10日法律第72号）にもとづき，製造たばこに対して課せられる税金である．中国やソ連など旧社会主義国が国有企業を改革した際にも，同様の変化が起こった．

◆ **利益説**　ところで納税する市民の一人ひとりが強制に服するためには，それを理解し納得していなくては制度として安定しない．政府の側からいえば市民が納得したうえで租税額が収納されなければ行政を執行しえない．市民が納得し国家に十分な収入をもたらすことを保障するための租税を支える思想が租税根拠論である．

　租税根拠論には大きく分けて2通りの考え方がある．租税利益説と租税能力説である．利益説の源流は17世紀に遡る．それはイギリスの哲学者ホッブス（Thomas Hobbes, 1588-1679），ロック（John Locke, 1632-1704），そしてオランダの法律家グロティウス（Hugo Grotius, 1583-1645）によって展開された伝統的な租税根拠論である．経済学の創始者といってもよいアダム・スミスもその『諸国民の富』（1776年）において，利益説と能力説を未分化のまま説明しているが，どちらかというと利益説に近い．

　利益説とは，人々は政府の提供したサービスの**便益に対する対価**として租税を払うべきだという考え方である．利益説を根拠とする税を応益税ということがある．利益説の特徴は，政府と納税者の関係を市場における消費者と生産者との関係のアナロジーとして把握していることである．

　すなわち政府は納税者に便益を与える一方，租税は（義務ではあるものの）人々がすすんで支払う価格に類似したものに擬制される．これは消費者が市

場でモノを取得するための対価支払いに類似している．利益説のメリットは効率性である．直接料金を支払わない場合には，人々は公共サービスが「ただ」であると錯覚して，政府に過大な公共サービスを期待する．しかし租税を公共サービスの対価支払いと位置づけることができれば，納税者は公共サービスの費用を考慮して，政府の規模と公共サービスの量を決定する．

　しかし，公共財の財源調達手段である租税に利益説を適用することには注釈をつけくわえる必要がある．第1に多数の公共サービスから人々が得る便益を，個人単位で正確に測定することは困難である．例えば国防や環境保護によって高められる個々人の安心感はどのように測定できるだろうか．

　ある種の公共サービスについて便益に密接に関連した課税標準を用いることは不可能でない．例えば地方道路譲与税などの道路特定財源は応益税として存続してきた．これはガソリンの消費量とドライバーが道路利用から受ける便益の間には正の関連性があると推定されるからである（平成21年度地方税制改正により，道路特定財源は一般財源化された）．多くの経済学者は地方政府の支出（道路や水道・公園などのインフラ）は，居住地の地価に反映されると信じている．固定資産税が応益税とみなされているのはこのためである．

　利益説について留意すべき第2の点は，納税は本質的には強制的な拠出であって（利益説が想定しているような）自発的な対価支払いではないということである．利益説は納税者の担税力を考慮しないので，この点には注意しなければならない．例えば，準公共財がその場合である．医療，介護，児童福祉，義務教育などの準公共財は，民間部門によっても供給されている．これらの公共サービスに，価格メカニズムを適用する余地はある．けれども，準公共財は所得再分配を目的にしたものや，医療サービスのように社会保険としての性質をもつものが多い．義務教育のように，機会の均等を保証するものもある．したがって，このような分野において利益説を機械的に適用してしまうと，そのサービスの本来の目的（再分配）と抵触することになる．

◆ **能力説**　国民は納税を通じて私有財産の一部を政府に無対価で移転する義務を負うので，経済的な損失を被る．したがって租税はその損失ができるかぎり公正で公平となるように配分されるべきであると誰もが考えるだろう．この問いに対して，納税者は各人の負担能力に応じて国家に貢献しなけ

ればならないと答えるのが，租税能力説である．

　能力説はスイスの哲学者ルソー（Jean-Jacques Rousseau, 1712-1778），フランスの政治経済学者セイ（Jean-Baptiste Say, 1767-1832），そしてイギリスの経済学者ミル（John Stuart Mill, 1806-1873）によって主張されてきた．財政学では19世紀末以来，能力説の系譜をとるものが主流となってきた．イギリスでは，エッジワースやピグー，ドイツでは正統派財政学が租税能力説に属している．

　能力説を採用するには，その前提として負担能力を測る尺度が必要になる．はじめは財産や富といった外形的な標準が負担能力を表すものだった．その後，所得がこれにとってかわってきた．1960-70年代には，所得は経済的能力を測る最も優れた尺度であった．1980年代以降になると負担能力の指標として「消費」をとる考え方も有力になってきた．

　負担能力が測られたとして，つぎに何をもって公平とするかが問題となる．公平の基準には2つある．所得が同じ者は同一の負担という水平的公平性がひとつである．所得のより高い者は重い負担を負うべきであるという垂直的公平性がいまひとつの基準である．このうち前者の水平的公平性は，等しい人々を国家が平等に扱うという趣旨であって，誰でもが納得のいく基準である．

　後者の垂直的公平性の根拠として有名なのが**限界犠牲均等説**である．今，S社の営業部長であるAさんの給与所得は，課長のBさんの給与所得より大きいとする．両者の限界効用（追加1単位の所得から得る効用）を比較すると後者の方が高い．よって所得税が1万円増加すると，Bさんの限界犠牲（税がもたらす苦痛感）はAさんの限界的な犠牲よりも大きくなる．このとき限界犠牲の大きいBさんの所得税を減税し，限界犠牲の小さなAさんに同額の増税を行ったとする．トータルの税収は変化の前後で同じあるが，社会全体の犠牲は小さくなる．このプロセスを繰り返していけば，社会全体の犠牲が最小となる（＝効用の合計が最大）のは各人の限界犠牲がちょうど等しくなる場合である．

　各人の満足を表す効用関数が同じとすると，限界犠牲の均等とは可処分所得をどの人についても同額にすることを意味する．これは所得税がかなり高い累進性をもつことを正当化する．エッジワース（Francis Y. Edgeworth,

1845-1926）の主張以来，経済学者の多くは限界犠牲均等説を支持し，ピグー（Arthur C. Pigou, 1877-1959）も「究極の課税原則」と評価している．

　もっとも租税能力説は万能薬ではない．たしかに能力説は高い累進性を正当化する．しかし，つぎのような論点に留意しなければならない．第1に限界効用の逓減法則から導かれる累進税率の正当化は，総所得水準が一定であり課税水準に影響を受けない，という仮定にもとづいている．この仮定は過度な累進性のもつ労働への負の誘因を考慮していない．第2に租税は国庫に入った金額以外にも，社会全体に「超過負担」をもたらす（本章の次項を参照せよ）．超過負担は限界税率が高くなるにしたがって急増する．

● Column-6 ● | スミスとワグナー

　いかなる租税が望ましいかについて財政学は長年，研究してきた．代表的なものにアダム・スミスとアドルフ・ワグナーの議論がある．スミスは1776年に刊行された『諸国民の富』の中で，「公平」，納税方法・時期に関する「明確」，「便宜」および「節約（徴税費最小）」の四原則を掲げている．

　とくに「各人が国家の保護のもとでそれぞれの享受する収入にできるだけ比例して納税すべきである」と述べ，応益説を主張していることが注目される．スミスによれば望ましい租税体系は（地主が負担する）地代課税と奢侈品課税を中心とするものであった．（商工業者の負担となる）利潤や利子に対する利潤課税と賃金課税は生産活動を阻害し，国民経済に悪影響を与えるものとして排除された．ピットの1799年改革及びアディントン1803年の所得税改革を経て確立したイギリスの分類所得税は，ある程度スミスのいう地主課税を実現するものであった．

　古典派経済学の代表としてのスミスに対して，ワグナーはドイツ歴史学派に属していた．ドイツ歴史学派とは，イギリスと対抗しつつ発展しなければならなかった後発のドイツ資本主義の立場を反映し，その発展を図るものであった．

　例えば，ワグナーは国家ないし公共団体を「共同体生活」の実現ととらえ，そのような国家から求められる財政政策上の要請を満たすことが第1原則であると考えた．いわゆる国家有機体説である．租税の根拠としての義務説がそこから導かれる．また「公正」の原則もスミスとは意味内容を大幅に異にしている．最低生活費の減免はむしろ積極的に認められるべきとし，「課税の平等性」はスミスの主張した比例課税ではなく，支払い能力に基づく累進課税と結びつくことになる．

1．租税の根拠

> ワグナーの租税原則・体系論は，ある意味でスミスと徹底的に対立することによって形成されたといってよい．スミスの租税原則は，いわゆる「安上がりの政府」を前提としていた．一方，ワグナーの財政政策上の原則には「国家活動拡大の法則」と経費膨張傾向の是認が含まれている．
>
> スミスが地代課税，奢侈品課税を中心とする簡素な租税体系を志向していたとすれば，ワグナーは所得・財産の収得および支出という全段階に課税する精巧で複雑な租税体系を構想した．スミスが利益説と比例課税の立場に立っていたとすれば，ワグナーは義務説に基づく給付能力課税を主張したのである．
>
> 〔参考〕佐藤・伊東（1988）『入門　租税論』

2. 転嫁と帰着

◆ **課税客体と課税標準**　つぎに租税が実際にどのような方法で決定され，課税され，徴税されるのかという手続きにかかわる基礎知識を蓄えよう．

課税当局が税源を租税という形でとらえるには課税物件・課税客体をとらえなければならない．課税物件とは税源の存在を推定されるような物や事実や行為を示す．所得税や法人税の課税物件はいうまでもなく「所得」である．多少やっかいなのは消費税である．消費税の課税物件は「事業者が行った資産の譲渡」である（消費税法4条）．消費税の真の課税対象は消費であるが技術的な理由から事業者が行う取引に着目して課税される．

課税客体がとらえられると，それらを数量化・金額化する課税標準を定めなければならない．課税客体が事実や物の場合，数量化は必要である．例えば，法人税の課税標準は法人の「所得金額」である．これは益金から損金を控除して算出される（法人税法22条1項）．所得税の課税標準となる「所得金額」は，利子，配当，給与等の10種類にわけて計算し，分離課税されるものを除いて合算課税する．

個々の課税物件の示す課税標準が算出されるとそれに対して税率を乗ずることによって，具体的な租税額が算出される．比例税は課税客体の量が変化しても税率の変わらないものであり，土地に対する税や法人課税，そして地方所得税などは多くはその場合に当たる．ただし課税最低限を設定されると税負担は累進的となる．

累進税とは課税標準が大きくなるにしたがって税率が上昇するものをい

い，所得税や相続税で用いられている．累進税には所得再分配効果がある．また累進税は国民所得の上昇・下降の速さよりも税収の変動が大きい．累進税は景気変動に対して抑制的に働くことにより，自動安定化効果をもっているといえる．

定額税とは均等割や人頭税などのように，課税客体の如何を問わず等しい税額が課されるものをいう．納税者の経済活動に歪みを与えないという意味では，究極の中立的な租税であるといえる．しかし所得との関係では逆進的になるので公平とはいえない．税の要件とならんで，税法には税を納入すべき義務のある者が定められている．これは納税義務者という．課税当局は法定されている手続きにしたがって納税義務者に租税を賦課し，その税を徴収する．

◆ **租税の転嫁と帰着**　法律上の納税義務者と経済的な意味での真の負担者は必ずしも一致するわけではない．この関係を転嫁という．転嫁によって実質上の担税者に租税負担が帰することを税の帰着とよぶ．例えば消費税では法律上の納税義務者は，税を徴収し納税する事業者である．しかし消費税が課税されると，消費財の価格上昇を通じて税は最終的に消費者に転嫁される．

もっとも消費課税は必ず小売段階で課税されるとは限らない．例えば酒税は「蔵出し税」であり，ビールなどが工場から出荷されるときに課税される．自動車の燃料に課される揮発油税も国税で蔵出し税になっており，元売りの貯蔵タンク（保税タンク）から出荷された時点で課税される．これは消費者や販売元よりも圧倒的に数の少ない製造元で課税した方が，徴収にかかる費用がかからないからであろう．

同じ燃料税でありながら軽油引取税は蔵出し税ではない．すなわち小売店（特別徴収義務者）が消費者に販売した軽油について，各々が都道府県に申告納税している．軽油税が元売り段階で課税されていないのは，軽油引取税が地方税であるために蔵出し税にしてしまうと製油所のある都道府県にしか税金が入らなくなるからであろう．

つぎに事業者と消費者との間で租税がどのように負担されるのかを論じる．図5.1はミクロ経済学の需要・供給曲線をもちいて個別消費税の転嫁を

図 5.1　課税の転嫁

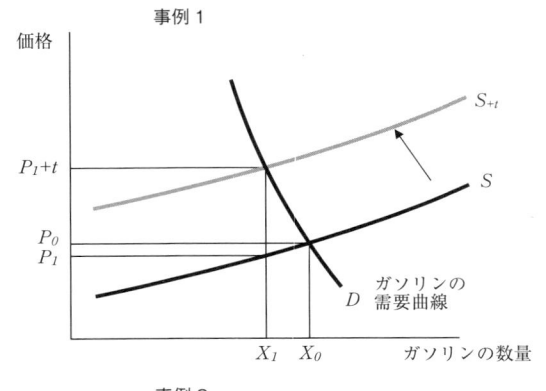

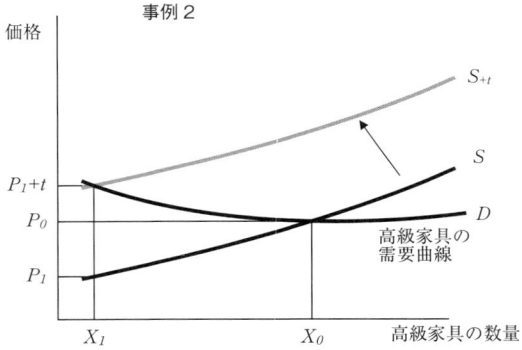

事例 1

(縦軸: 価格, 横軸: ガソリンの数量)
P_1+t, P_0, P_1, S_{+t}, S, D ガソリンの需要曲線, X_1, X_0

事例 2

(縦軸: 価格, 横軸: 高級家具の数量)
P_1+t, P_0, P_1, S_{+t}, S, D 高級家具の需要曲線, X_1, X_0

(資料) Boadway and Kitchen (1999) *Canadian Tax Policy*, third edition, figure2.1に加筆補正．

直感的にみたものである．2つのパネルは弾力性の違いによって区別されている．事例1をみよう．需要曲線 D は，様々な価格 P に対応するガソリンの需要を示す．供給曲線 S は様々な価格に対応して生産者が供給しようとする量を示す．税がなければ市場均衡において価格は P_0，数量は X_0 となる．

そこで1単位の生産物に対して t の税が課税されたとしよう．税は生産者によって徴収されるので，供給曲線は上方へ垂直的に t だけシフトする（売却される各々の数量において，生産者は t だけ，元の価格に上乗せする）．新しい均衡（需要と供給が一致する点）では取引される量は X_1 となる．生産者の受取り価格は P_1 で消費者が支払う価格は P_1+t となる．

ここからわかるようにたとえ生産者が納税しても，それが受取る価格はあまり変わらない．個別消費税の多くは消費者によって負担されている．事例

1では需要曲線がどちらかというと非弾力的で税の大半が消費者に転嫁されている（消費者の負担分はP_1+t-P_0）．

これに対して高級家具や宝石では消費者の需要は価格に敏感に反応する．事例2では需要は非常に弾力的で，税はあまり消費者に転嫁されないことを示している．税のかなりの部分は生産者に帰着している（生産者の負担分はP_0-P_1）．

上記の議論を応用すれば，個別消費税がたばこに課税される場合をうまく理解できる．2008年現在，1箱20本入り300円のマイルドセブンの場合，174.88円がたばこ税とたばこ特別税である．生産者がたばこ税を負担するならば，税抜き価格は税がない場合に比べて下がるので，たばこの生産量を減らすだろう．けれども生産量が減ると購入者は少なくなったたばこを買おうとして，価格をせり上げるので価格は上昇する．供給量の低下に伴って価格がどのくらい上昇するかが供給と需要が一致する均衡点を決める．

もし需要が価格に反応しないならば（需要が非弾力的な場合），やや少量のたばこを消費するために高めの価格をすすんで支払うだろう．この場合には価格は生産量のわずかな低下に反応して，大きく上昇する．そしてたばこ生産者は購入者に税を転嫁することに成功する（「前転」forward shiftingという）．しかし，需要がより弾力的ならば，生産量はもっと減少し価格はわずかに上昇するにとどまり，たばこ生産者が（価格低下という形で）税の大部分を負担することになる．他方，たばこ生産が価格にもっと敏感に反応すると生産量の減少は大きくなり，そして購入者が（より高い価格を通じて）より多くの税を負担する．

要約すると，個別消費税の消費者への**転嫁**は需要が非弾力的で供給が弾力的であるほど大きい．事実，個別消費税はしばしば需要が非弾力的な財（アルコール，たばこ，ガソリンなど）に賦課されている．これらの税は法的な納税義務者が生産者であっても，消費者によって負担されることが前提になっている．

転嫁・帰着が問題となるのは消費課税だけではない．法人税も部分的には価格上昇を通じて消費者に転嫁したり（「**前転**」forward shifting），賃金の引下げによって生産要素の所有者（従業員のこと）に転嫁したりする（「**後転**」backward shifting）．また法人税は資本への需要を減らすことを通じて，経

済全体の資本収益率を引下げ，非法人部門の資本所有者に転嫁されることもある．このように税の実質的な負担は，消費者・労働者・資本所有者によって分有されるのである．

3．租税の構造

◆ **日本の税体系**　つぎに現実の租税体系がどのようになっているのかを日本を例にとって概観する．日本の税体系をより深く理解するためには，他の先進諸国と比較するのがわかりやすい．代表的な租税論研究者である石弘光教授は『現代税制改革史——終戦からバブル崩壊まで』の中で，つぎのような3点を指摘する（石［2008］序章）．

日本の税制を特徴づける第1の点は主要先進国のなかでも際立って低い租税負担率だということである．国民所得に対する税収総額の比率で表した租税負担率でみると，日本では1960年代で18～19％，80年代以降今日まで概ね20％台前半である．現時点での主要先進国の租税負担率は概ね30～40％であるから，日本のそれは国際的な水準よりも10～20％程度低い．日本はOECD諸国の中でも最下位のグループに属している．

第2に日本の税制は戦後長い間，課税ベースの広い間接税が存在していなかったこともあり，直接税のウェートが相対的に高い．日本の場合，租税負担のうち個人所得課税30.2％，法人所得課税28.1％，消費課税27.4％という割合になっている．所得税と法人税が並立して合計60％近くを占めるという構成は先進諸国の中では日本のみに見られる特徴である．アメリカは所得税だけで47％も占めるという極端な構成になっている．逆にいうと，日本では法人所得税のウェートが高いということになる．これに対してヨーロッパ諸国では，40～50％と間接課税のウェートが高い．その主因は，EUを特徴づける付加価値税である．

第3に戦後一貫して日本全体で徴収される税収総額のほぼ60～70％は国税であり，残りが地方税（都道府県税と市町村税）に配分されてきた．国税の割合は1950年の75％から次第に低下し，2000年度には約60％にまでになった．しかし税収の相対的割合が，そのまま国と地方の仕事の量，つまり支出割合を示しているわけではない．仕事の量の比率は税収の比率とちょうど逆転し

図 5.2 租税の内訳（2006年度）

(1) 国税

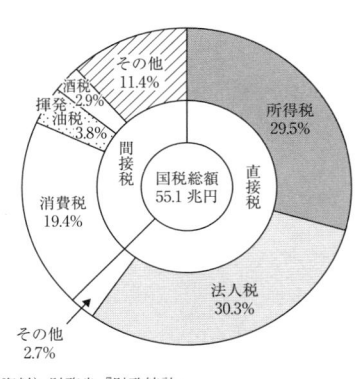

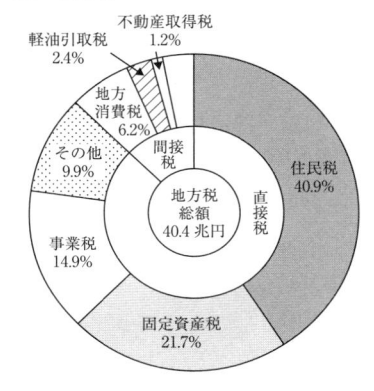

- その他 11.4%
- 酒税 2.9%
- 揮発油税 3.8%
- 消費税 19.4%
- その他 2.7%
- 法人税 30.3%
- 所得税 29.5%
- 間接税
- 直接税
- 国税総額 55.1 兆円

(2) 地方税

- 不動産取得税 1.2%
- 軽油引取税 2.4%
- 地方消費税 6.2%
- その他 9.9%
- 事業税 14.9%
- 固定資産税 21.7%
- 住民税 40.9%
- 間接税
- 直接税
- 地方税総額 40.4 兆円

(資料) 財務省『財政統計』

ている．補助金・交付税といった政府間財政移転を通じて，国から地方へ税収が移転され，全体の支出割合で見ると地方が 6 割の公共サービスを提供する担い手となっている．中央集権的な租税配分が日本の税制の第 3 の特徴である．

◆ **国税と地方税** つぎに租税の内訳をより具体的に見ておこう．図5.2にあるように中央政府（国）は様々な税目から税収入を調達している．個人および法人に対する直接税として所得税と法人税がある．また財・サービスの購入を課税客体とする間接税がある．間接税にはすべての財・サービスに薄く広く課税される消費税が含まれている．消費課税は一般消費税である消費税の他に，特定の財貨・サービスの購入に課税される個別消費税がある．個別消費税の中では酒税と揮発油税のウェートが高い．関税は外国からの輸入品に対して課税される．関税の目的は財源調達というよりも国内の幼稚産業を外国製品との競争から保護することにある．国はこの他に医療や年金の財源として社会保険拠出を徴収している．

地方公共団体は多数の種類の地方税を徴収しているが，その課税標準は国のそれと重複しているものが多い．都道府県税では事業税と住民税としての道府県民税が大きい．前者は個人および法人の事業に対して，所得または付加価値を課税標準として課税される収益税である．後者は所得額を課税標準

にして区域内の個人に課されるものであり，国税所得税の付加税的な性格もある．この他の都道府県税としては地方消費税が大きい．これは国税消費税を課税標準とした一般消費税である．市町村税では固定資産税と住民税である市町村民税とが並立して，この両者だけで9割近くを占めている．前者は固定資産の所有者に対して固定資産の価格を課税標準として課される収益税（財産税ともみなしうる）．後者は所得額を課税標準にして区域内の個人に課される税金である．

◆ **税制改革論の視点**　税制改革の議論は多かれ少なかれ，何らかの租税の分類を基礎としたあるべき租税体系論という形をとる．つぎに租税にはどのような類型があるのかを論じる．租税を分類する試みは古くからあるが，個人課税と企業課税，所得課税と支出課税，直接税と間接税という3つの区分が有名である．代表的な租税論研究者である宮島洋教授は，3つの分類基準を組み合わせた全体像を図5.3のように巧みに示している．この図では納税義務者を上下に，課税対象を左右にわけて各領域に属する税目を記入してある．

個人が納税義務者で課税ベースが所得である個人所得税は象限(A)に分類される．転嫁はないので直接税になる．象限(D)には納税義務者が企業で，課税対象が消費の税目（消費税，酒税，たばこ税，ガソリン税）が入る．これらは間接税である．すなわち個人を納税義務者とする所得税イコール直接税，価格に織り込まれる消費課税イコール間接税という図式がここに見られる．

しかし，このような伝統的な図式の有効性は低下している．問題は(B)と(C)である．象限(B)に含まれる支出税は納税義務者が個人なので直接税であるが，課税対象は消費になっている．これは「間接税イコール消費税」という図式があてはまらない．いまひとつの問題は納税義務者が企業，課税対象が所得という象限(C)の税目（法人税と社会保険料雇用主負担部分）の存在である．

法人税は直接税の代表とされているが転嫁がないと信じている経済学者はいない．企業は法人税の一部を商品価格に織り込んで消費者に転嫁している．法人税と社会保険料には転嫁の可能性があり，直接税に分類することは困難なのである．したがって税制改革論では課税対象が所得か消費か，ある

図 5.3 主要租税の分類

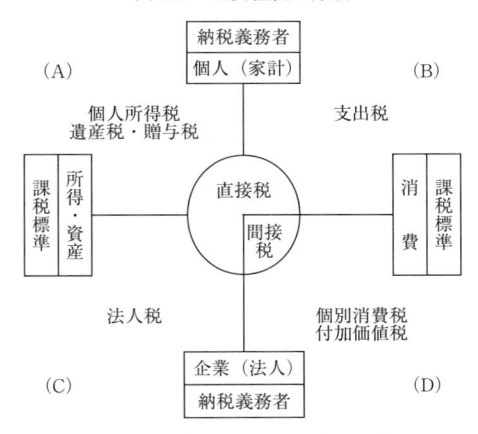

```
              納税義務者
              個人（家計）
    (A)                        (B)
    個人所得税                  支出税
    遺産税・贈与税
  ┌──┬──┐              ┌──┬──┐
  │所│課│    直接税    │消│課│
  │得│税│   ─────   │費│税│
  │・│標│    間接税    │  │標│
  │資│準│              │  │準│
  │産│  │              │  │  │
  └──┴──┘              └──┴──┘
    法人税                    個別消費税
                              付加価値税
    (C)                        (D)
              企業（法人）
              納税義務者
```

（資料）宮島（1990）「課税ベースと課税方法の選択」

いは納税義務者が個人か法人かといった分類の方がより有効な租税体系論といえる．

ところで直接税か間接税かという区分は古くから行われ，現在でも税制改革の際によく用いられる基準でもある．しかし**直接税と間接税の定義**は必ずしも定まっていない．通常，両者の区別は転嫁の有無によって定義される．納税義務者が最終的な担税者である税を直接税と呼び，両者が食い違うものすなわち転嫁するものを間接税と呼ぶ．とはいうものの転嫁の有無は明確ではない．法人税のように直接税に分類されているが，転嫁する可能性がかなりあるものがあるからである．最近の財政学のテキストではこのような分類自体が登場しないことも少なくない．

貝塚啓明教授によると，現在，標準的な考え方は直接税とは納税者の個別的事情を明示的に考慮するタイプの租税であり，間接税とはこのような個別的事情を考慮しない租税であるというものである．例えば，所得税は納税者の所得水準はもちろんのこと，その家族構成や医療費の負担などを課税標準の算定に反映させうる．これに対して消費税は，消費する個人の経済的事情を考慮することなく，一律に消費額に課税する．また酒税はアルコール飲料を消費する人々にほぼ一律に課税される．

4. 望ましい税制

◆ **良い税制の特徴**　租税と社会保険拠出の合計は国民総生産の約25％に上っている．政府がどのようにして租税を徴収するかに関心が集まるのは当然である．政府は税金を集めるだけ集めればよいわけではない．ガチョウの生む金の卵（租税がその一部となる年々の純生産）に満足せずに，ガチョウの腹を割いて金塊を求めようとするならば（生産基盤を損なう租税），イソップ物語の愚かな飼い主のようにガチョウも金の卵もともに失うことになる．有権者も選挙において，減税と福祉の充実を同時に求めるといった都合の良い態度で候補者に投票することが圧倒的に多い．税制が論争の的になるのは当然である．

望ましい税制に関する原則については広範な合意がある．それは公平，中立，簡素の３つの原則である．多くの人々が思い浮かべる第１の基準は**公平**である．もっとも何をもって公平とするかは「美人」とは何かを定義するのと同じように，それを考えたり見たりする人の価値観に左右される．公平をなるべく客観的に定義するために財政学では二つの概念を区別している．そのひとつは水平的公平であり，等しい経済状況にある人々は等しい税負担を負うべきであるという考え方である．課税前に「等しい経済状況」だった２人が課税後も同じ「経済状況」になっていれば，水平的に見て公平であるという．いまひとつは垂直的公平性であり，裕福な人ほど多くの税金を支払うべきだという基準である．

税制の良し悪しを決める第２の基準は**中立性**である．税制は経済での資源配分の仕方をできるだけ妨げるべきではない．また税制は税を徴収するのにともなう，納税者の費用を最小にすべきである．非常に高い税は消費を歪めたり，労働や貯蓄を阻害したりすることを通じて，経済の効率性を損なう．例えば物品税がそうである．宝石・毛皮・自動車・ゴルフクラブに対する物品税は，贅沢品に重課するという考え方に立脚していた．しかし消費生活の変化に伴って，何が生活必需品で何が贅沢品かの判定が困難になった．このため物品税は1989年４月の消費税法施行に伴い廃止された．

● Column-7 ● 超過負担とは何か

租税は徴収される額以上の負担を納税者に与える．この追加負担を課税の超過負担という．

つぎの図5.4はこの概念を説明する．需要曲線 D は，消費者がさまざまな価格において購入したいと思う総消費量をあらわす．もし生産者が直面している価格が P であるならば，消費者は Q_1 まで，消費財を購入するだろう．この場合に消費者余剰は三角形 abc の面積の部分に相当する．

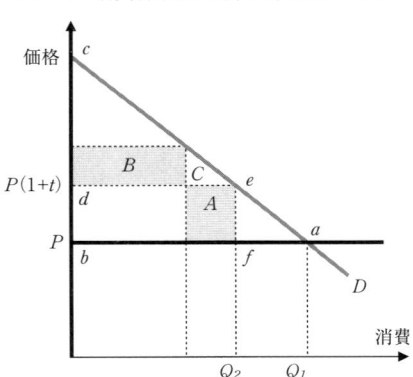

図 5.4 消費者余剰と課税の社会的コスト

(資料) Stiglitz and Boadway (1997), p.122に加筆．

いま政府が税率 t で消費財に課税したとする．消費者が直面する価格は $p(1+t)$ に上昇し，需要は Q_2 にへる．消費者余剰は三角形 edc に縮小する．政府は税収 $fbde$ を得る．これは政府が民間部門から購入することのできる資源の総量を表す．純損失は価格上昇に伴う消費者余剰の喪失から，政府の税収を差し引いたものである三角形 afe すなわち（$abde-fbde$）に等しい．この三角形の部分が超過負担を表す．超過負担は売り手・買い手・政府のいずれの手にも入らない経済的厚生の損失となる．

いま政府が税収を確保するために税率を引き上げたとする．税の増収は B から A の部分を差し引いた額になる．この増収を得るために超過負担は $A+C$ だけ増加している．追加的税収1円あたりの超過負担は $(A+C)/(B-A)$ である．税収とあわせると追加的税収1円あたりの社会的コストは $1+(A+C)/(B-A)$ である．これを**公共調達の限界費用**（marginal cost of public funding）という．それが1をどの程度，上回るかは需要曲線の価格弾力性に左右される．弾力性が高くなれば $(B-A)$ に対する $(A+C)$ の面積は大きくなるので

> 公共調達の限界費用は大きくなる．
> 　公共調達の限界費用は学問的な問題にとどまらず，実際の政策形成でも重要である．それが1.5であれば，新規プロジェクトの便益はその費用よりも5割以上大きくなければならない．

　良い税制か否かの第3の基準は**簡素**である．政府にとっても納税者にとっても，税制を運営して税金を徴収するには費用がかかる．それがなければ生産活動に利用されたであろう何十万もの時間が申告書を作成するために使われている．従業員の毎月の源泉徴収や年末調整のために企業の担当者は何百万時間も費やしている．良い税制は簡素なものでなければならない．

　上記3つの基準に照らしてみた場合，日本の税制はどれだけうまく機能しているのだろうか．第2次大戦後の大きな税制改革によって税制は改善したのだろうか．日本の税制は3つの大きな改革を経験した．1950年のいわゆるシャウプ勧告税制，1980年代後半の「シャウプ税制以後の抜本的改革」，そして2000年代に入ってからの「あるべき税制」からの税制改革である．

　これらの改革の目的は税制の効率性と公平性と簡素性を高めることである．しかし，それぞれの改革にはトレード・オフがあった．ある改革ではある原則が他の原則よりも重視された．また以前の改革で行き過ぎたと考えられると次の改革ではそれを元に戻すことがしばしばあった．景気の後退に対する配慮や高齢化社会に伴う財政的課題に応じて改正され，税制は非常に複雑になった．

◆ **公　平**　公平，中立，簡素を基準にして現在の日本の税制を吟味すると，どのような診断を下せるだろうか．公平性という基準で現代日本の税制を吟味すると，以下に述べるように，やや問題含みの状況にある．公平性を判断する場合に重要な指標は，個人所得税の**累進性**である．日本の所得税はおおむね累進的である．所得税は6本の税率（5，10，20，23，33，40%）からなる超過累進税率体系となっていて課税最低限が設定されている．

　けれども近年，所得税を通じる再分配効果はやや低下している．1990年代初頭にはジニ係数で計った稼得所得の分配の不平等は税制によって約5%是正されていた．しかし効率性をめざした税制改革によって，ブラケット数が

15段階から6段階に減った．その結果，税制を通じる分配是正効果は約3％となっている．これはアメリカの所得税と同じ程度であるが，ドイツやイタリアよりも小さく，スウェーデンやヨーロッパ諸国に比べ低い．

　所得税は日本の国民が支払ういくつかの租税のひとつにすぎない．税制が累進的であるか否かは，負担構造が比例的ないし逆進的で量的なウェイトが増えている租税にも依存する．典型的なものは社会保険拠出（公的年金や医療の社会保険料）である．社会保険拠出は課税標準が賃金のみであり，配当やキャピタル・ゲインなどが含まれない．また賃金の大小にかかわりなく保険料率が一律であり，かつ課税標準に上限が設定されている．上限を超える賃金を稼ぐ正規労働者にとって社会保険拠出は一種の定額税に等しい．また自営業者や学生が加入する国民年金の保険料は一律の定額税であり，逆進性が強い．

　いまひとつ考慮に入れる必要があるのは付加価値税である．消費型付加価値税としての消費税では裕福な人ほど消費性向が低くなるので，所得階層別の負担は逆進的になる．このように社会保険拠出と消費税を含むトータルで見ると税制全体の「累進性」は低下する（税制の負担構造については第6章で，社会保険拠出の制度については第7章で触れる）．

　税制を評価するには垂直的公平の観点だけではなく，水平的公平からも吟味する必要がある．多くの国々は給与所得者，農家，自営業者を公平に課税することがうまくいかず悩みを抱えているが，日本もその例外ではない．日本の所得税制上，課税の基礎となる「所得」の捕捉率についてサラリーマン，自営業者，農民の間に「トーゴーサン」（10対5対3）ないし「クロヨン」（9対6対4）と呼ばれる不公平が存在するといわれていた．

　アメリカでは日本の国税庁にあたる内国歳入庁が各種所得の把握率格差を実態調査している．しかし日本では実際の所得捕捉率については国税庁や政府が調査したり，結果を公開したりすることはしない．この点，研究者らの推計が重要な役割を果たしてきた．例えば，石弘光教授の推計は1990年初頭までに関して，クロヨンの語源である9割・6割・4割は，若干の異同はあるが概ね定量的に裏付けられると結論付けている（Ishi [1993] Ch.6）．

　こういった業種間の水平的不公平は，給与所得者が企業の段階で源泉徴収されるのに対して，自営業者は自らの確定申告にもとづいて課税されること

に由来している．税務当局に申告される所得と真実の所得との差は**タックス・ギャップ**というが，近年その差は縮まっているとする実証研究が発表されている．しかし，問題に決着がつけられたわけではなく，さらなる研究が必要である．

◆ 中　立　租税の歴史には資源配分をゆがめる効果のエピソードが少なくない．17世紀のイギリスでは窓税が課された結果，窓のない住宅が建設されることになった．ウィスキーが誕生したころは樽熟成をしていたわけではなく，無色の状態で飲まれていた．琥珀色になったウィスキーを飲むようになったのは，麦芽税の徴税官に見つからないように密造の際にシェリー樽の空き樽に貯蔵したことが由来である．日本では物品税がレコードに課税されていたが（1989年4月1日に廃止），教育に配慮して「童謡」と判定されれば非課税であった．ヒット曲「およげ！　たいやきくん」は童謡として申告して非課税だったが「黒猫のタンゴ」は歌謡扱いで課税された．

　経済学者は，市場の失敗が存在しないときに市場メカニズムは資源を効率的に配分すると考える．したがって税制は経済での資源配分の仕方をできるだけ妨げるべきではないと主張する．税制は税を徴収する際に生じる超過負担を最小にすべきであるともいう．なぜなら重い税負担は労働意欲や貯蓄を阻害して，それを通じて経済の効率性を損なうからだ．

　中立性という基準から観察すると日本の税制はそれほど深刻な問題を抱えているとはいえない．一般的にいうと所得税が課税されたときに労働意欲が低下するのは，代替効果が所得効果を上回る場合である（第6章を見よ）．実際，被扶養資格のある被用者の妻の労働市場への参加に対しては，所得税は影響を与えている．被用者の妻の年間所得が130万円を超えると（夫が納税する所得税での）被扶養配偶者の認定を取り消され，かつ本人に国民年金と国民健康保険の保険料支払義務が生じる（第3号被保険者から，第1号被保険者へ変更）．このため労働時間の増加や労働市場への参加に伴う限界税率は高く，就労インセンティブを損ねる（被用者の妻は，130万円を超えないように，労働時間を調整しようとする．129万円と同じ可処分所得を得るには，150万円前後の収入が必要になる）．

　他方，実証研究によると日本では所得税がフルタイムの労働者のインセン

ティブに与える歪みは小さい．現役の男性労働者の場合，手取り賃金の変化が労働供給に及ぼす影響は小さい（OECD［1999］p.151）．所得効果と代替効果はそれぞれ大きな値をとるけれども，相殺されて弾力性自体は小さな値となっている．フルタイムの場合，労働者が労働時間を調整することは困難であることを物語る．

　税制は法人企業の資金調達にも影響を与える．税制は借入金の優遇と株式発行（増資）を差別している．これは金融機関から借入れを行っても，支払利子は法人税計算のときに損金に算入され非課税とされるからある．借入れは内部留保と比べても課税上有利な資金調達方法であった．キャピタル・ゲイン税率がゼロという極端な場合，法人税率が家計の資本所得税率よりも高ければ，借入れによって企業は内部留保による場合より，家計により多くの収益を配分できる．日本では利子所得には20％の源泉分離課税が課税され，キャピタル・ゲイン課税も軽減されてきた．したがって上記の仮定があてはまり，借入れは内部留保より課税上有利な資金調達方法であった．

◆ **簡　素**　アダム・スミスが『諸国民の富』の中で掲げた徴税費最小という第4原則は後にワグナーが解釈したような税務行政上の意義だけに限定されていない．国民経済全体での損失の最小化という意味がそこに込められている．簡素な税制という基準には，政府だけでなく納税者にとっての手間が考慮されなくてはならない．

　何をもって「簡素」を測定するのかは「公平」の定義と同じようにむずかしい．財政学では税制が存在することから発生する一種の運用コストを把握して，簡素か否かを判断する．税制の運用コストには2種類ある．ひとつは，**税務行政コスト**である．これは明示的には国税庁の支出額である．いまひとつは**納税協力費用**である．これは納税者が様々な記録，会計計算，税額の計算にかなりの労力と時間をとられることを示す．

　したがって簡素な税制とは税を徴収する際の両者のコスト，すなわち「税務行政費用」が小さく，また納税者にとっての手間すなわち納税に伴うコストとしての「納税協力費用」が少なくてすむ税制である．例えば，アメリカの場合には源泉課税は概算徴収にとどめ，年末調整の代わりに各個人が年に1度，政府との間で精算する確定申告が義務づけられている．このため税制

を運営する費用，とりわけ納税協力費用の削減が，税制の簡素化として強く意識されているのである．

源泉徴収制度に依存する日本の所得税制は簡素という基準からどう診断されるのだろう．明らかなことは早く，確実に税収が確保できるし，企業の徴税代行や精算事務の回避から課税当局のコストは安上がりになることである．これほど政府にとって能率的な所得税制は広く諸外国を見渡しても見当たらない．政府から見て都合の良い税制である．

事実，日本の税務行政コストはかなり低く，税収の1.5％前後（約２兆円）にすぎない．過去に遡るほどこの比率はやや高くなるので税務行政の効率性は高まってきたといえる．もっとも税務職員一人あたり税収で比較すると，源泉所得税は申告所得税の約20倍，消費税では申告所得税の約18倍であるのに対して，法人税では約４倍にとどまる．源泉所得税や消費税は申告所得税，法人税に比較すると徴税コストが低いのである．

税務行政コストが低い理由は，日本における確定申告は多くの場合で雇用主が源泉徴収を行い，かつ年末調整も行ってくれるからである．分離課税方式をとっているため確定申告をするのは自営業者などに限定されていて納税協力費用も低い．税率構造が複雑であるといっても速算表があるので納税額は簡単に計算できる．

しかし分離・源泉型の所得税制は，本来の納税者たる個人の総合的な経済状況には無関心になりがちである．個人所得税は本来，累進税率構造をフラット化し，分離・源泉型の現行制度を総合・申告所得税に改革すべきであろう．総合所得の把握と確定申告での源泉徴収分の精算には支払調書と納税者番号が不可欠となり，納税者も政府もそのための一定のコストは覚悟しなければならない．しかし課税所得が総合化され，その単一の課税ベースに一本の税率表が適用されるという制度になれば，納税者のコストの増加も抑制されるだろう．

演習問題

1．公平，中立，簡素という観点から見て日本の税制はどのように評価できるか．
2．「直接税 vs. 間接税」と「所得 vs. 消費」という２つの租税分類の優劣を論じなさい．

3．国税庁のホームページにアクセスして，最も関心のある税目の税法を閲覧しなさい（URL は http://www.nta.go.jp/）．

文献案内

租税論と日本の税制については，宮島（1986），佐藤・伊東（1988），林正寿（2008）が有益．佐藤（2006）は，租税法に興味がわく入門書．世界各国の租税政策については Messere, de Kam and Heady（2003）が標準的なテキスト．課税の理論については井堀（2008）8章，貝塚（2003）第3部，スティグリッツ［藪下訳］（2004）第5部，Boadway and Kitchen（1999）が詳しい．戦後の税制改革史について石（2008），Ishi（1993）が詳しい．税制に関するデータは川上編（2008），内閣府の税制調査会:http://www.cao.go.jp/zeicho/index.html 等にある．

第6章

個人所得税

　租税は一般政府への強制的で無対価の支払いである．それには納税者の担税力などの個別的事情を明示的に考慮する直接税と個別的事情を考慮しない間接税とがある．租税各論の最初に前者の代表的なものとして個人所得税をとりあげる．

　個人所得税は個人が納税義務者で，課税ベースが所得である直接税である．この税は納税者の所得水準はもちろんのこと，その家族構成や医療費の負担などを課税標準の算定に反映させることができる．所得税の税収に占める割合は1960–75年に増大した．第1次石油ショックから1990年にかけて安定的に推移し，90年代以降はかなり比重が下がっている．本章では所得税の理念ならびに経済活動への影響を検討する．それらの基礎知識を踏まえて，現実の所得税の仕組みを詳しく検討する．

1. 所得税の理念

◆ **基本的構造**　　日本に住んでいる個人（「居住者」という）は国籍にかかわりなく所得税の納税義務を負っている．所得税の基本的な仕組みは図6.1の通りである．最初のステップは所得金額を算定することである．課税の対象となる「所得金額」は事業，給与，配当などの収入から，それぞれの必要経費や給与所得控除等を差し引いて得られた金額である．所得税はできる限りそれらを合算して総合課税しようとしている．しかし，なかには総合課税することが困難で他の所得から切り離し分離課税されるものもある．

図 6.1　所得税の仕組み

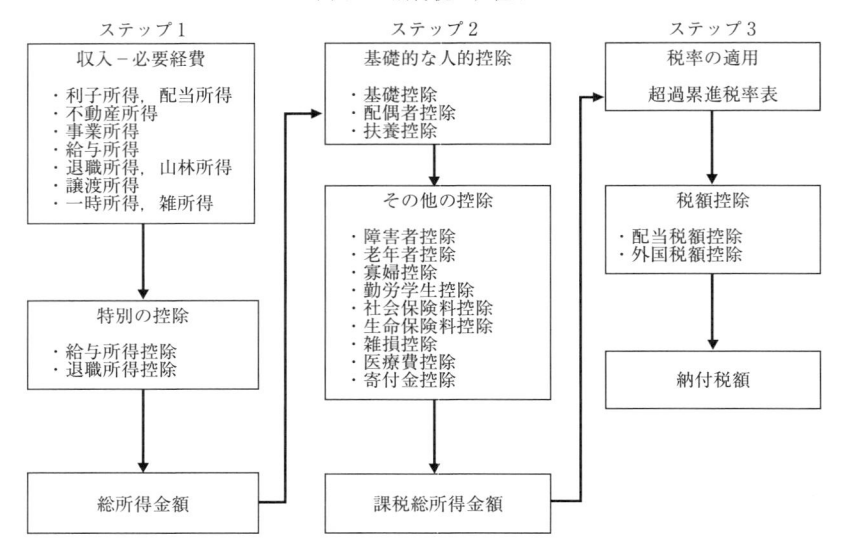

```
ステップ1                    ステップ2                    ステップ3
収入 − 必要経費              基礎的な人的控除            税率の適用
・利子所得，配当所得         ・基礎控除                   超過累進税率表
・不動産所得                 ・配偶者控除
・事業所得                   ・扶養控除
・給与所得
・退職所得，山林所得         その他の控除                税額控除
・譲渡所得                   ・障害者控除                 ・配当税額控除
・一時所得，雑所得           ・老年者控除                 ・外国税額控除
                             ・寡婦控除
                             ・勤労学生控除
特別の控除                   ・社会保険料控除
・給与所得控除               ・生命保険料控除             納付税額
・退職所得控除               ・雑損控除
                             ・医療費控除
                             ・寄付金控除

総所得金額                   課税総所得金額
```

　所得金額のすべてが課税の対象になるのではない．第2のステップは所得金額を課税総所得金額に換算することである．所得金額から基礎控除，配偶者控除，扶養控除などの個々の納税者の世帯構成に応じた人的控除や社会保険料控除，医療費控除など特別の事情に応じた「所得控除」を差し引いて，「課税総所得金額」を算出する．

　最後のステップとして課税総所得金額に税率を適用して「税額」を算出する．課税所得を階層的に区分して，より高い区分にすすむにしたがって，税率が逓増する超過累進税率がとられている．ただしこれで最終的な納付税額が決定されるわけではない．このようにして求められた税額から再度，必要があれば税額控除（配当税額控除や外国税額控除）を差し引き，税務署に納付するべき最終的な税額が確定される．

　大部分の納税者について勤務する会社等は概算で所得税分を給与から差し引き，それを税務署に納付する．これを**源泉徴収**という．12月に行われる年末調整では概算で差し引かれた源泉徴収額と納付額との差額を清算するだけである．そのイメージとしては約3,800万人の納税義務者（ただし，給与所得者のみ）について，約388万箇所の個人商店や会社が源泉徴収義務を負っているというのがわかりやすい．気の遠くなるような数の個人や会社に所得税

は関係している．

このように所得税の算定は一見すると簡単にみえる．しかし実際にはそれぞれのステップごとに，複雑でやっかいな問題が存在している．われわれはいくつかの主要な問題について議論することにする．

◆ **シャンツ゠ヘイグ゠サイモンズの包括的所得**　本題に入る前に，所得税における「所得」とはそもそも何かについて説明しなくてはならない．標準的な考え方は「所得 (Y) とは，貨幣価値で計った一定期間における，ある個人の購買力の純増加」というものである．購買力の純増加とは一定期間における実際の消費額 (C) と資産の純増 (ΔW) との合計に等しい．つまり $Y=C+\Delta W$ である．資産の純増（＝貯蓄）は潜在的な購買力の増加を意味するので所得に含めなければならない．

これは提唱した3人の名前にちなんでシャンツ゠ヘイグ゠サイモンズ（Schanz‐Haig‐Simons）による**包括的所得**の定義と呼ばれる．重要なことはシャンツ゠ヘイグ゠サイモンズによる包括的所得の定義には実際の消費が発生しているか否か，どのような形で消費が行われるかにかかわらず潜在的購買力に寄与するすべての源泉が含まれることである．

負担能力の尺度として「包括的所得」をとることに広範な合意が存在した．学界ではノーベル賞を受賞したヴィックリィ（William Vickrey, 1914-1996），グード（Richard Goods），ペックマン（Joseph Peckman），サリー（Stanley Surrey, 1910-1984）等の研究に，また包括的所得税の理念に立脚した税制改革案としては1949年のシャウプ勧告や1966年のカナダのカーター報告等が有名である．このような考え方が所得税において広く採用されているのは何故だろうか．

包括的所得税はそれが登場する以前に支配的であった分類所得税への批判の中から生まれた．所得税は1798年にイギリスのピット首相がナポレオンとの戦争の費用を調達するためにはじめて導入したものであって，もともとは現在のように所得の再分配をねらったものではなかった．すなわち一定の源泉から反復して発生する所得だけを課税するという周期説をとり，源泉を異にする所得ごとに差別課税を行う分類所得税としての性格を有していた．このような分類所得税は勤労所得税軽課・不労所得重課という素朴な公平感な

どに裏打ちされていた．

　しかし同一の納税者が源泉を異にする複数の所得（勤労所得，利子，配当）を獲得するという分配構造の複雑化が生じると，特定の源泉だけに着目しても納税者の真の経済力は把握できなくなった．こうして分類所得税では特定所得の非課税や低率課税を利用した租税回避行動が誘発され，負担の公平，経済の中立性はもちろんのこと，増大する財政需要にも適合できなくなってきたので，包括的所得税の租税論が提唱されるようになった．

◆　「所得」の事例　「包括的所得」の定義は具体的にどのように適用されるのだろうか．代表的な事例を論じる．第1に，課税ベースとしての所得は収入からそれを得るために必要になった経費を控除した額である．なぜならば経費は潜在的な購買力の減少となるからである．たばこ店の粗利益が年間1,000万円だとする．事業費用（賃借料，たばこの仕入れ）が950万円であれば，たばこ店の潜在的購買力は50万円だけ増加したとみなされる．

　もっとも消費支出と所得獲得に必要になった経費とを区別することは単純ではない．Aさんが在宅勤務のために机を購入したとする．机は豪華な家具でもある．顧客を接待するためのフレンチのフルコースのどの部分が消費で，どの部分が仕事の経費に該当するだろうか（現行法では社用での食事は，その費用の50％を経費として控除できる）．

　第2に包括的所得には，日常生活では所得と考えられない項目も含む．例えば「未実現のキャピタル・ゲイン」がそれである．**キャピタル・ゲイン**が課税されないかまたは低率の課税しか行われていない場合には，多くの富裕なそして抜け目のない投資家が高額所得を得ながら，税理士を雇いほとんど課税されないで巧みに逃れることになる．

　資産価値の上昇をキャピタル・ゲイン，減少をキャピタル・ロスという．Aさんが大手コンビニエンス・ストア会社Sの株式を保有し，1年間にその価値が100万円から125万円へと上昇したとする．この25万円は潜在的な購買力の増加に寄与するので，包括的所得の一部を構成する．Aさんが年度末に株を売却すればキャピタル・ゲインは実現するが，S社の株を売らないとしても（未実現の）キャピタル・ゲインを再投資したとみなされる．

　もっともキャピタル・ゲインを測定するのは単純ではない．活発な市場で

取引されている財についてはこの問題は解決できる．A さんが S 社の株を売らなくても，新聞の株式欄を見れば課税当局がその価値を判断できる．だがオークションにめったに出品されない印象派の絵画や自宅の蔵にある有田焼や古伊万里のキャピタル・ゲインを課税当局が把握するのは不可能である．

第 3 に包括的所得には，会社からの「現物給付」も含まれる．現物給付が課税されないと，事業主は賃金を非貨幣形態である**現物給付**（英語では fringe benefit）に振替えて社会保険料の事業主負担を回避することができるし，従業員は所得税を逃れることができる．

例えば S 社の営業部長である B さんは給与に加えて，東京ドームのスイート・ボックスでの野球観戦券，土俵に近い大相撲のマス席，六本木ヒルズの自宅マンションに備え付けられている地上波テレビの利用権などを支給された．同社の最高経営責任者である C さんは給料に加えて，高級リゾートの優先利用権や個人秘書の時間契約，企業の保有するプライベートジェット機の利用権を支給された．加えて S 社では従業員に対して社員食堂でのランチ，広い社宅，そして最新式の設備をもつスポーツ・ジムの利用サービスなどの現物給付を市場価格より低い使用料で提供している．

これらの「現物給付」は潜在的購買力の増加に寄与するものであり，理論的には B さんや C さん，そして従業員の「所得」に含まれなければならないだろう．

第 4 は「帰属所得」であり，これも包括的所得に含まれる．例えば，持ち家所有者は自己の住居から無料で住宅サービスを受けていると考えられる．このサービスの貨幣価値を**帰属家賃**（inputed rent）と呼ぶが，これは持ち家所有者の所得に含めなければならない．

負債をもとに所得を得たのであれば，そのコストとして支払利子を課税所得から控除する必要がある．しかし，このコスト分を控除する一方，帰属所得が課税されない持ち家に投資されれば，所得とコストの対称性が崩れ，支払利子控除は税の抜け穴となってしまう．

耐久財からの帰属所得もその測定は単純ではない．例えば，持ち家の市場家賃を推計することはもちろん，ハイブリッドの高級乗用車，モーターボートといった耐久消費財から生じる帰属所得を計測するのは至難の業である．

主婦が家庭内で提供するサービス——掃除，料理，育児など——の価値を計算するのも，比較可能な民間市場があっても単純でない．

◆ **支出税からの挑戦**　シャンツ゠ヘイグ゠サイモンズの包括的所得が理想的な課税標準であることをみた．しかし1970年代に所得税の評判は最も公平な税から少しも公平ではない税へと下がってしまう．これは経済が低成長に転じたのを契機に，高度成長期に隠れていた問題点が噴出したからである．

第1に，広範囲にわたる課税ベースの脱漏（非課税，分離課税等による）によって累進性が損なわれていた．事業経営者，自由業，農家は税理士を雇って複雑な租税優遇措置を活用し税負担を軽減したので，所得税は主にサラリーマンが負担する労働所得税に変質した．

第2に，政府や研究者は既存の所得税システムが貯蓄，投資，資金調達や生産に歪曲効果をもたらすと考えるようになった．そして事実による裏打ちが必ずしも十分でないまま，家計の貯蓄や労働の供給にマイナスの影響を与えるとして所得税は批判された．

第3に，課税ベースの包括化を妨げる個別的な非課税，免除，所得控除，税額控除などが多くなればなるほど税制は複雑になり，納税コストはもちろん徴税コストも高くなった．要するに1970年代末には既存の所得税システムは公平，中立，簡素を侵害しており，他の税による代替もしくは抜本改革が不可欠であるという合意がしだいに形成されてきたのである（Messere, de Kam and Heady［2003］p.68）．

1975年から85年までの10年間，多くの租税論研究者は「所得税は改革すべきというよりも他の税目によって取り替えられるべきだ」という急進的な見解に傾いた．実際，この間に有力な財政学者やアイルランド（オブライエン委員会），スウェーデン（ロディン委員会），イギリス（ミード委員会），アメリカ（ブルー・プリント）に設置された税制専門家委員会が提出した改革案は，**累進的な支出税**（expenditure tax）によって所得税を代替ないしは補完するという内容であった．具体的には第9章2節で論じるが，これは要するに所得から貯蓄を控除した課税ベース（＝支出）に累進税率を適用するというアイデアであり，しばしばキャッシュ・フロー法人税と一体となって議論された．

理論上は，支出税には所得再分配を達成しながら，貯蓄を刺激するというメリットがあるように見える．しかし実際には支出税を導入しようとすると税務行政上の難点に遭遇することを政府は認識するようになった（詳しくは第9章2節を参照されたい）．また現存する不完全な所得税が，完全で理想的な支出税と比較されるという非対称な取扱いも問題視された．

いずれにしても所得税か支出税かという大議論は，結果的に言うと1986年にアメリカが所得税の代替ではなく所得税改革を実施したことをきっかけにして鎮まった．この動きは5年以内にアメリカ以外の先進諸国にも伝播した．いいかえると各国政府は担税力を考慮に入れつつ十分な税収を調達するには，支出税によって所得税を代替するのではなく，所得税を前提にしてこれに改善を加えていくことが望ましいと判断したのである．

◆ **包括的所得税 対 分類所得税**　もちろん所得税をいかに改善していくべきかの選択肢は未解決の問題である．シャンツ＝ヘイグ＝サイモンズの定義やカナダのカーター委員会（1966年）の勧告で示された理想的な包括的所得税を実施することは現実には不可能であることが長い間，認識されてきた．むしろ1980年代後半以降の所得税改革の核心となるのは，既存の所得税の課税ベースが不必要に狭くなっている（キャピタル・ゲイン，現物給付，社会保障給付，そして所得控除等）という認識だった．そして税率構造のフラット化と課税ベースの拡大こそが，水平的公平性と経済的効率性ならびに簡素という目標に照らして望ましい選択肢であるとされた．

このように1980年代半ばまでは明確な分類所得税から正体のあいまいな包括的所得税へという流れが支配的であった．しかし90年代以降，一部の国々（北米諸国，北欧諸国，オランダ）では分類所得税（所得源泉別の差別課税）への回帰ともいうべき潮流が生まれている．

第1は代替最小税である．アメリカではローンの支払利子控除の乱用等によって高額所得者の租税回避が蔓延していた．1986年の租税改革法は**代替最小税**（alternative minimum tax）を導入した．その計算方法は通常の税額とは別に代替最小税を計算し，通常の税額と代替最小税を比較して，代替最小税が通常の税額を越えた場合にその差額分を追加的な税金として納付するものである．高額所得者が項目別控除に属する控除を広く利用していると代替

最小税による税額が高くなり，結果として追加的な税金を支払う仕組みである．

このため代替最小税では控除は基本的に認められず，粗所得に一律26％の税率が適用される．同じ仕組みはカナダにも存在する．しかし高額所得者を狙い撃ちすることが目的であったのに対象者は中所得者にも拡大し，かつ納税者に２種類の税額計算を強制し税制を複雑にしている．ローン支払利子控除を厳しく制限することによっても目的が達成できるとも批判されている．代替最小税は北米大陸以外の国々には波及していない．

第２は**二元的所得税**である．それ以前の北欧諸国の所得税制度には構造的な欠陥があった．ローンの支払利子控除制度の乱用等により高額所得者の租税回避行動が蔓延した．そこで所得種類を「資本所得」と「労働所得」に区分して，支払利子控除の損益通算を「資本所得」の範囲に限定するという方向性が模索された．北欧諸国の二元的所得税（dual income tax）の意義と問題点についてはコラムを参照されたい．

第３はみなし資本所得税である．各国政府は資本移動に伴う税収の漏れを防ぐために様々な対策を講じている．オランダは2001年の税制改革で，全ての資本所得（利子，配当，地代）を個人所得税の非課税対象とした．その代わり純資産の４％に相当する収益を各人は稼得しているとみなされ，そのみなし収益に一律30％の比例税（presumptive taxation on capital income）が課されることになった．

これは皮肉なことにオランダが1892年から1914年にかけて実施していたみなし課税への回帰であった．非法人企業の利潤，賃金所得，年金所得，社会給付金には引き続き，累進税率が適用されている．このように所得を３つのボックスに分け，それぞれのボックスの中で完結的に税負担を求めることから，オランダの分類所得税はボックス・タックスと呼ばれることがある．オランダの分類所得税は，包括的所得税における資本所得課税の困難を**みなし資本所得税**という概算的措置によって解決しようとしたものといえる．

上記のような分類所得税への回帰が一時的な現象なのか，それとも包括的所得税に代わる本流になるのかは現時点ではわからない．ひとつだけ確かなことは，所得税は依然として世界各国において普遍的に好まれているということである．

Column-8 二元的所得税とは何か

近年の税制改革論では「二元的所得税」という耳慣れない専門用語が頻繁に登場する．その源流は1990年代初頭に北欧諸国において導入された二元的所得税（Dual Income Tax）にある．これはデンマークの財政学者ソレンセン（Sørensen）によって提唱されていたものである．

それ以前の北欧諸国の所得税制度には構造的な欠陥があった．支払利子控除制度の乱用により高額所得者の租税回避行動が蔓延した．そこで所得種類を「資本所得」と「労働所得」に区分して，支払利子控除の損益通算を「資本所得」の範囲に限定するという方向性が模索された．

二元的所得税の概要は次の通りである．①すべての所得を資本所得（利子，配当，株・土地等のキャピタル・ゲイン，家賃，事業収益（投資収益の部分））と労働所得（賃金・給与，付加給付，社会保障給付，事業収益（賃金報酬部分））に二分する．②資本所得には比例税率，労働所得には累進税率を適用する．③労働所得にかかわる最低税率は資本所得の比例税率，法人税率と同じ水準にする．

二元的所得税は資本所得間で中立性の確保，キャピタル・フライトの防止，個人企業と法人企業間の中立を目標に導入された．これに対して包括的所得税の立場から，勤労所得よりも低い税率を不労所得である資本所得に適用するのは公平性に反するとの批判が出されている．

また二元的所得税では小規模事業者のような勤労・資本両所得を稼得する者による裁定が働かないように資本所得に対する税率が勤労所得に対する税率の最低税率に等しく設定されている．このような配慮にもかかわらず，高額の勤労所得稼得者が勤労所得の一部を資本所得へ振り替えることにより租税負担を回避しようという誘因を受けている．

日本でも1997年の政府税調金融課税小委員会の中間報告書で金融所得を分離課税制度のもとで，ひとつのカテゴリーとして位置づけるという考え方が提出された．2003年度税制改正では総合課税が原則であった配当所得が株式譲渡益や利子所得と同じく分離課税に改められた．これを一層推し進めて日本の所得税も二元的所得税に移行すべきとの議論もある．

これらの改正の動機は，北欧諸国のそれとは微妙に異なっている．日本では北欧諸国と違いもともと譲渡益を含む金融所得は概ね分離課税とされていた．また支払利子控除も住宅ローンに限定されていたので無制限に控除を認めていた北欧と違う．むしろ利子，配当，株式譲渡所得等の金融所得間にわたって損益通算を認めることにより個人のリスク・テイクを促進させることに関心が払われてい

〔参考〕証券税制研究会編（2004）『二元的所得税の論点と課題』，金融調査研究会（2007）『諸外国の税制改革と金融所得課税のあり方』

2. 所得税と経済効率

◆ 労働供給への効果　個人所得税のメリットは累進税率によって垂直的公平性を達成できる点にある．しかし個人所得税の限界税率が高いと勤労意欲を低下させるなどの歪みが発生する．それでは所得税は個人の労働供給にいかなる影響を与えるのだろうか．この節では経済学の視点から，この問題に考察を加える．

Ａさん（被用者の妻）が働いて所得を得るか，働かずに自由時間を楽しむか（「余暇」という）の選択を行おうとしている．余暇とは食事や睡眠の他，観光旅行，グルメ・食べ歩き，スポーツ観戦等の，収入を伴わない活動時間を意味する．図6.2では横軸が時間を表し，OT が労働と余暇の合計に等しくなっている．したがって OT 上の点はＡさんの選択する労働・余暇のあらゆる組合せを示す．

つぎに彼女の時間賃金を w とすると予算制約線は労働時間と稼得所得の組合せとなるので，傾きが w の直線 TD で示される．予算制約線上で選択される均衡点は各人の好みに依存する．余暇と労働の選好を原点に向かって凸型の無差別曲線 i で示すと効用は E_1 で最大となる．このとき余暇の時間は OF，労働時間は FT，稼得所得は OG となる．

税率 t の比例的所得税が課されるとＡさんの労働供給はどのように変化するだろうか．図6.2は課税後の労働供給の変化も示している．手取り賃金は w から $w(1-t)$ に減少する．すなわち余暇を1時間増やすことの機会費用（余暇を1時間ふやすことによる金銭的な損失）が下がる．

手取り賃金が下がったのだから予算制約線は TD ではなく，傾きが $w(1-t)$ の直線 TH に変化する．Ａさんは E_1 を選択することはできなくなり，直線 TH 上の E_2 で効用が最大になる．Ａさんは OI 時間を余暇に使い，労働時間を FT から IT へと減らす．それにつれて彼女の稼得所得も G から G' へと減る．

図 6.2 所得税と労働供給

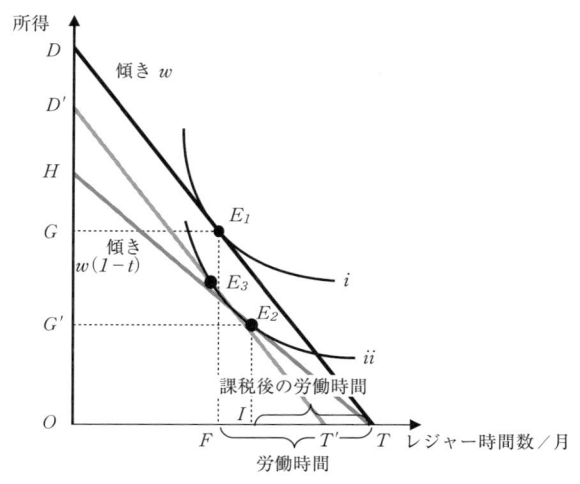

ではAさんは必ず労働時間を減らす、と考えてよいであろうか。答えは「ノー」である。いま仮に、無差別曲線 ii に接して、かつ直線 TD に平行な直線 $T'D'$ を引くとする。Aさんは E_3 を選択する。ここで E_1 から E_3 への変化は、予算制約線 TD の平行移動によって生じている。この変化は労働とレジャーの相対価格を一定に保ったまま、所得の変化によって生じているので、**所得効果**（income effect）と呼ばれる。手取り賃金が減ったのでは生活ができなくなるので労働時間を増やして収入をふやそうとするのが所得効果である。

一方、E_3 から E_2 への変化は、所得は一定にしたまま相対価格の変化だけによって生じている。このため**代替効果**（substitution effect）と呼ばれる。手取り賃金が減ると余暇の機会費用（余暇を1時間ふやすことによる金銭的な損失）が下がるので、労働よりも余暇を選択することが相対的に有利になるのである。

このように課税の影響には、代替効果と所得効果との相反するものが含まれる。代替効果は労働供給を減らすが、所得効果は増やす。したがって所得税が課税されたときにある個人の労働時間が減るのは、代替効果が所得効果を上回る場合であるということができる。所得効果が代替効果を上回る逆の場合は所得税が課税されたために、人々は以前よりも長い時間働くことにな

る．

◇ **効果の測定**　個人所得税は，その高い限界税率を通じて勤労意欲を低下させるなどの歪みが発生するといわれる．しかし，実証研究によると日本では所得税がフルタイムの労働者のインセンティブに与える歪みは小さい．現役の男性労働者の場合，手取り賃金の変化が労働供給に及ぼす影響は小さい（OECD [1999] p.151）．実証研究によると，所得効果と代替効果はそれぞれ大きな値をとるけれども，相殺されて弾力性自体は小さな値となっている．フルタイムの場合，労働者が労働時間を調整することは困難であることを物語る．課税による「中立性」への影響という教科書的な議論は，やや誇張されているといえる．

　もっとも第二次労働力としての参加者は所得税の影響をより強く受ける．女性の労働時間は手取り賃金にかなり敏感に反応することが知られている．とくに影響が大きいのが，被扶養資格のある被用者の妻の労働市場への参加である．被用者の妻の年間所得が130万円を超えると，（夫が納税する所得税での）被扶養配偶者の認定を取り消され，かつ本人に国民年金と国民健康保険の保険料支払義務が生じる（第3号被保険者から，第1号被保険者へ変更）．このため労働時間の増加や労働市場への参加に伴う限界税率は極めて高くなる．被用者の妻が130万円を超えないように労働時間を調整しようとするのはこのためである．129万円と同じ可処分所得を得るには150万円前後の収入が必要になる．

3.　所得税の算定

◇ **総合課税**　つぎに個人所得税の具体的な算定方法について解説する．日本の所得税法は課税所得を10種類に（利子，配当，不動産，事業，給与，退職，山林，譲渡，一時，雑）区分している．そして，それぞれについて課税の対象となる所得額の計算方法を定め，できる限りそれらを合算して総合課税しようとしている．しかし，なかには総合課税することが困難で他の所得から切り離し分離課税されるものもある．

　課税所得で最大の比重を占めているのが給与所得である．給与所得は他の

所得と合算して総合課税される．給与所得の所得額を算定するために給与所得控除が認められている．これは概算控除方式をとっている．概算控除というのは実額ではなく，収入に応じて変化する概算の法定額をさす．例えば，給与収入が500万円の場合に給与所得控除の額は収入の30.8％に上り，その水準は相当高いものとなっている．

給与所得控除の性格については「勤務費用の概算控除」及び「他の所得との負担調整のための特別控除」の２つの要素が含まれるものと整理されてきた．後者は失業などの不安定性のほか，成果とは関係なくあらかじめ定められた給与が支給されるといったサラリーマンに特有の事情に対して斟酌を加えるものである．しかし，給与所得者は社会の典型的な就業形態となっていることからみて，「他の所得との負担調整」といった観点から控除を設ける必要性は薄れた．このため給与所得控除は「勤務費用の概算控除」という観点から見直しが必要であろう．

会社に勤めないで事業や農業を営む人には事業所得がある．事業所得の計算において，給与所得控除と類似の役割を果たしているのが**専従者給与控除制度**である．これは青色申告の小規模個人事業者には，家族従業員（専従者）の労務の対価を「適正な金額」であれば全額必要経費として認めるものである．そして専従者自身は給与所得控除の適用を受けることができる．

退職高齢者の所得は主に年金給付である．国民年金や厚生年金などの年金は**雑所得**として合算して総合課税する．もっとも公的年金等控除や老年者控除により年金は事実上非課税となっていた．そもそも年金給付は現役中の稼得を退職後に後払いする性格のものである．したがって他の所得と比較して年金給付だけにこのような優遇をすることには常に批判がある．諸外国では年金課税のルールは拠出段階で損金算入し，給付段階で課税するというものが一般的である．こうしたことから2004年度に公的年金等控除は半減，老年者控除は廃止された．

ところで所得に含まれるのは毎年確実に入ってくる給与所得や事業所得だけではない．譲渡益や一時所得が入ってくる年度もあるだろう．ゴルフ会員権や美術品を売って譲渡益が発生したときは50万円の特別控除を引いた残り半分の金額を他の所得と合算して総合課税することになっている．クイズの賞金や馬券の払戻金といった一時所得も50万円の特別控除を引いた残りの半

分の金額を他の所得と合算して総合課税することになっている．このような軽課措置が認められているのはそれを受取るのが一生のうちにそう何度もあるものではないからである．

◆ **分離課税**　以上は合算されて総合課税の対象となる所得に関する規定である．しかし10種類の所得のうち，なかには総合課税することが困難で他の所得から切り離し分離課税されるものもある．例えば退職所得と山林所得は他の所得と合算することなく分離課税される．これらの所得は長い期間に発生した所得と考えられ，給与所得等の1年間に発生した所得と同じように扱うことができないからである．土地・建物を売却したときに発生する譲渡所得も他の所得とは別に分離課税される．

つぎに利子・配当・株式譲渡所得からなる**金融所得**に対する課税の取扱いを見る．1989年に導入された従来の制度は，利子・配当・株式譲渡益を3通りの方式で別々に課税していた．すなわち①利子所得については20％の源泉分離課税とする（所得税15％，住民税5％），②配当所得については原則総合課税とする（税率は5〜50％），③株式等譲渡益については申告分離課税（税率は地方税を含め20％）とする，というものであった．

このように金融所得課税は，金融商品や所得の種類ごとにバラバラになっており，課税の中立性を損ねているという問題があった．加えて，家計の金融資産保有を預金中心から株式投資へとシフトするといった経済政策的要請もこの間，強くなった．このため2009年度から利子・配当・株式譲渡益すべてを20％定率課税として一括する制度改正が行われた．同時に株式譲渡損失と配当所得との間で，損益通算が可能となる仕組みも導入された．こうした「金融所得課税の一体化」が北欧で採用されている二元的所得税に類似したものになるのか否かは，現在のところ不透明である．

◆ **各種の所得控除**　給与所得，事業所得，一時所得などの所得は加算されて総所得金額となる．こうして総所得金額が決まると，つぎにこれから各種の所得控除を差し引いて所得税の課税標準を求めることになる．

個人所得課税においてはすべての納税者について認められる①基礎控除のほか，②配偶者が所得税を払うだけの所得を稼得していない人に適用される

配偶者控除，③子供や親などを扶養している人に適用される扶養控除が設けられている．これらは最低限必要な支出には課税しないという考えによって，設けられている．尚，配偶者の給与収入が非課税限度（103万円）を超えても夫婦合算の手取り所得の逆転現象が生じないように，年間収入141万円までは配偶者特別控除が適用されている．

つぎに④老年控除，⑤寡婦控除，⑥勤労学生控除の3つの控除は，社会的に不利な立場にある人の所得税負担を軽減する目的で設けられた控除である．アルバイトで生活費を稼いでいる学生の場合，現在は基礎控除，給与所得控除，勤労学生控除の合計130万円までの給与には所得税は課税されないことになっている．

そして⑦社会保険料控除，⑧小規模企業共済等掛金控除の2つは支払った金額の全額を所得控除できる．この2つの保険は国民が強制的に加入させられるからであろう．これに対して⑨生命保険料控除，⑩地震保険料控除は任意加入する保険であり，控除できる金額には制限がある．

この他，災害・盗難にあった納税者は⑪雑損控除を受けることができ，病院の入院費や治療費を支払った納税者は⑫医療費控除を受けることができる．また公益に寄与すると考えられる法人や団体に対して寄付を行った納税者は⑬寄付控除を受けることができる．

以上のような様々な控除のうち一般的に適用されるもの，すなわち給与所得控除，基礎的な人的控除（納税者の世帯構成などの事情に応じて適用される基礎控除，配偶者控除及び配偶者特別控除，扶養控除の各控除を言う），社会保険料控除の各控除額を合計した額を日本では**課税最低限**と呼ぶ．2008年においては日本の課税最低限は，夫婦子2人の標準的なサラリーマン世帯で325万円となっている．日本の所得税の課税最低限は外国と比べて非常に高いというのが常識であった．しかし先進国の中ではイギリス，ドイツに次いで3番目に低い水準となっている（『図説　日本の税制』平成20年度版）．これはアメリカ，ドイツなどが育児・教育関係の所得控除を税額控除化して，その充実を図ったからである．

4. 負担構造と課税単位

◆ **累進税率構造**　所得控除後の課税所得を求めると，つぎに累進税率を適用して所得税額を計算する．税率を適用するために課税所得はブラケットと呼ばれる階層に区分される．各ブラケットの限界所得に適用される税率を**超過累進税率**という．これは「超－以下」という課税所得階層に適用される税率が，所得の増加にともなって逓増する仕組みである．図6.3では，一番上に位置する線がこの超過累進税率（表では限界税率）を表す．

超過累進税率は所得増加の割合以上に税負担が増加することになるため，比例的な税率構造と比較して，より大きな所得再分配機能を有するといわれる．2009年度では，6本の税率（5，10，20，23，33および40%）からなる超過累進税率体系となっている．

ところで超過累進税率制度をとる税率表の税率は，課税所得の増加部分に適用される**限界税率**であった．これに対して（所得控除後の）課税総所得に対する税額の比率は一般に平均税率と呼ばれる．さらに収入から必要経費を差し引いた残額，別のいいかたをすれば課税総所得と課税最低限との合計額である所得額に対する税額の比率を実効税率という．

図6.3は給与に関する限界税率，平均税率および実効税率を比較したものである．ここには税率表の限界税率の場合とは著しく異なった所得税の姿が示されている．すなわち税率表のみに依拠すれば，あたかも所得税が高額所得者の所得から3～4割もの税金を徴収しているかのようにみえる．しかし平均税率や実効税率をみると，とうていそうはいえそうにないことがわかる．

たしかに超過累進税率からもたらされる負担の累進構造は，平均税率の逓増に示されている．しかし平均税率は所得の限界部分にのみ適用される限界税率よりも大幅に低い水準となっている．これに課税最低限の効果が加わった負担の累進構造は，実効税率の逓増に示されている．課税最低限の存在によって負担の累進性がわずかに強められている．しかし実効税率でみても，税率表の超過累進税率よりははるかに低いのである．

しかも平均税率や実効税率に見られる税率構造の軽度の累進性は，様々な特別優遇措置（非課税，分離課税，特別控除など）によって実際にはさらに緩

図 6.3　所得税の税率（給与の場合）

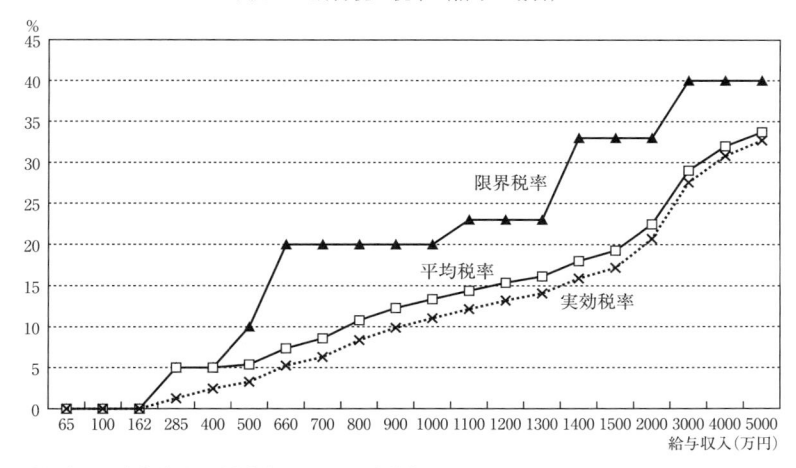

（資料）国税庁『所得税の確定申告の手引き』より算出．
注）夫婦子1人の場合．課税最低限は220万円と想定．課税所得を給与収入に換算．

和されている．例えば分離課税の対象となる金融所得は高額所得階層により集中する傾向がある．図6.4は，『家計調査報告』データにもとづき租税・社会保険拠出の所得階層別の負担を表したものである．この図からわかるように，高額所得者における真の実効税率は税率表から算出した実効税率よりも更に低い．

　近年の所得分布の動向を見ると少なくともかつてのような明確な平準化は見られない．むしろ市場原理や自己責任を重視した経済活動が進展する中で，所得格差は拡大の方向に動いている．また消費課税の割合が高まってきていることをも考慮すると税制全体の所得再分配機能を維持していくべきである．

　いくつかの先進国で強力な再分配政策が労働供給や私的貯蓄を阻害するという効果も実証されている．けれども所得税がどのくらい経済活動に干渉するかは労働や貯蓄の弾力性に依存している．前節でみたように日本では女性の労働を除くと，税や社会保障が労働供給に与える影響はあまり大きくはない．貯蓄についても同様である．ただし，このような意外な結果は税負担水準が低いためかもしれない．

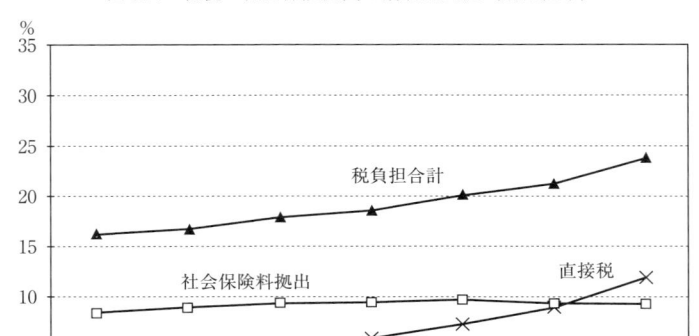

図 6.4　租税・社会保険拠出の階層別負担（勤労世帯）

(資料) 総務省統計局『家計調査』(平成19年度) による.
注) 所得10分位毎に，実際の納税額を，勤め先収入で除した割合．直接税には，個人住民税も含む．社会保険料には，公的年金，医療保険，介護保険の保険料を含む．消費税には，地方消費税分を含む.

◆ **課税単位**　ここまで所得税の税率構造をみた．これで最終的な納付税額が決定されるわけではない．このようにして求められた税額から必要があれば税額控除（配当税額控除や外国税額控除）を差し引き，税務署に納付するべき最終的な税額が確定される．

　さて所得税の納税者は主たる家計支持者であるとして，所得税の算定にまつわる諸問題を考察した．しかし配偶者や扶養親族もある程度の所得を稼得していると考えるのが自然であろう．その場合に課税対象となる所得は個人ごとに捉えるべきだろうか．それとも合算して世帯単位で捉えるべきだろうか．これは課税単位（tax unit）の問題と呼ばれる．問題の所在をはっきりさせるために，つぎの3つの基準を想定する．

（1）所得税では，限界税率が逓増すること（超過累進性）が望ましい．
（2）所得が同じ2つの世帯は，他の事情が等しければ同額の税負担を負うべきである．
（3）二人分の税負担は結婚しても変化すべきでない（婚姻に対する中立性）．

　これらの条件はもっともらしい．しかし3つの条件を同時に満たす個人所

表 6.1 課税単位の数値例（万円）

		A	B	C	D
単身者	（1）所　　得	10	290	150	150
	（2）税　　額	1	121	51	51
夫婦世帯	（3）個 人 単 位	122		102	
	（4）世 帯 所 得	300		300	
	（5）合算非分割制	126		126	
	（6）合 算 分 割 制	102		102	

注）60までは税率10%，60を超える部分の税率は50%

得税は存在しない．これは表6.1のような簡単な数値例で示すことができる．

　A・BおよびC・Dという2つのカップルがいる．所得税は60万円までの所得には10%の税率が，それ以上の所得には50%の税率が適用されるとする．最初の2つの欄は4人の個人について所得と税負担が記入されている（例えば，Bの税負担は121［＝60×0.1＋230×0.5］）．

　恋愛が実りカップルは結婚する．A・Bは片稼ぎ世帯，C・Dは共働き世帯である．個人単位課税であれば，結婚して夫婦になっても負担は変わらない（2欄と3欄を比較せよ）．つまり個人単位の課税は婚姻には中立的である．しかし合算所得が同じ2つの世帯の税負担には，差が生じている（A・Bは122万円だが，C・Dは102万円）．これは個人単位では10%の税率が適用される範囲の広い共働き世帯が有利となるためである．

　つぎに課税単位を個人から世帯に変更して，合算所得に課税したとする（5欄）．所得が同じ2つの世帯では片稼ぎ世帯であろうが共働き世帯であろうが税負担は同じになる．けれども累進税率の下では合算課税を行うとより高い限界税率が適用されるので，婚姻に対しては中立的ではない（3欄と5欄を比較せよ）．

　婚姻に対するペナルティーを避けるため合算分割制（2分2乗法）を採用したとする．**2分2乗法**とは，X円の合算所得のある世帯ではあたかも所得が1/2・X円の個人が二人いるかのように擬制して課税する方法である．累進税率が平均化されるので2分2乗法では税負担は一般に軽減される．つまり独身で同棲している二人よりも結婚した夫婦が有利になる．また所得が少ない人と結婚すると低い税率が適用されるメリットが大きいので税負担は大幅に軽減される．つまり（C・Dのような）共働き世帯に比べて，（A・Bの

4．負担構造と課税単位　｜　139

ような）片働き世帯（男性雇用者と無業の妻）が有利になるのである．

このように所得を稼得する個人ごとに，その所得に対して課税する方式を個人単位課税という．一方，生計を同じくする世帯ごとに所得を合算して課税する方式を世帯単位課税（夫婦を単位とする夫婦単位を含む）という．世帯単位課税には世帯構成員の所得を分割（人数に応じて平均）しないで課税する「合算非分割制」と分割して課税する「合算分割制」とがある．とくに夫婦を単位として所得を合算し，均等に分割して課税する方式は「2分2乗方式」と呼ばれている．

課税単位に関しては2分2乗方式など世帯単位課税（合算分割制）を採用してはどうかという指摘が見られる．しかし各国における課税単位のあり方を見るとイギリス，北欧において世帯単位課税から個人単位課税へ移行しているなどOECD諸国全体では29カ国中25カ国で個人単位が採られており，世界的には個人単位課税が主流である．個人が一定の所得を稼得する場合，通常その所得はその個人に帰属することから個人に税負担を求めるのが適当であろう．2分2乗方式を採用した場合には適用される累進税率が平均化されるために，独身者世帯に比べて夫婦者世帯が有利になること，共働き世帯に比べて片働き世帯が有利になること，高額所得者に税制上大きな利益を与える結果となることなどの問題点が考えられる．

演習問題

1．所得税の超過累進税率表がつぎの通りとする．税率表を図で示しなさい．「○超－△以下」で示される各ブラケットについて税額を計算し，課税総所得が5,000万円の場合の税額を求めなさい．

課税所得（万円）		限界税率（％）	課税所得（万円）		限界税率（％）
超	以下		超	以下	
0	100	10	500	1,000	20
100	500	15	1,000	5,000	30

2．上の表で課税総所得が100万円，500万円，1,000万円，5,000万円の人について平均税率を計算しなさい．また各人の実効税率も計算しなさい．ただし，課税最低限は一律200万円とする．

3．垂直的公平性の判断基準として限界税率，平均税率，実効税率のどれが望ましいだろうか．

文献案内

包括的所得税について体系的知識を得るには宮島（1986），金子編（2001）が不可欠．世界各国の租税政策を概観するには Messere, de Kam and Heady（2003）が便利．シャウプ勧告以後，現在までの所得税制度改革については石（2008），OECD（1999）IV，Ishi（1993）が必読文献．金融所得課税および二元的所得税については証券税制研究会編（2004），金融調査研究会（2007）が参考になる．また所得税に関する思想史について宮本・鶴田編（2001）がある．税務統計データを用いた所得税の再分配効果について深江・望月・野村（2007）が詳しい．個人所得税に関するデータは次の文献やホームページで閲覧できる．川上編（2008），税制調査会（2007），税制調査会ホームページ：http://www.cao.go.jp/zeicho/index.html

第7章 社会保険拠出

　政府の経済活動は年金・医療といった社会保険制度を中心に拡大してきた（第3章）．年金，医療等の社会保険制度は保険の技術にもとづく制度である．その原資を社会保険拠出という．この収入について考察を加えるのが本章の課題である．

　租税は一般政府に対する無対価の強制的な移転であった（第4章）．これに対して社会保険制度では，社会保険拠出の納付と受給権の発生との間に一定の対価関係が認められる．このため多くの人々は，社会保険拠出を高齢期の生活費に備える貯蓄のひとつと考えている．

　けれども社会保険制度が成熟するにつれて，当初もっていた保険的要素はしだいに薄れていく．本章で明らかにされるように，社会保険拠出の実態は保険の仕組みと政府の強制力を利用した世代間の租税・移転制度である．しかも興味深いことに，多くの国々で社会保険拠出は個人所得税よりも比重が高くなっている．

　本章では社会保険拠出を既存の租税と合わせて総合的に捉える．その上で社会保険拠出の本質を租税と比較しつつ説明する．これは社会保険の2つの財政方式（積立方式と賦課方式）を理解するための予備的知識となる．それらを踏まえて，最後に日本の公的年金制度の問題の所在について指摘する．

1. 社会保険の意義

◆ **最大の収入**　本章の主題である社会保険拠出のイメージを頭の中に描く

表 7.1　租税構造の変遷（OECD 諸国，%）

	1965	1975	1985	1995	2004
個人所得税	26	30	30	27	25
法人所得税	9	8	8	8	10
社会保険拠出	18	22	22	25	26
（被　用　者）	6	7	7	8	9
（雇　用　主）	10	14	14	14	15
賃　金　税	1	1	1	1	1
資　産　税	8	6	5	6	6
一般消費税	14	14	16	18	19
個別消費税	24	18	16	13	11
その他の税	1	1	1	3	3
合　　　　計	100	100	100	100	100

（資料）OECD（2006）*Revenue Statistics, 1965-2005.*

ことから開始する．そのために一般政府の収入に占める社会保険拠出の位置づけを統計的に確認しておく．経済協力開発機構（OECD）の最新の歳入統計（OECD［2006］）のデータを用いたのが，表7.1である．過去30年間（1975-2004年）に個人所得税が租税全体に占める比重は5ポイント低下し，直近では25％前後となっている．同じ期間において個別消費税も7ポイント低下している．法人所得税はほぼ一定の割合を保つ．

個人所得税と個別消費税の低下を補っているのが，一般消費税と社会保険拠出である．とくに社会保険拠出は2004年度には26％に達していて，個人所得税を追い抜き一般政府の最大の収入源となっている．1950〜60年代の福祉国家財政の基幹税といえば所得税であった．しかし21世紀の福祉国家では，税基盤の中心は社会保険拠出と一般消費税なのである．

2節で触れるように，社会保険拠出の実態は保険の仕組みと政府の強制力を利用した世代間の租税・移転制度にかぎりなく近づいている．図7.1は社会保険拠出を加えた国民負担構成の国際比較を表したものである．ここには，租税だけの比較とは著しく異なった一般政府収入の側面が示されている．ひとことでいえば税体系の特徴なり特異性は大きく修正されて，むしろ国民負担構成の類似性が前面にでてくるのである．

2節で説明するように，社会保険の大部分をしめる職域保険の社会保険拠出は，被用者の負担にせよ事業主の負担にせよ，その賦課対象は給与であり事実上，所得税と同じ性質の税と考えるべきものである．図7.1では一番注目されるのは，所得税比率の低さとは裏腹に社会保険拠出比率が40％近いフ

図 7.1 主要先進国の国民負担（2004年，％）

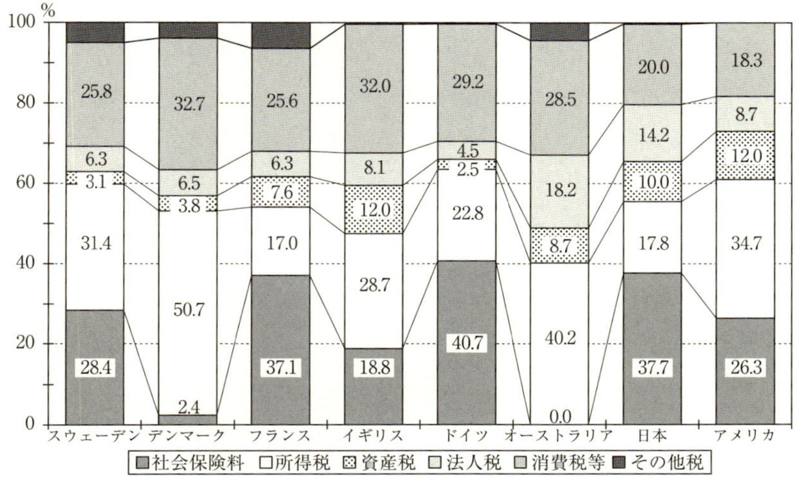

国	社会保険料	所得税	資産税	法人税	消費税等	その他税
スウェーデン	28.4	31.4	3.1	6.3	25.8	
デンマーク	2.4	50.7	3.8	6.5	32.7	
フランス	37.1	17.0	7.6	6.3	25.6	
イギリス	18.8	28.7	12.0	8.1	32.0	
ドイツ	40.7	22.8	2.5	4.5	29.2	
オーストラリア	0.0	40.2	8.7	18.2	28.5	
日本	37.7	17.8	10.0	14.2	20.0	
アメリカ	26.3	34.7	12.0	8.7	18.3	

（資料）OECD（2006）*Revenue Statistics, 1965-2005.*

ランス，ドイツ，日本だろう．この社会保険拠出比率の水準に応じて税体系が修正されるため，国民負担構成の国際比較の構図は変化し，各国の租税体系の類似性が高まる．

ヨーロッパ諸国では伝統的に社会保険制度は強制的な保険の一種と位置づけられている．これらの国々では対 GDP 比と収入に占める社会保険拠出の割合は高い．これに対して，デンマークとオーストラリアでは，公的な社会保険制度の財源は，政府の一般財源（租税など）歳入で調達する傾向があり，社会保険拠出のウェートは相対的に小さいか皆無に近い．税だけでなく社会保険拠出を含む国民負担を一体的に議論することが必要である．

◇ リスク・シェアリング　社会保険拠出が一般政府の最大の収入であることを見た．ところで社会保険は保険の技術にもとづく制度である．この社会保険拠出の保険とは何かについて，少し掘り下げてみよう．年金や医療保険が必要となる理由は何だろうか．もし年金が必要であるとしても，民間保険会社の提供する個人年金や企業年金で十分でないのか．なぜ公的年金が必要なのだろうか．

私たちが生きていくうえでは様々なリスクがある．その中でも病気になっ

て莫大な治療費が必要になるとか，予期したより長生きしてしまい蓄えが底をつくといったリスクが重要である．いくら健康を維持しても老後に備えて貯蓄をしていても，医療の必要性や自分の生存期間は不確実である．

保険とはこのような疾病や老齢に伴うリスクを加入者がシェアする仕組みである．年金を例にとってリスクをシェアすることの意味を考える．構成員が10人のコミュニティがあるとする．話しを簡単にするために人生は２期間からなり，第１期に生まれた人は第２期に２人に１人の確率で生存しているとする．また第２期の生活に必要な費用は1,000万円であるとする．保険が存在しない場合に第１期の終わりに死亡した５人は何の出費もないが，はからずも長生きした５人は各人1,000万円の費用を負担しなくてはならない．

もし保険が存在すれば10人の人が第１期に各々500万円ずつ拠出し，それを原資にしてはからずも長生きしてしまった人に年金を支払えば，第２期の生活を送ることができる．他の５人はそれまでに支払っていた社会保険拠出を失うが，これは長生きした場合にかかるはるかに大きな費用（1,000万円）に対して保険を掛けていたのである．これが生存の不確実性を保険の加入者がシェアするということの意味である．

より一般的には次のようにいえる．いま加入者数が十分に大きく，第２期まで生存する確率がpで，その時に支払われる保険金がLであるとする．大数の法則により，長生きした場合のリスクの期待値は，加入者一人当たりpLに等しくなる．

一人平均の支払額がほぼpLになる可能性が高いなら，保険会社としてはpLぐらいの保険料を各加入者から徴収しておけば，例外的な場合を除いて損をすることはないだろう．そしてさらに若干の金額をpLに上乗せしておけば，保険会社はほぼ確実に管理費用や利潤を獲得できる．このとき一人の加入者が支払う保険料πはつぎの通りである．

$$\pi = (1+\alpha)\,pL$$

ここでαは管理費用と利潤を示す．このように保険加入者数が十分に大きければ，大数の法則によって，保険会社はわずかの保険料を徴収するだけで確実に利益を出すことができる．このように設定された保険料πを**保険数理的に公正** (actuarially fair) であるという（Barr［2004］）．

◆ 逆選択　　では社会保険拠出にはなぜ社会という形容詞がつくのだろうか．強制加入を前提とした社会保険制度が必要な理由は何だろうか．公的年金や政府の管掌する医療保険制度が「保険」という仕組みを利用する意義は，第1に被保険者の保険給付を受ける権利を基礎づける点にある．困窮の度合いを基準に給付されるのではなく拠出にもとづく権利として，所定の給付を受けることができるのである．

　もっとも年金や医療保険は，個人が民間会社から購入することができる．政府があえて年金制度や医療保険に介入する根拠は何であろうか．つぎの2つの理由で私的市場による年金・医療だけでは，疾病や老齢のリスクをシェアすることは十分ではない．

　ひとつの理由は私的市場に特有の**逆選択**（adverse selection）の存在である．加入者の生存確率については個人にはある程度の情報があるが，保険会社にはよくわからない．このような情報の非対称性があるがゆえに，競争的な保険会社は平均的な生存確率でフェアとなる保険料を決定するだろう．するとリスクの高い人（生存率の高い人）から見ると保険料は割安になり，リスクの低い人（生存確率の低い人）にとっては割高になる．前者は後者に比べて，保険に加入する誘因が高い．つぎの段階で保険会社は加入者の平均生存率が想定した生存率よりも高いことに気づき，保険収支のバランスを保つために保険料を上げるだろう．

　これを繰り返していくと保険会社にとって「良い」顧客である生存確率の低い人が加入しないで，生存確率の高い人だけ加入するようになる．これを逆選択という．保険会社は「良い」顧客を選ぶことができず，逆の選択をしたことになる．公的年金は，私的年金と違って加入をすべての国民に義務付けることができるので，逆選択の問題を回避できる．

　前に述べた事例を使って確かめよう．先ほどは長生きする可能性が各人とも同じであると仮定した．もし他の人たちに比べて長生きする可能性が高いことを知っている人が存在するとしたらどうなるだろうか．そして他の人たちは自分が，長生きする可能性が極端に低いことを知っているとしよう．10人のうち5人は（長生きの）リスクが高いグループであるとすると，彼らは年金に加入する．民間会社は各加入者から500万円ずつ集め，合計2,500万円を集めるが，第2期の生活に必要な費用の半分にしかならない．

民間会社の経営が収支均等となるためには，1,000万円を徴収しなければならない．だが本来，第2期の生活費を必要とする確率から考えると，500万円が公正な保険料である．したがって民間会社は高すぎる保険料を設定しているように思える．

　しかし情報の非対称があるので，保険会社はリスクが高い人とリスクが低い人を区別することができない．逆選択の効果のため，高い保険料を設定せざるをえない．このように，逆選択の問題点は（長生きの）リスクが高い個人は高い保険料を支払わされるか，まったく保険に加入できなくなることである．

　私的年金のいまひとつの問題は保険の対象となるリスクが限定されていることである．保険の対象となるリスクには「独立した」出来事であるという条件がある．異なった人の疾病や老齢はそのような性質をもつ．そのためリスクが実現しない人が保険金を受け取らないで，その人たちの払った社会保険拠出をリスクが実現した人が受取るのである．

　しかし戦争や災害では，異なった人々の死や災害は「独立した」出来事ではない．インフレーションによる年金実質価値の低下というリスクも異なった人に「共通した」出来事であり，その確率は「独立」していない．つまり戦争，インフレーション，災害では誰もがリスクが実現してしまう可能性が高いのでリスクをシェアすることになじまない．

2. 社会保険拠出

◆ **賃金比例の社会保険拠出**　　社会保険拠出のもつ保険と社会の両面について見た．つぎに拠出の面を考察しよう．年金・医療の財源となる社会保険拠出には被保険者や事業主には加入が義務付けられ，かつ最終的には強制的な徴収が想定されている．しかしながら社会保険拠出には，いくつかの点で租税との相違点がある（岩村［2007］）．表7.2は主な社会保険拠出について賦課ベース，料率，徴収方法をまとめたものである．

　第1に，雇用者の社会保険拠出は賃金のみを賦課標準としており，それ以外は賦課対象とはならない．同じ雇用者に課せられる所得税では，利子，配当，事業所得，賃金等をできるかぎり合算して総合課税しようとしている．

表 7.2 社会保険拠出の体系（2008年10月現在）

保険の種類	賦課標準	上限の有無	社会保険拠出	事業主負担
厚生年金	給与[2]（標準報酬月額）	有（62万円）	15.35%	有（折半[3]）
政府管掌健康保険	給与（標準報酬月額）	有（121万円）	8.2%[1]	有（折半）
国民年金	人頭割		定額（14,400円）	無
国民健康保険	応益割，応能割		5-10%（応能割）	無

注1）介護保険第2号被保険者に該当しない場合．該当する場合は，社会保険拠出は9.33%．
　2）賞与に係わる社会保険拠出は，この表とは別に計算される．
　3）厚生年金保険の被保険者を雇う事業主は，この他に児童手当拠出金を全額負担する．

　第2に，雇用者が加入する社会保険では賃金が一定額を超えると超過した部分は，社会保険拠出の賦課対象とならない．例えば厚生年金の標準報酬月額の上限額は62万円である．所得税では課税所得に上限は設定されていない．

　第3に，雇用者保険では社会保険拠出は賃金額の多寡にかかわらず一律である．所得税の税率は所得の増加につれて逓増する超過累進税率となっている．また臨時・パート，自営業者等を対象とする国民年金の第1号被保険者の社会保険拠出は，所得の多寡にかかわらず定額であり，人頭割りに近い．

　第4に，被保険者が拠出した社会保険拠出は特別会計に繰り入れられ，社会保険制度が支給する保険給付に充てられる．つまり社会保険拠出の使途は限定されている．しかし所得税は使途の限定がなく，国や地方公共団体の一般会計に繰り入れられ一般財源として使用される．

　第5に，社会保険制度は保険の技術にもとづく制度であるので，社会保険拠出の納入と給付の受給との間に一定の対価関係（「牽連関係」ともいう）が存在する．これに対して租税は，基本的に「無対価」であるという性格をもつ（第5章）．

　このように社会保険拠出には租税との相違点がいくつかある．多くの人々が公的年金や医療保険を保険制度であると考えている．社会保険拠出は**保険料**（insurance premium）であり，長年支払い続けた保険料とその運用収益が退職後に戻ってくると考えている．

◆ **世代間の租税・移転制度**　　しかし租税・税制論では社会保険制度は世代間の税・移転制度として位置づけられる．社会保険拠出は保険料ではなく，

租税と保険料の混成物である（Messere, de Kam and Heady [2003]）．このような見方は，年金保険は退職高齢者が過去に拠出した保険料と運用収益が原資となる積立方式ではなく，現役の雇用者が支払った社会保険拠出をその年の退職高齢者への年金支払財源に回す賦課方式にいちじるしく接近しているという実態認識にもとづいている．

社会保険には一定の拠出実績にもとづく受給権の発生，あるいは年金保険には拠出比例年金（所得比例年金）の存在という保険的要素が認められる．しかし拠出実績にもとづく受給権といっても，被保険者本人の拠出額によって受給額がまかなわれているわけではない．所得比例年金といっても，賦課方式の下では被保険者本人の拠出額と受給額との間に保険数理的な関係があるわけではない．

例えば日本の公的年金制度は，事実上の賦課方式で運営されているため，高齢化が進展する中では，保険料引上げや給付水準の削減が財政収支の均衡上不可欠である．したがって保険料のまだ低い時期に保険料を支払った旧世代と，保険料が高い時期に負担をし，給付水準減少に直面する将来世代との間で，生涯における受益と負担の格差が生じる．

最新のデータで実証研究を行った鈴木（2006）によると，1940年生まれの人々は12.3％の生涯保険料率（加入者が一生涯に支払う保険料を生涯賃金で除した比率）しか支払っていないのに対して，生涯受給率（加入者が生涯に受取る年金受給額を生涯賃金で除した比率）は23.6％と大幅な受取超過となっている．それに対して2005年に生まれた世代は逆に，25.6％もの生涯保険料を支払うのに対して，生涯受給率は16.2％と大幅に支払超過になっている．損得なしの世代は1955年生まれの世代である．

要するに社会保険拠出は，宮島洋教授が指摘するように使途が限定された**目的税と保険料の混成物**である（宮島 [1994]）．第1に，給与所得税も社会保険拠出も支払い段階で源泉徴収の対象となるが，所得税に比べると社会保険拠出はきわめて簡素である（賦課ベースと料率構造を比較せよ）．したがって雇用者の社会保険拠出は，所得税に比べると税務行政コストが低い．

第2に，社会保険拠出はもっぱら給与所得への課税となり資産所得や移転所得が非課税となるため，現役の勤労世代に負担が集中しやすく税を通じる歪曲効果が発生する．第3に，所得税は負担構造が累進的であるが社会保険

拠出は料率が単一であり，かつ標準報酬制度には上限があるため比例的ないしは軽度の逆進的な負担となる．しかも所得税制上，社会保険拠出控除が認められている日本では，社会保険拠出の引上げが行われると所得税の累進度が自動的に低下する．

◆ **租税と社会保険拠出の統合**　徴税コストの低さを除くと社会保険拠出には様々な問題点のあることがわかった．つまり社会保険拠出においては，保険料としての性格と租税としての性格の両者が統合されないまま並存している．それでは両者をどのように統合するのが望ましいのだろうか．

ひとつの考えは，**ビスマルク型アプローチ**とよばれるものである．これは多くのヨーロッパ大陸諸国で広汎な影響力をもっていた．その説くところは，社会保険拠出と年金・医療などの給付との間には一定の対価関係があるので，国家による強制的な保険料とみなすべきであり，税とは峻別すべきだというものである．人々は将来を見越して合理的に貯蓄するとはかぎらないので，政府は引退後の所得を確保するために国家による強制保険が必要という家父長的な考え方が，その基礎にある．

いまひとつの本質論は，**社会福祉アプローチ**と呼ばれるものである．これは北欧諸国ならびに南太平洋諸国（オーストラリア，ニュージーランド）での社会保障制度を支える，社会保険拠出論として形成された．OECDの歳入統計 *Revenue Statistics* でも，社会保険拠出は租税の一種に分類されている．その主張はこうである．社会保険拠出は，社会保障費の財源を調達する租税の一種である．したがって社会保険拠出は，所得税や消費税と同じように，公平・中立・簡素の視点から評価されねばならないというものである．

Messere *et al.*（2003）によると，国際的な改革の潮流はビスマルク型アプローチから社会福祉アプローチへの移行であるという．例えば賦課ベースを給与ではなく，資産・移転を含む総合所得に変更することや，賦課ベースの上限を撤廃することが改革の内容である．女性，若者，パートの社会保険拠出を軽減すること，社会保険拠出を軽減するための一般社会税の導入（Column-9を参照せよ）といった改革も含まれる．

社会福祉アプローチを採用する場合，累進的所得税と逆進的な社会保険拠出（総合所得や家族構成を考慮せず，課税最低限もない）を統合するか否かが問

題となる．この問題の解決の仕方には2通りある．ひとつは社会保険拠出を賦課しないで，もっぱら税方式をとる国である．オーストラリア，ニュージーランドがこれに属する．

いまひとつは，既存の社会保険拠出を所得税に「統合」する国である．すなわち，「所得を賦課ベースにした社会保険拠出」，もしくは「社会保障費に使途が限定された所得税付加税」とでもいうべき統合がそれである．北欧諸国やオランダがこれに属する．統合方式のメリットは，所得税の課税最低限が社会保険拠出に適用されるので，低所得者層の負担が軽減されることである．たしかに統合方式の採用は世界的趨勢と呼ぶには至っていない．しかし人口動態の変化を視野に入れて年金及び医療保険政策を再検討する際に，社会保障の財源を租税に一本化することは有力な選択肢と考えられている．

● Column-9 ● フランスの一般社会税（CSG）

社会保険拠出を租税によって代替する潮流を代表するのが，フランスが1991年に導入した一般社会税（Contribution Social Généralisée: CSG）である．CSGは，すべての個人所得（賃金，資産所得，福祉給付）に課される比例税であり，無拠出社会給付に充当される福祉目的税である．当初1％であった税率は7.5％に引き上げられ，CSGの社会保障収入に占める比重は現在，約2割を占める．

フランスの福祉国家は社会保険中心のビスマルク的性格が濃厚であったが，1990年代以降，再編された．CSG導入はその一環である．契機となったのは社会保障の普遍化であった．家族手当の一般化（1978），公的扶助としての「社会参入最低所得」導入（1988），老齢連帯基金創設（1993）などによって，給付の対象が職業所得を受取っていない（無拠出）層まで拡大した．

ところが従来の社会保険は賦課ベースが職業所得のみであり，無拠出層まで給付対象とすることは問題だった．このため国民連帯的な給付は職域連帯を基礎とする保険料のみに依拠するのではなく，租税によって代替することが選択されたのである．

社会保険拠出の租税代替化は，国際競争を勝ちぬくための企業の社会拠出負担軽減策としての側面がある．しかしCSGには社会保険拠出と違って算定基礎に上限がなく，資産所得にも賦課されるのでより公正である．またフランスの所得税は伝統的に源泉徴収されていなかったが，CSGは簡略化された制度なので源泉徴収が可能になっている．

〔参考〕柴田（2002）「フランス社会保障制度における財源対策──租税代替

> 化と CSG」，樋口（2009）「グローバリゼーションと国民国家——福祉国家再編論争によせて」．

3. 社会保険の財政方式

◆ **積立方式**　社会保険拠出の性格がわかった．つぎに社会保険がどのような財政方式によって運営されているかを検討する．現役を引退したのちの消費を可能にするには，現役時代の生産物を将来の生産物に対する請求権に交換しなくてはならない．2つの方法がある．ひとつは毎月の賃金から貯蓄することである．いまひとつは引退後に現役世代の生産した生産物と交換する約束を，自分の子供もしくは政府との間でむすぶことである．

年金制度の財政方式である積立方式と賦課方式は，上記のアナロジーとして考えることができる．積立方式（funded schemes）では拠出は金融資産として運用され，その収益は加入者に還元される．人々が引退するとき年金の原資となるのは，彼が現役時代に拠出した保険料とその運用収益（利子・配当）との合計額となる．これが毎年，定額の年金として給付される．積立方式とは将来の生産物と交換できる年金原資を蓄積する方法に他ならない．民間の企業年金のほとんどは積立方式で運営されている．

積立方式にはいくつかのタイプがある．**確定拠出**（defined contribution）では拠出料の方が固定されているので，その人の年金給付は現役時代に拠出した保険料の累計とその運用収益の実績によって決まる．運用収益がマイナスになるような経済環境が続いた場合には，給付の方が可変的で拠出が固定されているので給付額の減少という形でバランスをとることになる．

確定給付型（defined benefit）は（通常企業ないし産業レベルで運営されている），企業が従業員に対して給付内容を固定して年金を給付するものである．給付水準のベースとなるのは最終年度の俸給か，ある期間の平均給与となる．算定基準となる給与がどうであれ年金給付は事実上，引退時までのインデックス化された給与をベースにして計算される．

このような財政構造から，運用リスクを負担する主体が確定拠出型では自己責任で運用する従業員であるのに対して，確定給付型では保険料を負担する企業となる．要約すると積立方式の特徴は，1）加入者に約束した年金債

務を支払うのに十分な原資が存在し，2）個人が受領する年金給付は，拠出額プラス運用収益に等しい．

◆ **賦課方式**　公的年金制度の大半は，賦課方式（pay as you go scheme）で運営されている．賦課方式では，その年の現役の雇用者が支払った社会保険拠出がその年の退職高齢者への年金支払財源となる．日本の民間雇用者をカバーする厚生年金制度も積立方式に近い財政方式からスタートし，年金受給者の増大にしたがって賦課方式に近い財政方式に移行するというスケジュールを採用していた．現在では年金受給高齢者の比率が上昇したため，賦課方式にかぎりなく接近している．

　賦課方式では個々人の年金に対する請求権は，政府の約束すなわち社会保険拠出を納付すれば将来給付を受けることができるという約束にもとづいて発生する．この約束（年金給付）の内容は詳細かつ厳密であり，社会保障関係法に定められている．マクロ・レベルから見ると，賦課方式では政府は現役の雇用者から税金を徴収して，それを退職高齢者に移転している．賦課方式の年金制度において社会保険拠出は税・所得移転（例えば，累進的所得税で公的扶助を給付する）となる．ここで**世代間の暗黙の契約**によって，その履行が保障されているという点に注意したい．賦課方式では，ある世代が受取る給付は，その世代の過去の拠出と一致しなければならないという積立方式のもつ制約をゆるめている．

> ● Column-10 ● インフレ・経済成長と賦課方式
>
> 賦課方式にはインフレに対して実質価値を維持でき，経済成長にも連動するというメリットがある．下記の表は，その数値例である．第1期において，労働者の総所得は1,000万円，社会保険拠出は10％で，給付額は100万円となる．第2期において，物価と稼得所得が100％上昇したとする．10％の社会保険拠出で200万円の給付となるが，過去の物価水準で計った購買力は100万円なので給付の実質価値は維持されている．一方，経済成長によって稼得所得が2,000万円になったが，物価は当初の水準と同じ場合はどうなるだろう．10％の社会保険拠出で実質的に200万円の給付を受けるので実質価値は2倍になる．このように賦課方式では給付水準が経済成長に連動して変化する．

所得，拠出，給付	期間1	期間2（インフレ）	期間3（経済成長）
1．労働者の総所得	1,000	2,000	2,000
2．物価指標	100	200	100
3．年金の社会保険拠出	10%	10%	10%
4．年金原資	100	200	200
5．給付の実質価値（4欄／2欄×100）	100	100	200

◇ **経済成長，人口動態への対応**　2つの財政方式の長所と短所を比較する．はじめに賦課方式の優位性を論じる．年金生活者の給付が現役時代の拠出の累計と運用収益によってではなく，その年の現役の雇用者が支払った社会保険拠出で支払われるので，給付原資を確保するのに時間がかからない．賦課方式はインフレーションに対抗して給付の実質価値を維持できる．賦課方式では経済成長にともなって給付額の実質価値を増大させることができる（Column-10を参照せよ）．

つぎに賦課方式の難点を論じる．そのひとつは人口動態の変化に影響を受けやすいということである．出生率の低下，寿命の伸び，退職年齢の引下げ，ベビー・ブーム世代の引退等の要因によって，退職高齢者1人を支える現役労働者の数は少なくなる．**従属人口比率**（dependency ratio：生産年齢（15-64歳）人口に対する老年従属人口（65歳以上）の比率の上昇）の増加に対して政府がとりうる方法は，社会保険拠出の増税，所得代替率の低下そして労働力人口の上昇などがある．

賦課方式のいまひとつの問題点は世代間の暗黙の連帯に支えられていることである．賦課方式では，退職高齢者は，現役世代が社会保険拠出をすすんで拠出するかぎりにおいて，年金を請求できる．しかし，多数派である現役世代は社会保険拠出の上昇を避けるために，給付の削減に賛成するかもしれない．このような政治的なリスクを少数派である退職高齢者は負っている．

◇ **インフレーション**　積立方式では，上記の問題はどう解決されるのだろうか．この問いに対する答えは賦課方式についての議論を鏡に映したような形となる．積立方式は人口構成の変化，とくに退職高齢者の増大に影響を受けない．なぜならば積立方式では将来にわたる年金給付の現在割引価値は，過去の拠出と運用収益の合計額のそれに等しいからである．

積立方式には，インフレに対する年金給付の実質価値の維持がむずかしいという難点がある．給付開始後の予想されたインフレ率が確実に5％ならば，毎年5％ずつの物価スライドをつけることは簡単なことである．インフレが発生しても，「限度付物価スライド制」を組み込めば，年金の実質価値は維持できるだろう．しかしインフレ率がどのくらいになるかは不確実であり，そのリスクを分散することはむずかしい．もし限度が5％であれば，状況はインフレ率が確実な場合と同じである．

　しかし5％を超えるインフレのリスクは年金生活者が負う．要するに給付開始後においては，民間の確定拠出型年金は限度内でのインフレのみに対応できる（事前に定められた限度まで物価スライドを行うこと）．しかし，その限度を超えるインフレーションには確定拠出型年金は対応できない．

　インフレに対する対応力の違いは原資調達方法そのものというよりも，政府のみが物価スライド付の給付を提供できるという事実に由来している．もし年金資産が政府によって物価にスライドされていれば，積立方式でもインフレに対応できるだろう．例えば欧米諸国ですでに導入されているインフレ連動債を運用先の対象にすればインフレ・リスクを完全にカバーできる．しかしインフレ連動債を償還する財源は，結局は将来の租税収入から支払われるだろう．

4. 日本の公的年金制度

◆ **基礎年金制度**　ここまでの議論を踏まえて，日本の公的年金制度の問題の所在を確認しよう．日本の公的年金制度は1986年に大きく変更された．それ以前は，自営業者，一般被用者，公務員等で制度は分かれており，年金の給付額は報酬比例だった．改正後は全国民をカバーする共通の国民年金（基礎年金）と，それに上乗せする報酬比例の厚生年金および共済年金からなる体系となった．**基礎年金制度**では全国民に共通の定額が給付されている（夫婦で約13.2万円／月）．基礎年金を創設したことのメリットは，全国民をカバーするので産業構造の変化に影響されにくいこと，重複給付の防止，婦人の年金権の保証（それ以前は被用者の妻は任意加入だったが，86年に強制加入となった）等である．

基礎年金制度は創設以来，大規模な改正は行われていない（第3章4節を参照せよ）．それは問題がないことを意味しない．第1に「基礎年金」とはいうものの，公的年金制度は職域別に分立したまま，制度間での財政調整が行われている．一般被用者には厚生年金制度が従来から存在していたが，この報酬比例部分の一部を拠出して全国民共通の基礎年金が提供されているのである．

　第3章でも触れたように，自営業者等（第1号被保険者）の社会保険拠出は定額であるのに，被用者（第2号被保険者）の料率は，定率負担となっている．旧国民年金も，定額拠出・定額給付のため，制度内部で所得再分配は全くおこなわれていない．このような状況において，被用者の加入する厚生年金が基礎年金拠出金として，基礎年金に要する費用を拠出することは公平といえるかという指摘がある．

　第2は**第3号被保険者問題**である．被用者の無業の妻（第3号被保険者）の国民年金社会保険拠出は，被用者（第2号被保険者）全体で負担しており，個人としては社会保険拠出が免除されている．これには「社会保険」としての基礎年金制度の性格があいまいになること，かつ共働きや自営業の妻との間で不公平があり，家族形態に中立的でないという問題がある．第3の問題は国民年金の未納・未加入に伴う空洞化問題である（第3章4節を見よ）．日本では税務行政と社会保険行政との間に制度的な関係はない．税収入は国税庁によって管理され，社会保険への拠出は厚生労働省（具体的には，社会保険庁）によって管理されていて，税務行政のほうが社会保険行政よりもより効率的であると見られている．

◆ **税方式**　これらの問題を解決する選択肢として，税方式への移行が議論されている．1999年の制度改正では，将来基礎年金の国庫負担の割合を現行の3分の1から2分の1に引き上げると明記された．政府が基礎年金の国庫負担の割合を高めることに着手したのは，問題をこれ以上放置できないからであろう．近年の議論の中には基礎年金の財源を全額税方式で調達してはどうかというものが多い．税目としては業種間の所得捕捉率に問題のある所得税よりも，消費税が有力視されている．消費税は所得税に比べれば逆進的であるが，定額の国民年金の保険料よりその度合いは少ない．

税方式のメリットは，何であろうか．税方式に賛成する人々は国民年金の空洞化問題が税方式へ変更すればほぼ解決されること，第1号被保険者の定額の社会保険拠出という逆進的な負担も緩和されること，専業主婦であっても消費税は支払うので第3号被保険者の問題を解消することにつながること等を挙げる．

　税方式に批判的な人々は受益と負担の関係が曖昧になること，保険料の見返りという権利意識もなくなること，ミーンズ・テストを通じて厳しい所得制限を課される可能性が高まること，年金目的税化によって財政が硬直化すること等を指摘している．

　日本の公的年金制度は，職域別に分立していた制度を前提にしつつ，制度間の財政調整によって全国民をカバーする「基礎年金」制度に変わった．その傾向をさらに推し進めて，本来の「一元化」に踏み切るのか否かが問われている．税方式化は基礎年金を国民全体で支える究極的な選択肢のひとつであるといえる．

◆ **賦課方式の建て直し**　　日本では年功賃金体系がとられているので，引退して年金が基礎年金部分だけだとかなりの収入の落ち込みとなる．所得比例の上乗せ給付を行うことで，現役時代に高い社会保険拠出を払った人ほど高い年金額になる仕組みが報酬比例部分である．これによって引退後の所得稼得能力低下のリスクをある程度回避できる．

　近年における年金改革の焦点はこの報酬比例部分にもあてられている．基礎年金の2階にあたる報酬比例部分は，財政的にみて問題含みとなっている．第1に2005年における未積立債務の金額は約550兆円と推計されており，これは国債残高と比べても遜色ない．

　第2に退職高齢者人口の割合は急激に増えているので，給付と負担の不均衡は拡大している．賦課方式の下で給付水準を変えずに社会保険拠出を上げていくと，現役世代の負担が増大する．

　第3に報酬比例部分は職域によって依然として分立している．自営業主やパート労働者といった国民年金のみに加入している人は2階部分の年金制度がなく，被用者の2階部分の制度は厚生年金，各種共済年金に分立しているのである．

上記の問題を解決するために様々な選択肢が提案されている．それらは基本的には2つの基本形のバリエーションである．ひとつは賦課方式の枠組みの中で財政収支を均衡させ，これを建て直すものである．いまひとつは賦課方式から積立方式への移行である．

● Column-11 ●　人口動態と賦課方式

　賦課方式が人口動態の変化に影響を受けやすいのは何故だろうか．賦課方式では引退世代の給付額は現役世代の拠出金合計に等しい．N_bを年金生活者数，Bを一人当たり給付額とすると給付の合計額は$N_b \times B$になる．現役世代が支払う社会保険拠出の合計は税率（t）と労働力人口（N_w）と平均賃金（w）の積に等しい．同一年度において給付額と拠出額が等しい賦課方式は次の式で表すことができる．

$$N_b \times B = t \times N_w \times w$$

この式をtについて解くと $t = (N_b/N_w) \times (B/w)$

　右辺第1項は老年人口の生産年齢人口に対する比率，すなわち老年従属人口比率を表す．第2項は所得代替率（平均賃金に対する給付額の比率）を表す．老年従属人口比率が上昇したときに，給付水準を維持する（B/w）ための方法が，現役労働者への増税であることを示唆している．

　国立社会保障・人口問題研究所の中位推計に基づくと，老年従属人口指数（老年人口を生産年齢人口で除した値）は現在の26%から2030年代には50%台に上昇（現役2人で退職高齢者1人を扶養）すると予測されている．給付水準を一定に保ち，社会保険拠出の大幅な上昇を受け入れるか，社会保険拠出負担を一定に保ち，給付水準を削減するかの厳しい選択に迫られることがわかる．

　はじめに賦課方式の枠内での立て直しについて考える．現役世代は社会保険拠出tを支払うとする．Column-11で説明してあるように社会保険拠出tは老年人口の生産年齢人口に対する比率N_b/N_w（老年従属人口比率）に，平均賃金に対する給付額の比率B/w（所得代替率）を掛けたものに等しい．この簡単な算術関係が意味することは（N_b/N_w）や（B/w）が上昇すればtが増加するということである．

　日本では高い出生率と比較的短い平均寿命のおかげで，長年（N_b/N_w）は低く，結果としてtも低かった．したがって政府は（B/w）を上げ，現在の

年金を現役労働者の平均収入に連動させることができた．急速に拡大する労働生産性の上昇の恩恵を退職者までに与える政策であった．

しかし出生率が下がり平均寿命が上昇するにつれて，t は急激に上昇した．将来の従属人口比率（N_b/N_w）の増加に対して，どの国でもとりうる方法はつぎの3つに限られる．日本の場合そのうちのひとつ，もしくは複数の方法で対応している．それは社会保険拠出 t の増税，所得代替率（B/w）の低下，労働力人口 N_w の上昇により（N_b/N_w）を低下させる政策の3つである．

◆ **社会保険拠出と給付**　社会保険拠出を増税することを選択した場合にとりうるのは，従業員ないし雇用主の社会保険拠出を引き上げるか，もしくは標準報酬月額の上限を引き上げて高額所得者の負担を増やすかのいずれかである．年金改革は，ほぼ5年に一度行われる将来人口推計や経済動向を踏まえて，実施される．2004年の改革では，将来の保険料水準を固定したうえで，その収入の範囲で給付水準を自動的に調整する「**保険料水準固定方式**」が導入された．

具体的には，厚生年金の社会保険拠出は毎年0.354％ずつ段階的に引上げ，2017年以降18.3％に固定することが決められた．自営業者等が加入する国民年金の社会保険拠出は毎年280円ずつ引き上げられ，2017年以降は月額16,900円となる．

一方，所得代替率（現役世代の平均手取り収入に対する年金給付の割合）の低下を選択した場合にとりうるのは給付を下げるか，支給開始年齢を引き上げるかのいずれかである．従来，年金額は現役世代の手取り賃金の伸びに応じて改訂されてきたが（賃金スライド），給付水準を抑制するために2000年の改正では65歳以上の既裁定者の年金改定は物価の伸びに応じて改訂されるようになった（物価スライド）．

さらに2004年の改正では，賃金や物価の伸び率から，公的年金の被保険者数の減少と平均余命の伸びを反映した一定率（0.9％）を控除して給付額を改訂する「**マクロ経済スライド**」が導入された．こうした措置は中長期的に給付水準を抑制する効果がある（例えば，モデル世帯の所得代替率は59.3％から50.2％へと変わり，給付水準は約15％の削減となる）．

これらの選択肢—社会保険拠出の増税，給付の削減—は，賦課方式を建て

直すのに役立つだろう．現役世代が将来，直面するであろう負担増を回避できるかもしれない．しかし，それは短期的な解決策である．長期的に賦課方式をうまく運営するには，従属人口比率（N_b/N_w）を下げていくほかないだろう．労働力人口 N_w を上昇させるには，主に出産・育児期の女性労働力率と60歳以上の労働力率の引上げ，そして出生率の上昇が課題となる．そのためには育児休業補償制度や保育所の整備，労働慣行の改善などが不可欠となろう．

◆ **積立方式への移行**　賦課方式の建て直しというシナリオは控えめな提案である．これに代替する，より急進的な提案は積立方式への移行である．賦課方式という枠組みでは，2004年度の制度改正で実現したように給付水準の引下げと社会保険拠出の引上げを組み合わせるしかない．これは賦課方式の規模の縮小を意味する．現役世代が公的年金制度に加入する誘因は小さくなるだろう．

　賦課方式が今後，人口動態の変化に対応できない点や報酬比例部分が「保険」としての性格を持っていることなどから（国庫負担がないというだけであって，社会保険拠出は事実上，目的税），この2階部分は積立方式を採用すべきという提案がなされている．

　積立方式を支持する人々は，つぎのような利点を上げる．積立方式の場合には賦課方式の下で生じる世代間の不公平はおこり得ないし，人口動態の変化に備えて頻繁に制度改正を行う必要もない．また賦課方式では加入者の給付資格は過去の拠出とリンクしていないが，積立方式では拠出と給付のリンクが強化される．賦課方式での年金の収益率は，労働力人口の増加率と生産性上昇率の合計となるが，今後の出生率と労働人口の低下を想定すると，積立方式の方が賦課方式よりも高い収益率を期待できる．

　このように，世代間の不公平の回避という観点からみて積立方式には魅力的な面がある．他方で積立方式にはいくつかの問題も指摘されている．第1は「**移行期の二重負担**」の問題である．賦課方式のもとでは，初期の受給者は常に拠出したよりも多くの年金を受取る．移行期の現役世代は，自らの将来の年金の積立に加えて，すでに退職した高齢者世代などの年金債務を負担しなければならない．そのためには現役世代の社会保険拠出を引き上げる

か，増税ないしは国債発行で調達するほかない．社会保険拠出負担が移行期の世代に受け入れられるとは考えにくい．財源を国債に求める場合，複数の世代が移行コストを負担するのに合意できるか否かが鍵を握っている．

第2は運用リスクである．積立方式では，個々人の請求権は過去における拠出の累計とその運用収益の合計に現在割引価値ベースで等しい．だが積立金の株式・債券への運用は投資リスクにさらされている．歴史的には株価の変動は，人口増加率や確定債券の収益の変化をはるかに凌いでいる．株式投資の変動性によって生活水準を維持するのに必要な額に比べ，生涯貯蓄が不足するという更なるリスクを加入者は負う．

第3はインフレへの対応である．積立方式では支給額が現役時に拠出した社会保険拠出とその運用収入で決定され，そこにスライド制を盛り込む余地はない．したがって積立方式では一般にインフレには対応できない．積立方式でもインフレヘッジ機能があるという意見がある．前節でみたように，確定拠出方式の下では現役時に拠出した社会保険拠出とそれによる運用収入で新規裁定時に受給額が決まることから，インフレヘッジ機能は新規裁定時までの期間しか働かない．現役引退後に，1970年代のオイル・ショックのような事態が生じたら，年金の受給額はその実質価値が大幅に減少する．

演習問題

1. ある国の1990年の高齢者／現役人口比率は26.7%であったとする．政府は2050年にこの比率が45.8%に上昇すると予測している．賦課方式の公的年金制度では1990年の所得代替率を維持するのに保険料はどのように変化しなければならないかを計算しなさい（Column-11「人口動態と賦課方式」を参照）．
2. 上の例で保険料水準を1990年の水準で固定した場合に，所得代替率が2050年にどのように変化するか計算しなさい．

文献案内

保険料と税の比較について，Messere, de Kam and Heady (2003) Ch.8，宮島（1997）が詳しい．社会保険料については岩村（2007）第2編4章が必読文献．日本の公的年金改革については貝塚=クルーガー編（2007），貝塚・財務省財務総合研究所編（2006）等が包括的に扱っている．年金の財政方式についてはBarr (2004) Ch.9が理論的に扱っている．

第8章

法人所得税

　個人所得税は唯一の所得課税ではない．法人も納税義務者となる．法人が納税する租税の中で，規模や経済効果の点で重要なものが国税としての法人税である．先進諸国では，法人税の税収に占めるウェートは過去50年間を通じてほぼ一定であった．これは所得税，付加価値税，社会保険拠出のウェートが変化したのと対照的である．

　法人税の根拠は租税論のなかでも，もっとも厄介な問題であるといわれる．個人所得税における「包括的所得税」といった理念や基準が必ずしも法人税にはない．法人税は不要であるという論者がいるかと思えば，政府は法人税を優遇していると批判する論者もいる．また誰が実際に法人所得税を支払っているのかという「帰着」についても論争がある．

　本章では最初に日本の法人税の算定について論じ，法人税の根拠に関する諸説を考察する．これを受けて，法人税と個人所得税の統合の問題，ならびに法人の資金調達や投資に対する法人税の影響を論じる．

1．法人税の算定

◆ **企業会計と税法上の所得**　はじめに法人税の税額の算出方法について，基礎知識を提供する．法人税は，法人が企業活動によって得た純所得に課される税金である．具体的には各事業年度の「益金」から「損金」を控除した所得金額が課税ベースとなり，これに一定の税率を乗じて算出される．

　この税法上の所得金額は，企業会計の損益計算書によって明らかにされる

決算利益とおおよそ一致する．しかし利益を計算する場合の収益や費用の概念と，所得を計算する際の益金や損金の概念には違いがある．この関係はつぎの式でみることができる．

　決算利益＋（益金算入額－益金不算入額）＋（損金不算入額－損金算入額）＝課税所得

　ここで決算利益は，企業会計の「収益」から「費用」を控除したものである．このように，企業会計の決算利益に「益金」の算入・不算入，「損金」の算入・不算入などの調整を加えて，税法上の所得金額が算定される．図8.1は，この関係を図式化したものである．2006年度についてみると利益計上法人の営業収入金額は1,062兆円であるが，申告所得金額は約51兆円で，前者に対する後者の割合（「所得率」という）は約5％となっている（国税庁『税務統計から見た法人企業の実態』による）．以下では各項目について検討する．

　企業会計上の収益には入るが税法上の益金には入らないのが，**益金不算入項目**である．この例として法人が他の法人から受取る配当がある．これは法人税を個人所得税の前払いとみるとき前払いは1度すればよく，これを2度も3度もする必要はないからである．実際，受取配当益金不算入の原則がないとき法人段階で過大な前払いが発生する（保有割合が25％未満の会社からの受取配当は，50％が益金不算入）．

　これとは逆に，企業会計上の収益には入らないが税法上の益金には算入されるのが，**益金算入項目**である．益金算入の例としては前期の貸倒引当金があげられる．引当金は将来支払うことになるであろう費用であるが，それが生じる原因が今期にあるので今期の経費および損金に算入することが妥当と考えられるものである．例えば，貸倒引当金は小売店の売掛金等について，期末の残高の1％だけを貸倒引当金として損金に算入することが認められている．この場合，貸倒れが発生しなかったら次期の所得計算では今期の貸倒引当金が益金に算入される．2006年度末の貸倒引当金の残高は10.7兆円であり，利用割合は資本金額が大きくなるにしたがって高くなっている．

　この他の益金算入項目として，法人が資産を無償譲渡したときの譲渡益がある．無償譲渡したときの譲渡益とはなにか矛盾しているように見える．しかし税法上は法人が無償で譲渡したとしても，代金をいったん受取り，しか

図 8.1 法人所得の計算

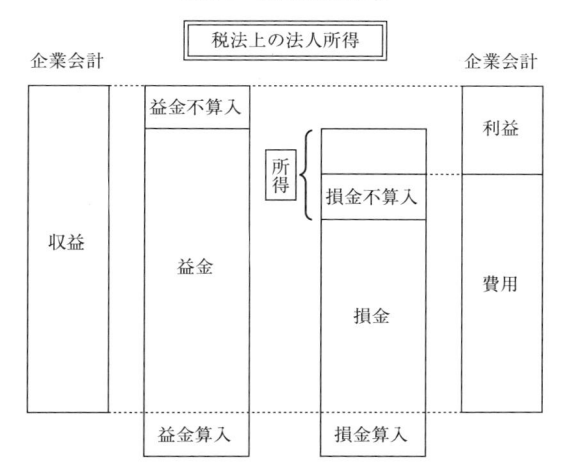

るのちに寄付したという考え方をとって，譲渡した法人に課税するのである．また譲渡された側についても寄付を受けたと考えて，これを益金に算入して課税する．2006年施行の新会社法は，旧商法で認められてきた会社の営利性を否定するものではない．会社の活動はすべて営利活動という建前なので，無償譲渡でも譲渡益が発生していると考えるのだろう．

◆ **損金と費用の関係**　「益金」から「損金」を控除した差額が法人の所得であるが，図8.1にあるように「損金」も企業会計上の「費用」をベースとして，「損金算入額」を加え「損金不算入額」を引いて求められる．

代表的な「損金」は減価償却費である．生産に使用された資本（ストック）は，その過程で減耗する．例えば，生産に必要な機械やパソコンを連想すればよい．こうした減耗分について毎年その資産計上額を少しずつ費用配分していく会計上の手続が，減価償却である．2006年度についてみると当期に発生した減価償却費の損金算入額は約41兆円で，損金算入限度額に対する割合（「損金算入割合」という）は，93%となっている．損金算入割合を業種別にみると機械工業（96.7%）がもっとも高く，建設業（84.3%）は低くなっている．

これが代表的な「損金」のイメージである．しかし，税法上の「損金」と企業会計上の「費用」とには相違もある．企業会計では一般的な費用の見越

計上や引当金の設定が認められている．しかし，税法では費用は債務が確定したときに損金に算入されるという**債務確定主義**を採っている．課税の公平という立場から，費用の見越計上や引当金の設定が恣意的になりやすい傾向を抑制するという考え方にもとづく．

企業会計上は「費用」となるが，税法上は「損金」に算入されない**損金不算入項目**を見てみよう．これには過大な役員賞与のように全額不算入になるものと，交際費など一部損金算入となるものとがある．顧客との飲食などは，営業活動を行う上で欠かすことができない．しかし，企業の交際費の支出を無制限に認めたのでは接待を目的とした飲食などの経費を計上することで，法人税の負担がいくらでも軽減されることになる．

このため税法上は交際費の損金算入は限定されており，資本金が1億円を超える法人について交際費は全額不算入とされる（資本金1億円以下の法人につき，年間400万円までの交際費の90％を損金に算入することが認められている）．2006年度についてみると交際費等の支出は約3.6兆円であるが，税法上，損金に算入されない交際費は約1.9兆円である．営業収入当たりの交際費等の支出は，資本金額が小さい企業ほど高くなる傾向がある．

つぎに，企業会計上の「費用」には算入されないが税法上は「損金」に入るという損金算入項目をみよう．例えば，前期からの繰越欠損金は今年の益金から控除できるので，一応これに該当する例である．

◆ **欠損法人と法人税率**　こうして，法人税の課税標準である法人所得は法人の決算利益に，益金算入項目と損金不算入項目を加え，益金不算入項目と損金算入項目を引くことで求められる．2006年度についてみると申告所得額は約50.5兆円である．もっとも法人数は約258万社であるが，うち利益を計上しない「欠損法人」は約172万社で66％にのぼる．赤字法人の大部分は資本金1億円未満の法人である．日本では法人税額の72％は，2.5％というごく一部の大法人によって生み出されている．

小規模の赤字法人が多い理由のひとつは，個人経営のままで事業主が個人所得税を支払うよりも，事業体にして法人組織にした方が税負担はより低くなることにあると思われる．例えば，事業主は法人から給与を受取る給与所得者になり，給与所得控除が適用される．この場合，事業主が自分の給与を

増やして法人に所得を残さないようにすると，法人税率よりも（小額の所得に適用される）個人所得税率の方が低いので有利になる．

また過去の事業年度に発生した欠損の繰越しを 7 年間にわたって認める欠損金の**繰越制度**も，長期間赤字決算を続けている小規模法人が多い理由であると思われる（2004年度税制改正までは 5 年）．2006年度についてみると，赤字法人では約7.4兆円が繰越し欠損金として当期控除されている．また翌期繰越額は71.3兆円となっている．

算定された課税所得に適用される法人税の税率は，普通法人に対して基本税率30％である（ただし資本金 1 億円以下の中小法人に対して，所得金額800万円以下の金額について22％という軽減税率）．公益法人や共同組合等に対してはさらに22％という軽減税率が適用される．このように法人の企業規模・種類に応じて税率に差が設けられているのは担税力の違いを考慮したもので，実在説的な発想を反映している．2006年度を例にとると算出税額は約15.2兆円となる（これが申告所得額の約 3 割に相当することを確認されたい）．

法人税の税率は，国の税収の確保を目的として他の税とのバランスを図りながら，その時々の財政事情や経済情勢を反映して決定されている．現在の税率構造は1988年の抜本的税制改革を契機に設けられたものである．当時，法人税の基本税率は国際的に見て高すぎるとされ，順次引下げることになった．その際，配当に対する軽課措置も廃止が決まり，基本税率に一本化された．また1998年と99年の税制改正において基本税率が引き下げられ，30％となった．

ただし法人税の負担水準を国際的に比較する場合，この基本税率だけでは不十分である．法人は国税のほかに地方税として府県，市町村に法人住民税を，また府県に対して法人事業税を納税している．この事業税は国税の法人税の課税ベースから控除されることになっているので，国税・地方税をあわせた法人課税の実効税率を計算するときには，この点の調整が必要となる．現在，日本における法人課税の実効税率は40.69％である．この水準はアメリカ（カリフォルニア州）40.75％とほぼ同じであるがドイツ29.83％，フランス33.33％と比べると高い．国税の範囲だけで比較すると他の国々とほぼ同一の水準なので，地方税に問題の所在があるといえよう．

2. 法人税の課税根拠

◆ **応益説**　法人税の根拠は租税論のなかでも，もっとも厄介な問題であるといわれる．個人所得税における「包括的所得税」といった理念や基準が必ずしも法人税にはない．個人所得税とは独立した法人税が必要か否かに関しては諸説がある．代表的な議論として応益説がある．その説くところは要約すればこうである．政府は法人に対して様々な便益を提供しているが，法人が支払う租税はその便益に対する対価である．これらの便益には，中間投入財的なサービス（インフラ，司法制度），教育や衛生（熟練労働力の形成），法律的な保障（株主の有限責任制）などが含まれる．

しかし，法人税を政府の提供するサービスの対価で説明しようとする応益説は，実際の法人税額と公共サービスとの間には1対1の系統的な関連が認められない点で根本的に無理がある．もっとも，公共サービスの受益に対して個別に使用料を課すことができない場合には，法人税は不完全な代替手段として機能するかもしれない．

◆ **法人税の根拠**　法人税の主要な根拠は，この租税が個人所得税の源泉徴収ないしは**前払い**として機能することである（OECD [2007b]）．企業がその利潤を配当や利子として株主に支払うのであれば，個人レベルの所得として課税される．しかし法人税がないと，内部留保は株主がキャピタル・ゲインを「実現」するまで税金を逃れてしまう．未実現のキャピタル・ゲインに発生主義的に課税することは税務行政上むずかしいので，課税当局は実現したキャピタル・ゲインに課税せざるをえない．さらにキャピタル・ゲイン課税がない場合には，内部留保は全く課税されない．

したがって法人税を課すことによって，課税当局は株主が株式所得を申告しないで税金から逃れることを防げる．換言すると，法人税は個人所得税の「バック・ストップ」（野球場や射撃場にある安全装置）である．

これはつぎのような例によって理解できる．Aさんのある年における法人所得の持分が100万円だとする．純資産増加説にもとづく包括的所得税の観点からいうと，この100万円が法人内部に留保されようが，Aさんに配当として支払われようが「所得」であることに変わりない．仮に100万円が全

額配当として支払われたら，個人所得税が課税される．

しかし全額法人内部に留保されたら，未実現のキャピタル・ゲイン課税には実効性がないので課税されない．源泉となる法人段階での税がなければ，Aさんは法人内部に所得を留保することによって納税額を減らすことができる．むろんキャピタル・ゲインが実現したときには納税義務が発生する．しかしそれまでの間，100万円は非課税のまま利子つきで増えている．法人税がないと個人所得税を回避する機会を生むのは明らかである．

なお法人税には法人本質論といわれる論点がある．この税を法人そのものが負担するとみるのか，それとも法人は個人株主の集合体にすぎないので法人が負担するということはありえず，負担するのは株主だとみるのかである．前者は**法人実在説**といい，後者は**法人擬制説**という．

◆ **法人税は廃止すべきか**　法人税の根拠は上記の通りである．しかし，この租税は難解であり，その存続自体についても賛成と反対がある．法人税を廃止して，他の租税で代替すべきと勧告した代表的な事例はつぎの通りである．

第1に，カナダの税制専門委員会である**カーター委員会**（Carter Commission）は1966年，法人税は個人所得税に完全統合すべきであるとの見地から，法人税を株主の支払うべき個人所得税の「前取り」として位置づける勧告を行った．カーター委員会は，法人税の欠陥として包括的所得税の理念との矛盾があると論じた．「包括的所得税」の理念を実現するには法人の利益は配当であれ内部留保であれ，株主個人に帰属させて個人所得税を負担すべきである．このような完全統合を行う場合，独立した法人税が必要とされる余地はなくなる．法人税は株主に帰属された法人利潤に対する所得税の源泉課税（あるいは「前払い」）という位置づけになる．

しかし，実際には完全統合を実施するこころみは存在しない．理論的には法人利潤を株主に帰属計算するかわりに，株主レベルでの配当課税と（内部留保を反映する）キャピタル・ゲイン課税の組合せでも同じ効果が得られる．実際には未実現のキャピタル・ゲインを評価することは非常に困難であり，また評価できたとしても流動性の問題（現金化されていないので納税が困難になること）が生じる．

第2に1960年代のイギリスとアメリカでは，法人所得税を廃止するかわりに付加価値税を導入するプランが検討された．法人所得税を付加価値税によって代替するプランに賛成する人々は，付加価値税では関税及び貿易に関する一般協定（GATT）が認めている国境税調整が可能であることを強調する．すなわち輸出価格低下を通じる輸出促進効果（貿易収支改善効果）があるというのである．事実，法人税にはGATTの規定で輸出の際に還付が認められないが，間接税であれば輸出戻し税と輸入平衡税が認められる．
　しかし法人税の転嫁が不明確であるというだけでなく，固定相場制の前提が今日ではもはや成立しない．変動相場制のもとでは為替レートの変動によって貿易収支の不均衡が基本的には調整されるはずである．このように付加価値税による法人税の代替プランは，その根拠が薄弱であり，事実，1971年に固定相場制から変動相場制に移行してからは，この案が議論にのぼることはほとんどない．
　第3に1970年代以降，いくつかの国々おいて法人所得税を廃止して，**キャッシュ・フロー法人税**を創設することが検討された．キャッシュ・フロー法人税を提唱する人々は，現行の法人税は企業の資金調達や投資活動を歪め，中立的ではないと批判した．キャッシュ・フロー法人税では投資が即時償却されるため，資本コストに影響を与えず，企業の投資決定に歪みを与えない．キャッシュ・フロー法人税では負債利子は控除されないので，負債で資金調達しても，新株発行で資金調達しても負担は同じとなり，資金調達に対する中立性も達成できる．
　キャッシュ・フロー法人税は，約30年前，イギリスの税制改革の報告書である『ミード報告』で提案されたことに端を発するが，現在でも政策論議に一定の影響をあたえている（例えばジョージ・W. ブッシュ政権の税制改革諮問委員会報告）．しかし一般的にいえば投資が即時償却されるので，資金ベース法人税には基本的に税収調達能力が欠けており，たとえ認められるとしても，それは過渡的なものである．また所得ベース法人税からの転換についても移行期には経済的な混乱が生じることが指摘されている．

3. 二重課税の調整

◆ **インピュテーション方式**　前節で法人税が個人所得税の源泉徴収ないし前取りとしての役割を果たしていることを見た．法人税を個人所得税の「前払い」とみるとき，法人で発生した配当に対して法人税と所得税の２つが二重課税されることについては議論しなかった．ここでは，配当の二重課税問題について論じる．

配当の二重課税の調整は，図8.2にまとめられている．ここでは二重課税の調整をまったく行わない「古典的法人税」と，配当二重課税を完全に調整する「インピュテーション方式」をとりあげて，比較する．この他にも法人段階で調整する支払配当軽課方式や個人段階で調整する受取配当控除方式があるが，これらは「古典的法人税」と「インピュテーション方式」の応用例として理解できるはずである．

まず「**古典的法人税**」を考える．いまある企業の所得が p 万円で全額配当として支払われるとする．株主は１人とする．法人が所得を生み出したときは，その所得は法人を所有する株主の所得として，その人の課税所得に加えるのがあるべき課税の姿である．所得税の限界税率を t_m とする．この観点からすれば，本来，この人の本来の税引き後の受取額は $p(1-t_m)$ 万円でなければならない．

しかし，１万円の企業所得に税率 t_c の法人税が課されると，企業は $p(1-t_c)$ 万円の配当を行い，家計が受取った配当には所得税が課される．家計の税引き後の受取額は，$p(1-t_c) \times (1-t_m)$ 万円となる．このように，この方式では企業所得に対して２度税金を課すことになるので，税引き後の受取額は本来のそれよりも少ない．これが**配当の二重課税問題**である．

また以上から明らかなように，法人税を個人所得税の前払いとして考えるとき，それは高所得者のものとなる法人所得にも，また低所得者のものとなる法人所得にも，同じ税率で課税することになる．このため，「古典的法人税」は高所得者よりも低所得者が相対的に不利になる制度といえる．

これに対して「**インピュテーション方式**」とは，法人税込み支払い配当を個人株主の所得に帰属させ，算出された所得税額から配当分の法人税額を控

図 8.2　法人税と所得税の統合

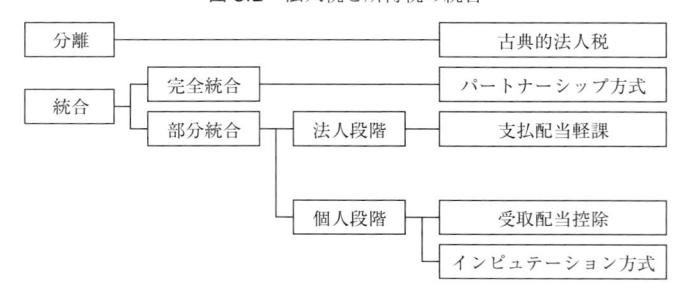

```
分離 ──────────────────────── 古典的法人税
統合 ─┬─ 完全統合 ──────────── パートナーシップ方式
      └─ 部分統合 ─┬─ 法人段階 ── 支払配当軽課
                    └─ 個人段階 ─┬─ 受取配当控除
                                  └─ インピュテーション方式
```

除することを認める方式をいう．この方式では，企業が $p(1-t_c)$ 万円の配当を行った際，それは t_c の法人税が課された後であり，この法人税分は家計の支払う税金の企業段階における前取りであるとみなされる．つまり企業から家計への配当支払額は，税込みで $p(1-t_c)+p \cdot t_c$ であるとみなす．家計はこの $p(1-t_c)+p \cdot t_c$ に対して t_m の率で税金を支払う．こうした賦課方式を現実化するための方法が税額控除方式であり，p の配当に対して企業が支払った法人税である $P \cdot t_c$ を，配当の受取り手である家計に還付するという方法をとる．インピュテーション方式のメカニズムをまとめると，つぎの通りになる．

$$P \cdot t_c + [\{p(1-t_c)+p \cdot t_c\} t_m - p \cdot t_c] = p \cdot t_m$$

（$P \cdot t_c$：法人税での源泉課税　$\{p(1-t_c)+p \cdot t_c\}$：税込み支払配当　$p \cdot t_c$：法人税の税額控除）

　個人所得税段階での法人税の税額控除によって，配当のネットの負担は法人税がない場合と同様に $p \cdot t_m$ となる．配当の二重課税は完全に調整されており，法人税は個人所得税の前取りになっていることを確認されたい．

◆ **多様化する調整**　各国税制の発展の中で，法人税と所得税の二重課税といわれる状態は，いかに調整されてきたのかを簡単にみよう．注意しなければならないのは，過去半世紀に各国の制度はかなり変化してきたことである．

　増資や借入よりも自己金融がより優れた方法であると考えられていた1950年代から60年代初期には，多くの国が配当に法人税と個人所得税の両方のレベルで税金を課していた．しかし現在でもそのような方法をとっているの

表 8.1 配当に対する実効税率（%）

	二重課税調整	法人税＋所得税	法人税：所得税
オーストラリア	FI	46.5	64.5 : 35.5
フランス	PIN	55.9	61.6 : 38.4
ドイツ	CL	48.6	62.1 : 37.9
イタリア	PIN	43.7	63.0 : 37.0
日本	MCL	45.6	86.7 : 13.3
オランダ	CL	44.1	57.8 : 42.2
スペイン	MCL	42.6	70.4 : 29.6
スウェーデン	CL	49.6	56.5 : 43.5
イギリス	PI	46.0	60.9 : 39.1
アメリカ	MCL	49.8	79.0 : 21.0

（資料）OECD（2008）*OECD Tax Database*, table2-4.
注）記号は，つぎの通り．CL：古典的システム，MCL：修正古典的システム，FI：完全インピュテーション，PI：部分インピュテーション，PIN：配当所得一部控除

は，スイスとアメリカ合衆国だけである．早くも1960年代にはこの方法は問題視されるようになった．配当二重課税を相殺するのは，法人段階が望ましいのか（1953年にはドイツが採用），それとも個人株主段階（1965年にフランスが採用）かが論点となった．そして様々な理由により，後者が望ましい選択肢であるという合意が形成された．

　個人株主段階の調整方法として多くの国々が採用しようとしたのは，インピュテーション方式であった．これは上に述べたように，法人税込み支払い配当を個人株主の所得に帰属させ，算出された所得税額から配当分の法人税額を控除することを認めるものである．

　しかしインピュテーション方式の下では，外国株主と内国株主を等しく扱うことが難しく，国際投資との相性の悪さが顕在化した．インピュテーション方式を維持する国は非常に少なくなった．より手軽な救済方式としては，勤労所得に適用される最低税率に等しい，比例税率での分離課税が代表的なものといえる．北欧諸国で採用された二元的所得税が，こうした潮流をリードした．他方，配当優遇のいまひとつの形態としてギリシャ，メキシコ，オランダでは，配当支払非課税を挙げることができる．

▶ Column-12 ◀ 二重課税の調整：日本の場合

日本の戦前では二重課税を排除するというよりも，むしろ是認する傾向が強かっ

た．いわゆる法人実在説が有力であった．戦後のシャウプ勧告では法人擬制説に立って，個人の株主段階で配当の税額控除を認めた．法人と株主段階で配当が重複して課税されるのを排除するため法人間配当益金不算入の制度も導入された．1961年からは西ドイツが採用していた方式に従い，企業段階で配当に対する税率を留保分に対する税率よりも軽減する2本立ての税率体系になった．この狙いは自己資本充実にあった．しかし自己資本充実に改善がみられなかったという理由で1986年には配当軽課措置は打ち切られ，留保分に対する基本税率に一本化されることが決定された．現在では，二重課税の調整は個人の株主段階の配当の税額控除のみとなった．法人間配当については50％を益金不算入とする制度になっている（連結法人株式の受取配当については全額益金不算入）．

〔参考〕石（2008）『現代税制改革史——終戦からバブル崩壊まで』

　多くの国々では依然として，二重課税の排除ないしは国内資本市場の活性化を目的として，配当所得にはある種の優先的な取扱いを行っている．しかし昔のように単一のモデルに向けて収斂する傾向はない．表8.1は，2008年度における10カ国での配当の負担調整をまとめたものである．10カ国中，6カ国において「古典的法人税」とその一種である「修正古典的法人税」が採用されている．完全なインピュテーション方式は1カ国，部分インピュテーションは2カ国，配当所得一部控除は1カ国となっている．配当に対する法人税と個人所得税の実効税率は，42％（スペイン）から55％（フランス）まで多様である．ほとんどの国で税金は法人レベルで課されているが，とくに日本とアメリカではその傾向が強い．

4. 資金調達と投資への影響

◇ **資金調達への中立性**　企業は投資計画と同時に必要な資金をいかに調達するかを決めている．つぎに法人税制が企業の資金調達に及ぼす影響について論じる．内部留保を除くと企業には2つの選択肢がある．借入と新株発行である．したがって，一定の課税後収益率を前提に，異なる投資計画（機械，建築，在庫）や貯蓄形態（利子，配当，キャピタル・ゲイン）において，同一の課税前収益率があげられるような税制が資金調達に対して中立的であるといえる．つぎの3つの点が広く知られている（以下，田近・油井［2000］による）．

表 8.2　資金調達別に見た限界実効税率（％，製造業）

	内部留保	新株発行	借　入	標準偏差
ニュージーランド	1.48	1.48	1.48	0.00
ノルウェー	1.06	1.06	1.06	0.00
メキシコ	0.77	1.04	1.04	0.13
イタリア	1.27	1.27	0.39	0.41
韓　国	0.61	1.59	1.59	0.46
イギリス	2.88	2.40	1.55	0.55
オーストラリア	2.02	0.81	2.11	0.59
スペイン	3.20	2.23	1.62	0.64
ドイツ	0.89	2.53	1.28	0.70
スウェーデン	2.07	2.83	0.77	0.85
スイス	0.38	3.49	1.81	1.27
アイルランド	1.52	4.12	0.69	1.46
カナダ	4.48	5.63	1.98	1.52
アメリカ	1.66	4.79	1.42	1.54
オランダ	0.46	5.33	2.46	2.00
日　本	3.30	5.50	-0.09	2.30
フランス	3.58	7.72	0.67	2.89
OECD	2.02	4.03	1.09	0.91
EU	1.95	3.24	1.01	0.91

（資料）Messere, de Kam and Heady (2003) *Tax Policy*, table8.2.
　　注）限界実効税率は，製造企業が投資家に 4 ％の課税後収益率をもたらすために，資金調達方法別に必要とされる課税前収益率を何％引き上げなければならないかを示す．資金の使途割合は機械50％，建築物28％，在庫22％．標準偏差が小さい順，順番が若い国ほど資金調達に対して「中立的」．

　第 1 に，税制は借入金を株式発行（増資）より優遇している．金融機関から借入れを行っても，支払利子は法人税計算のときに損金に算入され非課税である．一方，配当課税が「古典的法人税」（いわゆるクラシカル方式）による場合，二重課税により，家計の受取額は他の資金調達と比べて相当小さくなる．

　もっとも完全なインピュテーション方式の場合，借入れと新株発行は同額の収益を保証し，課税上の理由で企業が借入れと新株発行のどちらかを選択することはない．しかし現実には多くの国でインピュテーション方式は不完全であり，借入れが税制上有利であることは変わらない．

　第 2 に，借入れは内部留保に対しても課税上有利な資金調達方法であった．キャピタル・ゲイン税率がゼロという極端な場合，法人税率が家計の資本所得税率よりも高ければ，借入れによって企業は内部留保による場合よ

り，家計により多くの収益を配分できる（田近・油井［2000］p.39）．日本では利子所得には20％の源泉分離課税が課され，キャピタル・ゲイン課税も軽減されてきた．したがって上記の仮定があてはまり，借入れは内部留保より課税上有利な資金調達方法であった．

第3に，税制上借入れが資金調達上もっとも有利であっても，現実には負債が大きくなることにより倒産の危険性が増したり，借入額に制約が課されたりする場合が多い．その結果，借入れの枠を使いきったあと，投資の限界的な資金調達方法としては内部留保による場合が多いといわれる．投資の限界的な資金調達に関するこのような見方は，税制と企業行動に関する「New View」と呼ばれ，様々な研究がなされている．

現実の問題に目を転じよう．経済協力開発機構（OECD）は資金調達手段の選択に対する税の「歪み」を測定する尺度として，**限界実効税率**の標準偏差を用いている．ここでいう限界実効税率は，製造企業が投資家に4％の課税後収益率をもたらすために，資金調達方法別に必要とされる課税前収益率が何％高くなければならないかを示している．標準偏差が大きければ大きいほど，内部留保，借入および新株発行の課税前収益率のバラツキが大きいといえる．表8.2では標準偏差が小さい順に国が並んでいるので，若い順番の国ほど税制は資金調達に対して相対的に「中立的」と評価できる．

この表が物語ることは明白であって，日本の法人の資金調達手段の決定に対する税による「歪み」は，法人実在説的な二重課税を行っているフランスおよびアメリカと同じレベルにある．そしてより中立的な制度，すなわちインピュテーション方式のノルウェーや部分インピュテーション方式のイギリス，配当所得一部控除方式のドイツに比べて大きい．

要するに，日本における借り入れは新株発行や内部留保に比べ税制上，優遇されている．株式発行と内部留保とでは，配当に比べて内部留保の方が税制上有利である．このような税制は株式発行を通じて成熟した企業からより革新的で急速に成長している企業へと資金を再配分することを妨げているという意味で中立的ではない．

◇ **資本コストと企業投資**　つぎに投資に対する法人税の影響を考える．法人税が企業の投資決定に与える影響を理解するためのキーワードは，**資本コ**

スト (user cost of capital) という概念である．資本コストとは資本の所有に伴って企業が負担する費用である．これには他の投資で得られたであろう機会費用と，減価償却や租税などの直接的なコストの双方が含まれる．税制の変更によって資本コストを下げることができれば投資が刺激される．以下では，税制はどのように資本コストに影響を及ぼすのかを考える．

いま企業家Aがコーヒー・ショップのチェーンを経営しているとする．資金運用（預金や債券投資）したときの収益率は10％だとする（機会費用）．それ以下の収益率ではコーヒー・ショップへの新規投資は損になる．Aは「年率2％の減価償却が必要となる最新式コーヒー・メーカーに投資すべきか否か」を検討している．このメーカーはコーヒー豆を投入すればボタンひとつでコーヒーを挽き，エスプレッソからホットコーヒーまで自由に抽出できる．しかもコーヒー1杯あたりの豆の量が設定可能なので，「マイルド」「ミディアム」「ストロング」が自由に調節できるという．

この場合，コーヒー・メーカーの資本コスト C は12％になる．γ（ガンマ）を収益率，δ（デルタ）を減価償却率とすると資本コストは $(\gamma + \delta)$ と表わせる．$(\gamma + \delta)$ 以下の収益率であれば企業は投資しない．この関係は(1)式で表される．

$$C = (\gamma + \delta) \tag{1}$$

つぎに税制を考慮する．法人税率を35％，Aへ支払われる配当に対する限界税率は15％，利益はすべて配当に回るとする．1万円の利益について，法人税額は3,500円となり，残りの6,500円がAに配当される．Aが配当を受取る際，15％の税金が課税されるので税引き後配当は5,520円となる．θ（シータ）を法人税率，t を配当に課される所得税の税率とすると，1万円の法人利益がもたらす税引き後収益は $(1-\theta) \times (1-t)$ である．

> **Column-13　法人税と設備投資：日本における研究事例**
>
> 実証研究によると，税制が資本コストに及ぼす影響および資本コストの変化が投資を促進する効果はいずれも，わずかである．加藤（2007）は，政府税制調査会に提出した資料の中で，法人税率1％の引き下げが設備投資に及ぼす影響を，つぎの表のようにまとめている．
>
> これによると田近・油井（1990）では，日本はアメリカよりも資本コストは低

いが，それは価格，金利等の税制以外の要因によるところが大きいとしている．また竹中他（1986）は資本コストの変動に対して，税制要因の貢献はわずかであるとしている．

　法人税率引下げは，資本コストの低下やtax-adjusted Q（企業の株式市場での価値／資本の再取得価格）の上昇を通じて，設備投資を刺激する．しかし，そのインパクトについては推計結果には，0.12〜0.95％までのバラツキがあり，かつあまり大きくない．1971-87年を計測期間とした田近・油井（1990）では，法人税率1％の引下げによって，約0.13％の設備投資増加が刺激されるとしている．上村・前川（2000）は，90年代に推計期間を延長しているが，法人税率引下げの影響は先行研究に比べて小さいとしている．このように設備投資に対する税制の刺激効果については，ポジティブな見方は多くはない．

	計測期間	分析モデル	税率1％引下げによる設備投資増加率
本間・林・跡田・秦（1984）	1955-1981年	平均Q	0.6％
岩田・鈴木・吉田（1987）	1963-1982年	資本コスト	0.14％
竹中（1984）	1966-1980年	限界Q	0.95％
田近・油井（1990）	1971-1987年	資本コスト	0.13％
上村・前川（2000）	1970-1995年	平均Q	0.12％

〔参考〕加藤久和（2007）「企業負担と経済活性化の関係について」

◆ **法人税と減価償却**　では税制は資本コストにどのような影響を及ぼすのだろうか．この問いは「Aが法人税と所得税を支払った後も，なおかつ12％の収益を得るためには，税引き前の収益率はどのくらいでなければならないか」と言い換えることができる．資本コストをCとすると$C=21.7\%$となる〔$(1-0.35)\times(1-0.15)\times C=0.12$〕．この水準を超える収益が見込めないとAはコーヒー・メーカーに投資しない．ここまでを一般的な記号で書き直すと，資本コストはつぎの式を満たすCとなる．式(1)のCと比べると，式(2)のCがより大きいことが確認できる．資本コストは引き上げられるのである．

$$(1-\theta)\times(1-t)\times C=(\gamma+\delta)\text{ または}$$
$$C=(\gamma+\delta)/[(1-\theta)\times(1-t)] \qquad (2)$$

　法人税と所得税が資本コストをどのように引き上げるかを見た．一方，加速度償却には資本コストを下げる作用がある．いま，ψ（プサイ）を1万円の新規投資に認められた減価償却引当金とする．コーヒー・メーカーのψは，0.25

であるとする．減価償却引当金はコーヒー・メーカーの購入費用を4分の1下げるので，所与の税引き後の収益を達成するために，企業に求められる税引き前収益率も4分の1下げる．コーヒー・メーカーは，16.3%［＝21.7×（1－0.25)］の収益率をあげればよい．

このように減価償却引当金は資本コストを $(1-\psi)$ だけ下げる．同じように $k/100\%$ の投資税額控除は，資本コストを1単位あたり $(1-k)$ だけ下げる．したがって減価償却引当金と投資税額控除の両者が存在すると，資本コストは1単位あたり $(1-\psi-k)$ だけ減少する．資本コスト C には加速度償却と投資税額控除の存在を反映するために，$(1-\psi-k)$ をかけなければならない．これが式(3)である．式(2)の C と比べると，右辺の分子が小さいので式(3)の C が小さくなることが確認できる．資本コストは引き下げられるのである．

$$C=[(\gamma+\delta)\times(1-\psi-k)]/[(1-\theta)\times(1-t)] \quad (3)$$

式(3)には，法人税システムが企業の資本コストにいかに影響を与えるかが，要約されている．法人税を課すことによって，他の事情が同じであれば，資本コストは高まる．他方，減価償却引当金と投資税額控除は資本コストを引下げる．法人税制における，いかなる変更も θ，ψ，k の組合せに影響を及ぼし，そして資本コストを変化させる．このような考え方を新古典派の投資理論にしたがった法人税の効果という．

演習問題

つぎの文章の①から⑦までの（　）内に適切な解答を書きなさい．

1．ある企業の所得が100万円で全額配当として支払われるとする．株主は1人で所得税の限界税率を50%とする．本来，この株主の税引き後の受取額は①（　）万円である．しかし1万円の企業所得に税率40%の法人税が課されると税引き後の受取額は②（　）万円となり，配当の③（　）問題が起こる．

2．上の例で，企業から家計への配当支払額は税込みで④（　）である．いま家計はこの税込みの配当支払額に対する個人所得税額を算出して，配当分の法人税額⑤（　）を控除したとする．このように法人税込み支払い配当を個人株主の所得に帰属させ，算出された所得税額から配当分の法人税額を控除する方式を⑥（　）という．この方式によって配当のネットの負担は法人税がない場合と同様に⑦（　）となる．

文献案内

法人税をめぐる租税政策については Messere, de Kam and Heady（2003）Ch. 8 がわかりやすい．資金調達と投資への影響について田近・油井（2000），Rosen（2005）Ch.17，Boadway and Kitchen（1999）Ch. 4 が詳しい．キャッシュ・フロー法人税については宮島（1986），佐藤・伊東（1988），田近・油井（2000）6 章がわかりやすい．現在までの法人税制度改革については石（2008）が必読文献．法人税に関するデータは，国税庁の統計情報：http://www.nta.go.jp/kohyo/tokei/kokuzeicho/tokei.htm 及び OECD Tax Database: http://www.oecd.org/document/60/0,3343, en_2649_34533_1942460_1_1_1_1,00. html

第 **9** 章

消費税及び相続税

　租税を課税ベースに着目して分類すると，所得課税と消費課税に分けることができる．個人所得税と法人税は前者の代表的なものであった．後者の消費課税には2つのタイプがある．そのひとつは，納税者の負担能力を考慮しない間接税タイプの消費課税である．すなわち事業者が納税義務者となって，税負担が消費者に転嫁されることを予定するものがそれである．典型的なものをあげると，消費型の付加価値税がそれに該当する．いまひとつは，消費者自身が納税義務者になる直接税タイプの消費税である．これは支出税とも呼ばれるが実在するものではない．

　人々は一生涯のうちに所得を消費しつくすと考えると，所得税と消費税の生涯を通じた課税ベースは同じとなる．しかし所得の一部は消費されずに貯蓄され，贈与や相続といったかたちで子孫に移転されていく．資産の移転や保有に着目して課税する資産課税が必要とされるゆえんである．本章では，間接税タイプの消費課税と直接税タイプの消費課税を考察する．その後，相続税を中心とする資産課税について論じる．

1. 付加価値税の展開

◆ **間接消費税の体系**　消費を課税ベースにした間接税を理解するには，その体系を頭に描くことが大切である．図9.1は間接消費税の分類を示している．アルコール，タバコ，自動車保有・取得というように，課税物件が特定の財貨・サービスの消費に限定されているのが個別消費税である．一般消費

図 9.1　間接消費税の分類

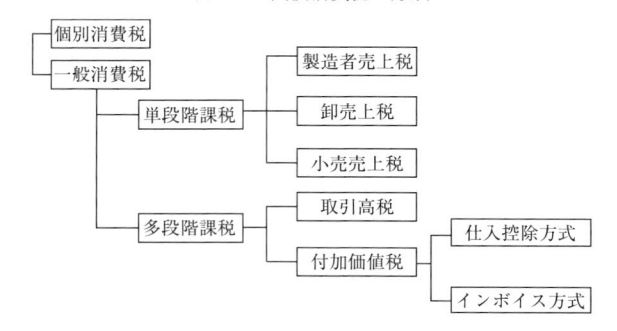

```
　　　　┬個別消費税
　　　　└一般消費税┬単段階課税┬製造者売上税
　　　　　　　　　　│　　　　　├卸売上税
　　　　　　　　　　│　　　　　└小売売上税
　　　　　　　　　　└多段階課税┬取引高税
　　　　　　　　　　　　　　　　└付加価値税┬仕入控除方式
　　　　　　　　　　　　　　　　　　　　　　└インボイス方式
```

税とは，財・サービスに幅広く課税する税である．一般消費税は，単段階課税と多段階課税から成り立つ．生産・流通プロセスの中のある特定の過程で課税されるものを単段階課税と呼び，製造－卸売－小売の連鎖のすべての段階で課税されるものを多段階課税という．

多段階の一般消費税は更に，事業者が仕入にかかる税を控除できない取引高税と，仕入にかかる税を控除できる付加価値税に区別される．また単段階の一般消費税は，課税されるタイミングに着目すると製造者売上税，卸売売上税および小売売上税の3つに分類される．経済協力開発機構（OECD）の作成する歳入統計では，消費課税は「財およびサービスに対する租税」という項目に分類されている．その約95%は「消費課税」からなっており，残りが「関税」である．

過去半世紀の最も大きな変化は，「財およびサービスに対する租税」における「一般消費税」の構成比の増大である．「一般消費税」（付加価値税と小売売上税）の構成比は1965年には31.1%であったが，2000年には58.2%に成長した．他のほとんどの消費課税の構成比は下落したが，なかでも個別消費税と関税の落込みが著しい．

◇ **付加価値税の普及**　　個別消費税（関税と並んで）は最も古い租税であるが，付加価値税は最新の租税である．数百年間の長きにわたって，塩税，製粉税，酒税，タバコ税といった個別消費税は国家のもっとも重要な収入源であった．それが税収の「王座」の地位を所得税や社会保険拠出や付加価値税に明け渡したのは，たかだか半世紀前のことにすぎない．個別消費税の地位

が低下したのは何故だろうか.

　第1に,個別消費税の課税標準は価格ではなく(従価税),たばこの本数,酒類のアルコール濃度,ガソリンの重量等だった.このような税を従量税という.第2次大戦直後の猛烈なインフレーションの洗礼を受けて,従量税としての個別消費税の地位が低下したのは当然だった.第2に,輸入関税もまた欧州連合(EU)の成立や関税及び貿易に関する一般協定(GATT)といった経済統合がすすむにつれて,交易の障害となるという理由により,引き下げられていった.第3に,個別消費税の課税客体そのものが,消費者の嗜好が変化するのに伴って劇的に変化した.例えば,1960年代頃まではたばこや酒はもっとも重要な課税客体であったが,現在では自動車関連の個別消費税の比重が高い.

　個別消費税の地位が低下する一方,一般消費税についてはその内訳が変化した.一般消費税が最初に導入されたのは第1次大戦中のフランスとドイツであった.その直後にイタリア,ベルギー,オーストリアでも採用された.これらは**取引高税**(turnover tax)と呼ばれている.つまり,生産・流通・小売の全段階で税込みの価格につぎつぎに課税する仕組みである.このため税負担が累積し,これを回避するための企業の垂直的統合を促すという弊害が生じた.

　こうした税の累積を回避するために,課税のタイミングを製造,卸売または小売のいずれかひとつの段階に限定することが試みられるようになる.1930年代から1965年にかけて各国で単段階の一般消費税が導入された.すなわち製造段階(カナダ),卸売段階(オーストラリア)そして小売段階(アメリカ)において,一般消費税を賦課する国々が登場する.

　しかし,1960年代末までは付加価値税はマイナーな存在であった.付加価値税が「時代の寵児」として脚光をあびるきっかけとなったのは,つぎの2つの事情であった.第1は取引高税のもつ弊害が顕著になったことである.ローマ条約に署名したベルギーをはじめとする6カ国はすべて,取引高税を有していた.この課税システムを保持することは便利であったが,他方では,取引高税に固有の税負担の累積は深刻な問題であった.前段階税額控除方式の付加価値税を導入すれば問題は解決するので,60年代後半から70年代にかけて,これらの国は付加価値税を導入した.

第 2 の理由は，北欧諸国において付加価値税が卸売上税や小売売上税よりも高い税収調達能力をもっていると評価されていたことである．これらの国々は社会保障への支出を増やすと同時に，60年代後半に発生した個人所得税の負担増を軽減するために相次いで付加価値税を導入した（Messere, de Kam and Heady［2003］）．

　EU への加入条件となった付加価値税導入は，イギリス，アイルランド，オーストリア，ギリシャ，ポルトガル，スペインにも普及した．1990年代には，多くの失敗をつみ重ねたのちにカナダ，日本，スイスにおいて，2000年にはオーストラリアでも付加価値税が導入された．経済協力開発機構（OECD）に加盟する国々の中で付加価値税を導入していないのはアメリカだけである．

◆ **前段階税額控除方式**　1960年代以後にわかに脚光を浴びるようになった付加価値税は，元来，単純な取引高税のもつ税負担の累積という欠陥をとり除こうという試みのひとつだった．ではこの税はどのようなものなのだろうか．付加価値税の課税客体は付加価値ではなく，消費である．消費型付加価値税は最終消費を課税標準とし，それに対する税額を中間取引の段階から徴収しながら，最終的な税負担を前転の仕組みを通じて最終消費者に求める．

　消費を課税客体とするのに「付加価値」税という名前がついているのは，中間取引の各段階における税額は売上にかかる税から仕入にかかる税を控除して計算され，その差額を税務当局に納付する仕組みだからである．すなわち納税額＝売上×税率－仕入×税率というように計算される（Column-14を参照せよ）．この右辺を整理すると納税額＝税率×（売上－仕入）である．売上－仕入は，経済活動によって新たにつけ加えられた「付加価値」に他ならない．

　中間取引の各段階における税額を売上にかかる税から仕入にかかる税を控除して計算する方式を，前段階税額控除法（tax credit method）と呼ぶ．前段階税額控除法では前後の取引に着目するので，売上と仕入を証明する**インボイス**という文書が付加価値税の執行にとって極めて重要になる．これはインボイス方式の前段階税額控除法と呼ばれる．物品やサービスの購入者は消費税支払いの際に仕入れに含まれている税額を控除できるが，インボイスが

ある場合に限って認められる．このために①後段階への転嫁が容易になる，②売り上げをごまかせなくなる，③免税業者になるインセンティブを失うなどの効果が発生する．

もっともインボイス方式の前段階税額控除以外にも，執行の方法がないわけではない．会社の帳簿上で売上から仕入を差し引いて付加価値を計算したのちに，税率を適用するものがそれである．これは日本で用いられており仕入控除方式あるいは帳簿方式という．帳簿方式による税額とインボイス方式による税額は理論的には同じである．

しかし，帳簿方式には①複数税率が適用された場合に納付税額を正確に把握できない，②益税などの脱税が起こりやすい，といった問題がある．前段階税額控除方式における前段階税額とは「インボイス」に明記された税額をいうので，税率が異なっても控除は可能である．けれども帳簿方式だと納税額＝税率×（売上－仕入）と計算されるため，売上と仕入にかかる税率が異なる複数税率が採用されると税額計算ができなくなる．

● Column-14 ● 付加価値税の計算例

前段階税額控除の具体例として，書籍の生産・流通ルートを取り上げる．表9.1の第1欄には各段階の生産者の仕入額が，第2欄には売上高がしめされている．例えば出版社は製紙会社に紙代800円を支払い，作成した本を1,800円で卸売業者へ販売している．この段階での付加価値は売上げと仕入の差額1,000円である．卸売業者は1,800円で本を仕入れて，書店に2,000円で卸したので付加価値は200円である．第3欄には各段階で発生した付加価値が，第4欄には付加価値に税率を乗じた金額が記載されている．

表9.1 書籍の生産・流通と付加価値税（税率5％，単位：円）

	仕入	売上	付加価値	5％の付加価値税
製 紙 会 社	0	800	800	40
出 版 社	800	1,800	1,000	50
卸 売 業 者	1,800	2,000	200	10
書 店	2,000	2,500	500	25
合 計	4,600	7,100	2,500	125

では実際どのように付加価値税は徴収されるのであろうか．製紙会社が取引の起点になるものと仮定する．次の出版社，卸売業者，書店の段階では売上にかかる税額から仕入にかかる税額を控除して納税する．例えば出版社は1,800×0.05

1．付加価値税の展開 | 185

−800×0.05＝50円を課税当局に納付する．これに対して消費者は，買い入れた商品を転売するわけではないから書店で課せられた税額125円を最終的に負担することになる．

　次の3点を確認しよう．①各事業者が納めた税の合計は付加価値（2,500円）の5％に等しい．②各段階の業者は納税義務を負うが，販売価格に転嫁されるので税負担はゼロである．③消費者の納税額は各段階の納税額の合計に等しいが，転嫁できないので税を全額負担する．このように付加価値税は小売売上税を事前に分割納付しているようにも見える．しかし小売売上税は最終消費の段階だけにかけられるため，税の執行をチェックするのがむずかしい．また小売売上税では中間投入財にも課税されやすく，国境税調整もない．

◆ **日本の消費税**　日本では第1次石油危機の後，大平内閣が付加価値税を提案した．これは「一般消費税」という名称であったが成立しなかった．中曽根内閣のときにも「売上税」として提案されたがこれも成立せず，竹下内閣にいたってようやく「消費税」という名称で1989年に国会を通過した．現在の消費税は竹下税制改革によって導入されたものである．

　日本の消費税にはいくつかの特徴がある．第1に日本では事業者の事務負担軽減のために，ヨーロッパ諸国が採用するインボイス方式ではなく帳簿方式で前段階仕入税額控除を行っていた．もっとも1997年に，帳簿および請求書等双方の保存を要件として税額控除を認める請求書等保存方式が実施された．些細な改正のようにみえるが帳簿方式からインボイス方式への歩み寄りといえる．インボイス方式を本格的に導入すれば益税の解消につながるし，複数税率の適用も可能になるだろう．

　第2に，年間の課税売上高が3,000万円以下の事業者については，納税義務が免除された（課税売上高3,000万円以下の事業者は，1992年度の全事業者の62.1％に当る）．この非課税水準は欧州諸国と比べあまりに高すぎるので，2003年の税制改正では，1,000万円に引き下げられた．しかし，免税業者とおぼしき小売店が消費税を徴収することもありうる．免税業者が消費税分として仕入れ価格の上昇分を上回る価格の引上げを行ったとすれば，その差額が**益税**になる．

　第3に，年間の課税売上高が4億円以下の事業者は，簡易課税制度を利用することが認められた．この制度は中小事業者の納税事務負担を軽減すると

いう目的のため，仕入高をこまかく計算させる代りに，売上高にかかわる消費税額の一定割合（みなし仕入率という）を乗じたものを控除して納税額を決定するという制度である．

けれども，みなしで仕入率を計算すると仕入れ帳簿などで実際に計算した税額よりも，多くの場合少なくなるので益税が生じる．この問題を防止するため，1994年の改正で簡易課税制度を選択できる課税売上高の限度は4億円から2億円に引下げられ，みなし仕入率の区分も5段階ときめ細かくなった（卸売業は90％，小売業は80％，製造業等は70％，その他は60％，サービス業は50％）．さらに2003年度税制改正で適用上限は5,000万円にまで引き下げられた．

第4に，消費税の税率は8％で単一税率となっている．なお5％から8％に税率が引き上げられた際に，8％のうち1.7％分は地方消費税として配分されることになった．国の消費税6.3％分のうち地方交付税の原資に組み入れられる分を考慮すると消費税の国と地方の実質的配分は61.2：38.8となる．EUでは欧州理事会が標準税率を15％以上にすべきとの指令を出していることもあり，概ね20％のレベルを超えている．日本の税率8％は国際的には低い．

第5に，予算総則において消費税を基礎年金・高齢者医療・介護に当てることが明記されており，**福祉目的化**が図られている．とくに基礎年金の国庫負担割合の引上げのための財源として，消費税が有力な候補とされることが多い．社会保障給付の財源として消費税を特別会計に計上し，「福祉目的税」にすべしとの主張もある．しかし福祉目的税化には議論すべき論点が多々あり，話は単純ではない．

◇ **外国貿易と仕向地原則**　付加価値税には他の税には見られない優れた特徴がある．ここでは外国貿易の取り扱い，投資財控除，小売段階の税率の重要性の3点について説明を加える．

第1に，間接消費税の中で付加価値税が理論的にもっともすぐれていると評価されているが，その理由のひとつとして，消費者選択における中立性が挙げられよう．付加価値税は，本来，国内における最終消費を対象とする税である．したがって外国で消費されるものには輸出時にゼロ税率が適用され

て，税は免除される．仕入にかかる国内の付加価値税も輸出業者に全額還付される．一方，輸入された商品は国内消費されるので，通関時に国内と同一税率の付加価値税がかけられる（輸入平衡税という）．このように最終消費地に税が帰属する仕組みを**仕向地原則**（destination principle）という．例えばヨーロッパに旅行して街で買い物をすると，店では付加価値税込みの価格を支払うが還付申請書をもらう．EUから出国する際，空港にある税関で商品と還付申請書を見せて申告すると付加価値税を還付してもらえる．

このように仕向地原則とは，輸出に関しては免税（ゼロ税率）にし，輸入に関しては輸入国の税率で課税するという取り決めなので，消費者の選択に税制が歪みを与えることがない．例えば価格の同じパソコンであれば，外国から輸入しようが国内で生産されようが税込み価格は等しくなるのである．

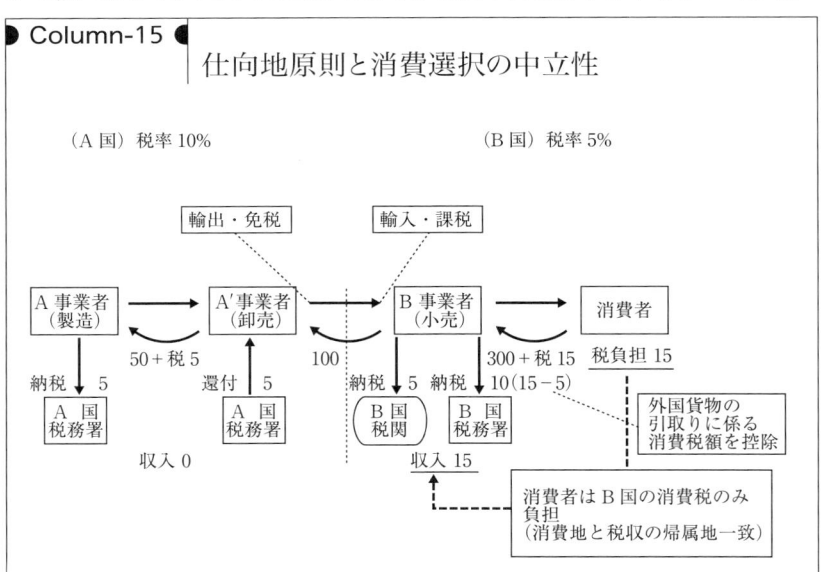

Column-15 仕向地原則と消費選択の中立性

（A国）税率10%　　　　　　　　　　（B国）税率5%

```
         輸出・免税      輸入・課税
A事業者  →  A'事業者  │  B事業者   →  消費者
（製造） ←  （卸売）  │  （小売）  ←
         50+税5      100      300+税15    税負担 15
納税 ↓5   還付 ↑5        納税↓5  納税↓10(15-5)
A国       A国              B国     B国            外国貨物の
税務署    税務署            税関    税務署          引取りに係る
                                                 消費税額を控除
         収入 0          収入 15
                                    消費者はB国の消費税のみ
                                    負担
                                    （消費地と税収の帰属地一致）
```

仕向地原則がどのように適用されるかを説明する．A国からB国へ商品が輸出される場合を考える．A国の卸売業者A′は製造業者Aから価格50の商品を購入する．これをB国に輸出すると，輸出は免税になり，仕入税額5を還付される．税抜き価格100で輸出された商品は，税関においてB国の税率が適用され，いったん5が納付される．つぎに輸入元のB事業者は消費者に300で商品を販売するので，納付額は10（300×5%−5）となる．消費者の負担額（300×5%）とB国に納付された税額は15（5+10）で等しくなり，かつ税収は消費国であ

> るB国に帰属している．A国から輸入されようとB国内で生産されようと，消費者にとって同じ商品の税込価格は等しい．これは消費選択における中立性が確保されていることを意味する．

　これに対して商品の生産された国が付加価値税の課税権をもつ仕組みを**原産地原則**（origin principle）という．原産地原則では商品は税付きで輸出され，輸入時点では課税されない．そのメリットは税関での国境税調整が不要となり，税の執行が簡単なことである．しかし国内市場にある同一商品の税込み価格は生産国によって違ってくるので，消費者の選択や企業の立地に歪みが生じるというデメリットがある．経済活動により中立的な税制を構築することが目的ならば，原産地原則ではなく仕向地原則にもとづくべきであろう．

　この点は，現在のEU諸国における付加価値税を理解する鍵となる．1993年にEUにおいて国境が廃止された際，EU第6次指令第281条で，仕向地原則から原産地原則への転換が目指された．しかし，クリアリングハウスを導入し原産地原則に転換するということは，税率がEU域内で完全に収斂することが絶対的条件となるため，この目標は事実上，放棄されている．それに代わって現在，EU域内取引（「輸出」，「輸入」は「納品」，「取得」と呼ばれるようになった）には仕向地原則が適用されている．

　第2に，課税ベースを基準にすると付加価値税にはいくつかのタイプがあるが，消費型付加価値税がもっとも優れている．この点を理解するためのキー・ワードは投資財控除である．生産に使用される資本（ストック）は，その過程で減耗する．付加価値が生みだされたといっても，その裏で資本ストックが磨り減っているわけだから，それを差し引いた国内純生産（国内純生産＝消費＋粗投資－減価償却＝賃金＋純利潤）を考えるのが自然であろう．

　しかし通常，付加価値税では投資財（工場の拡張や最新式の機械設備の取得など）の購入は即時に全額，課税ベースから控除される．つまり投資財はその他の原材料とまったく同じように扱われる．このように減価償却分だけでなく全額即時控除される方式は，**消費型付加価値税**（国内総生産－粗投資＝賃金＋純利潤＋減価償却－粗投資＝消費）と呼ばれる．

　消費型付加価値税がもっとも優れているとされるのは，投資財価格の控除が認められるために減価償却を必要としないためである．つまり経済的な耐

用年数または償却率の決定，償却ベースのインフレ調整などの煩雑な税務執行問題が生じないというメリットがある．

この性質は，付加価値税と小売売上税の違いを理解するうえで大切である．近年，州小売売上税から付加価値税へ移行し，その比較分析がすすんでいるカナダ東部3州での研究成果から，地方税としての付加価値税が改めて高く評価され，小売売上税よりも付加価値税が地方税として優れているという結論が得られている．その理由のひとつとして，付加価値税では投資額が控除できることから，東部3州においては地域投資への効果が大きく，付加価値税の投資誘因効果によって地域経済の成長に対するプラスの誘因が指摘されている．

第3に，付加価値税では中間取引段階において軽減税率やゼロ税率を適用しても，前段階税額控除のメカニズムがそのまま機能する（免税では仕入税額控除が否認される）．このため付加価値税には小売段階の税率のみが納付税額を決定するという特徴が生まれる．いいかえると付加価値税では最終の小売の前，すなわち中間取引段階に軽減税率（ゼロ税率はその一種）が適用されていても，納付税額合計は変らない．

なぜならば，中間取引段階に適用された割増税率はたしかにその段階の売上高税額と納付税額を増加させる．しかし，その増加分は標準税率が適用される次の取引段階で，控除される仕入税額の増加により完全に相殺されてしまう．したがって軽減税率やゼロ税率の効果を実質的に発揮させるためには，最終の小売段階にそれらを適用しなければならない．イギリスが生活必需品にゼロ税率を適用しているのは，このためである．

◆ **負担構造と複数税率**　つぎに付加価値税の問題点について論じる．所得階層が上がるほど消費性向が低下するため，一般に消費課税の所得階層別の負担構造は逆進的となる．もっとも，消費支出を基準とすれば比例的な負担になるという意見もある．1年間のような短期ではなく，生涯のような長期における人々の所得に注目して生涯所得＝生涯消費という理解に立てば，所得基準でも消費基準でも付加価値税の負担構造は比例的になる．

しかし貯蓄が生涯のうちにすべて消費にあてられるという想定は，贈与や遺産の存在を考えれば妥当性に欠ける．したがって生涯でも消費課税の所得

を基準とした負担構造はやはり逆進的になると理解すべきである（宮島編［2003］）．事実，『家計調査報告』のデータを用いた図6.4によると，付加価値税は可処分所得に対してやや逆進的である．

付加価値税の逆進的負担を短期的に緩和する方策にはいくつかある．その中で有力な選択肢として考えられているのが複数税率である．複数税率のメリットは食糧や医薬品など，低所得層の消費が相対的に大きな割合を占める生活必需品に軽減税率を適用することによって，これらの家計に対する税負担を軽減できることである．生活必需品にゼロ税率を適用している国もある．非課税取引と違って軽減税率では前段階税額控除メカニズムが完全に機能するため，確実に軽減税率の効果が現れるのが利点である．

複数税率に批判的な論者は，つぎのような論拠をあげる．第1に複数税率の税率区分に属する財・サービスを明確に分類することがむずかしく，事業者の事務負担が増加する．例えばファースト・フード店の店内でハンバーガーを食べれば「外食」として標準税率を適用するが，持ち帰れば「食料」として軽減税率をかけた国があった．消費者が「持ち帰り」のふりをするのは自然だろう．結局，その国は複数税率を廃止して，現在では標準税率を適用している．

第2に軽減税率（ゼロ税率），免税といっても間接税である以上，付加価値税は納税者の担税力を考慮できない．複数税率の恩恵が高所得の個人や家族の税負担にも及ぶことを避けることはできない．例えば，フォアグラやトリュフといった高級食材に対しても，それが「食料品」であるという理由で軽減税率を適用することの妥当性が問われるのである．

第3は還付事務増加の懸念である．ゼロ税率や軽減税率が存在しなければ，事業者が国に還付申請を行うのは非常に稀である（輸出に係わる還付を除く）．しかし売上が軽減税率の対象となる財・サービスであり，仕入が標準税率の適用される財・サービスであるような事業者（農林水産業等）には，還付申請が恒常的に発生する．それに伴う事務負担は無視しえない．一般的にいうと売上の仕入に対する比率が，標準税率の軽減税率に対する比率よりも小さい場合に還付が発生する．例えば軽減税率4％，標準税率8％とした場合，軽減税率の課税売上2,000万円，標準税率の課税仕入1,500万円では80万円－120万円＝－40万円となり40万円の還付が発生する．

では複数税率以外に，付加価値税の逆進性を緩和する方法はあるのだろうか．ひとつの選択肢は，付加価値税以外の税目（例えば所得税，相続税等）の累進性を高めることである．いまひとつは，カナダで実施されているような所得税に対する**還付型税額控除**（refundable tax credit）である．これは一定の所得階層以下の人について，年額として一定額を付加価値税の支払額とみなして所得税に対する税額控除を認めるものである（リファンダブルというのは，算出税額を超えて税額控除を認め，超過分は政府が払い戻すという意味である）．これには低所得者層に限定して逆進性対策を行うことができるメリットがある．更に，北欧諸国やニュージーランドで実施されているように，租税制度の枠外において低所得層に手厚く移転支出を給付することも挙げられる．いずれにせよ複数税率の採用にあたっては，そのコストを考慮に入れつつ，他の手法のメリットも睨みながら慎重に検討するべきである．

● Column-16 ● 付加価値税のパフォーマンス

　ひとくちに消費型付加価値税（以下，消費税）といっても税率構造や非課税水準などは国によって異なる．この違いは税収にどのような影響を与えるのだろうか．理論的にいうと，潜在的な最終消費に単一税率を適用した租税債務が税務当局により実際に徴収されるとき，消費税は「効率的」といえる．この意味での効率性を測る尺度として経済開発協力機構（OECD）は2008年版の『消費税の傾向』において，消費税収入比率（VRR, VAT Revenue Ratio）を公表した（VRRは消費税効率化係数の改良版）．

　この指標は次の式で定義される．消費税収入比率＝（消費税）／（［最終消費－消費税］×標準税率）．消費税は付加価値ではなく国内消費を課税客体とする税なので，この指標はGDPを分母とする通常の指標より優れている．なお分母で消費税が控除されているのは，国民経済計算体系上の「最終消費」は税込みの市場価格がベースとなっているからである．VRRは実際の消費税収の潜在的な消費税収入に対する比率となっており，この値が1に近いほど純粋な消費税とされる．

　VRRには若干の限界が指摘されていて，国際比較には注意が必要である（OECD［2005］pp.67-68）．しかし，ある国の時系列的な推移を見るには役に立つ．大半の国でVRRは0.65以下であることから，潜在的税収の3分の1から2分の1は課税から漏れていることがわかる．意外なことにVRRの水準と標準税率との関係は弱い．例えばルクセンブルクとメキシコでは標準税率は同じであ

るが，VRR はそれぞれ0.81と0.33である．日本の消費税は単一税率であるため VRR は0.72と相対的に高い．これは所与の税収を得るために必要となる税率の引上げ幅が，相対的に小さいことを意味している．

国 名	標準税率(%)	軽減税率	ゼロ税率	地域特例税率	消費税収入比率（VRR）	
					1996年	2005年
フランス	22.0	2.1/5.5	無	0.2/2.1/8.0/13.0	0.51	0.51
ドイツ	16.0	7.0	無	—	0.60	0.54
日本	5.0	—	無	—	0.72	0.72
スウェーデン	25.0	6.0/12.0	有	—	0.50	0.55
イギリス	17.5	5.0	有	—	0.50	0.49
ルクセンブルク	15.0	3.0/6.0/12.0	無	—	0.57	0.81
メキシコ	15.0	—	有	10.0	0.26	0.33
平均（31カ国）	17.7				0.54	0.58

（資料）OECD（2008）*Consumption Tax Trends*, pp.66-70.

2. 消費課税のバリアント

◆ **フラット税**　付加価値税の納税義務者は事業者である．だが転嫁を通じて最終消費者が税を負担する．私たちは，このような租税を間接税ということを学んだ．しかし間接税タイプだけではなく直接税タイプの消費課税がある．これは実在しないけれども，付加価値税の本質や所得税の問題点を理解するには不可欠なので，以下において簡単に見ておく．

その一つは，スタンフォード大学のロバート・ホール（Robert Hall）とアルビン・ラブシュカ（Alvin Rabuschka）の提唱したフラット税である．H-R フラット税がなぜ興味深いかというと，それが法人課税と個人課税の２つの密接に関連した部分から成り立っているものの，課税ベースが付加価値税（小売売上税）と事実上，同じだからである．法人課税の課税標準は消費型付加価値税と同じように計算することから始まる．すなわち売上－仕入である．両者の違いは，H-R フラット税では，企業はここから賃金報酬も控除することができる点である．すなわち法人税は賃金報酬を控除した後の付加価値に比例税率を乗じて税額を計算する．

一方，個人課税の課税ベースは労働サービスの対価として受取った賃金報酬である．利子，配当，キャピタル・ゲインといった資産所得は個人所得税の課税ベースには含まれない．税率は自由に選択でき，課税最低限の設定も

任意である．

このような H-R フラット税が，消費型付加価値税と同じだといわれるのは何故だろうか．いま税率が X% の消費型付加価値税を考える．付加価値税では課税ベースは売上－仕入であり，納税義務を負う企業は賃金を控除できない．賃金報酬には事実上 X% の付加価値税がかかる．

つぎに税率が X% の H-R フラット税を考える．H-R フラット税では賃金報酬は企業レベルからは控除される．しかし控除された賃金報酬は個人レベルでは課税されるので，結果的には H-R フラット税の税額は付加価値税の税額に等しい．唯一の違いは課税のタイミングが変わることである．もっとも H-R フラット税でも，所得控除を認めれば負担構造は累進的になる．この点を除けば，H-R フラット税は付加価値税もしくは小売売上税と本質的に同じだ，ということができるのである（Rosen [2005]）．H-R フラット税はアメリカの大統領選挙においてしばしば争点になることがある．間接税タイプの付加価値税が唯一導入されていない国という背景から，アメリカの苦心が伺われる提案といえよう．

◆ **キャッシュ・フロー支出税**　　直接税タイプの消費税は，法人と家計の両者が負担するフラット税だけではない．つぎに家計が主として負担するキャッシュ・フロー法による支出税（expenditure tax）を論じる．支出税において家計は 1 年間の消費支出を申告する．その際，個人所得税と同じように個人の担税力を反映するため，様々な控除や非課税が認められる．個々人の納税額は税率表をこの課税標準に適用して計算される．このように支出税は付加価値税のような「間接税」ではなく「直接税」であって，個人所得税に代替するものとして提案されてきた経緯がある．

では納税者はどのようにして年間の消費支出を計算するのであろう．支出税では「消費」は領収書の保存ではなくキャッシュ・フロー法と呼ばれる方法で測定される．具体的には，現金受取（貯蓄引出や借入）と貯蓄（金融機関への預金や資産の購入）の差額を計算する．そして貯蓄の記録を残すために，金融機関に登録勘定が設定される．これらの機関によって貯蓄と認定された資金は非課税となり，引き出されて使用された時点で課税される．つまり「貯蓄された所得は，消費時点まで課税を延期する」というのが支出税の基

本的なポイントなのである．

　これらの取引を記録する責任は金融機関が負うので，納税者の事務手続きの負担が大きくなることはない（登録勘定という）．例えばキャピタル・ゲインや利子は登録勘定に保留されているかぎり課税されない．住宅購入は資産の購入とみなされる．住宅購入のために借入れや貯蓄引出しがなされても資産購入と相殺されるので，課税ベースの急激な膨張は起こらない．通常の家計にとって住宅購入代金は金額的にかなり大きいので，この点は重要である．

◆ **支出税の根拠と批判**　支出税に対する意見は多様である．支出税に賛成する人は，その根拠として納税者は社会の拡大再生産に寄与する源泉（所得）にではなく，生産物の社会的プールから汲み出したもの（消費）に応じて課税されるべきだと主張する．消費課税についての根拠はトーマス・ホッブスの議論にまで遡ることができる．約350年前にホッブスは，『レヴァイアサン』の中でつぎのように述べている．「勤勉に働き，労働の果実を節約し，ほとんど消費しない者が，怠惰な生活を送り，稼得も少なく，浪費癖のある者よりもより多く負担すべきだ，という議論にいかなる根拠があるというのだろうか」と．

　また支出税に賛成する人は貯蓄に対する中立性の重要性を主張する．貯蓄から発生する資本所得への課税によって，所得税は将来の消費に対して現在の消費に対する税率よりも高い税率で課税する．所得に対する課税は利子，配当，キャピタル・ゲインなどの資本所得に課税するので，**貯蓄の二重課税問題**が生じるからである．しかし，消費課税は貯蓄の二重課税が発生しない．消費のライフサイクル仮説と遺産・贈与のない場合を想定すれば，勤労期の貯蓄は退職後に元利合計のすべてが消費に充てられることになる．生涯の所得が等しい人々の生涯の税負担は，貯蓄行動に左右されずに等しくなるのである．

　更に支出税は個人を対象とする直接税なので，課税最低限や累進課税が可能であり，垂直的公平も達成できると賛成論者は主張する．このように一見すると，支出税は素朴な倫理観に適合し，かつ貯蓄率を引き上げて，所得再分配も可能であるように見える．事実，1975-85年にはこれらの理由によ

り，所得税を直接税タイプの消費税である支出税によって代替すべきであるという考え方が強くなった．支出税はイギリスの経済学者カルドア（Nicolas Kaldor, 1908-1986）の提案によって1950年代にインドとスリランカで実施され，数年で廃止された．その失敗から実施困難との烙印が押されることになった．しかし，1970年代になると個人課税としての消費ベース課税の再評価と実施提案が相次ぐことになる．その代表はスウェーデンのロディン報告，イギリスのミード報告，アメリカ財務省のブループリントであった．

しかし，支出税を実行しようとすると税務行政上の問題点が生じる．支出税の所得税に対する優位論には多くの注釈をつけくわえる必要がある（宮島［1990］；石［2008］）．第1に支出税では他の取引と相殺して課税ベースを求める必要があるため源泉徴収が不可能となる．よって全面的に申告納税に依存せざるを得ないため，貯蓄・資産の購入，引出などについてあらゆる情報を補捉する必要がある．

第2に貯蓄に消費時点までの課税延期を認め，さらに遺産・贈与の形で最終的な租税回避を許すとすれば支出税の公平性は実質的に確保できない．包括的所得税以上にストックとしての資産課税が補完措置として不可避になる．第3に控除されるべき貯蓄の定義が明確ではないと指摘されている．住宅購入が消費なのか貯蓄なのかが明確ではない．住宅購入が「貯蓄」であれば購入時に控除して，帰属所得を毎期ごとに課税ベースに算入することになる．しかし住宅購入が「消費」であれば購入時に一括して課税ベースに算入するのが整合的である．

このように支出税には税務執行上の難点がある．事実，多くの国々は支出税による所得税の代替ではなく，所得税のそれ自体の改革を選択した（Messere et al.［2003］pp.67-69）．支払い能力を考慮して十分な歳入を調達するためには，支出税による代替よりも所得税の改革を選択するのが賢明といえよう．

3. 資産移転税の意義

◆ **資産課税の体系**　私たちは消費課税として付加価値税と支出税を考察し

図 9.2　資産課税の分類

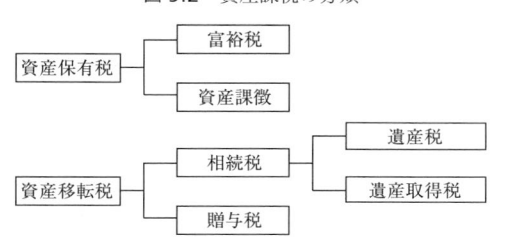

```
資産保有税 ─┬─ 富裕税
            └─ 資産課徴

資産移転税 ─┬─ 相続税 ─┬─ 遺産税
            │          └─ 遺産取得税
            └─ 贈与税
```

た．ところで消費や所得は経済学の用語ではフロー変数と呼ばれ，ある期間概念と結びついている．例えば所得はそれがある期間とむすびつく場合にのみ意味がある．所得が500万円だといっても，それが1週間なのか1ヶ月なのか1年間なのかがわからなければ意味がない．一方，ストック変数は期間には関係ない．それはある時点における量であり，ある1単位の期間の変化ではない．例えば土地や銀行預金などの富はストックである．それは個人が蓄積した資産の所与の時点における価値である．

図9.2に見られるように資産や富を課税物件とする租税は，資産保有税（tax on wealth stock）と資産移転税（tax on wealth transfer）との2つの系統から成り立っている．**資産保有税**は更に経常的な富裕税と一回限りの臨時税としての資産課徴とに分類される．

資産移転税は死後の資産移転に課税される相続税と，生前の資産移転に課税される贈与税とに分類される．いずれも一個人から別の個人に対して資産が移転する時に，その移転資産が課税客体となる．前者の相続税は，被相続人（故人）の財産を課税物件とし，遺言執行人を納税義務者とする遺産課税と，相続人が取得した遺産額を課税物件とし，相続人を納税義務者とする遺産取得課税の2種類に分かれる．

この節では主に資産移転税を論じる．国税としての資産保有税は議論されたものの結局実現されず（資本課徴は，第一次大戦後のイギリスで戦時国債の償還方法として議論された），あるものはグローバル化に伴う資本移動の活発化に伴い，廃止された（日本でも，シャウプ勧告にもとづいて1950年から3年間，富裕税が実施され，廃止された）．経常的な保有税としての固定資産税については第12章で検討する．

◆ 富の過度の集中抑制　　相続税は死への課税といわれることがある．しかし相続税は死者への課税ではなく，それに伴う資産移転への課税である．資産移転を課税物件とする税がなぜ必要になるのかを論じる．資産課税には所得や消費では捉えきれない，負担能力に着目して課税するという役割がある．Ａさんには所得はないが，相続により親から譲られた銀行預金と土地を保有しているとする．Ａさんへの課税は所得税だけで十分だろうか．答えは「否」である．銀行預金や土地はそれ自体，効用を生み出し経済力の差を生み出す．所得や消費だけでは捉えきれない担税力を捕捉するのが資産課税の役割のひとつである．もっとも富裕な人々の資産には，それまでに受けてきた高等教育や習得した専門技術といった人的資本もある．この人的資本の「価値」を金銭的に評価することはむずかしい．

　資産移転税の第２の根拠として富の過度の集中を抑制するという役割がある．一般にストックとしての金融資産の分布は所得に比べてより不平等である．例えば，日本では負債額に大きな違いのない世帯主60歳以上の世帯の保有金融資産のジニ係数は約60％台であり，これは所得のジニ係数である40％台よりもはるかに高い．マイクロソフト社のビル・ゲイツの父親は，「民主主義を世襲財産の累積から守るために相続税は必要」との名言を残している．

　このような役割に批判的な人は，つぎのように反論する．①被相続人は恵まれない相続人に多く遺産を遺そうとする（自発的な所得再分配）ので，相続税が課せられると同一世代内での不平等が拡大する．②高所得の被相続人は遺産によって相続人の稼得能力を上げたいと望んでいるので，相続税が課されると世代間の不平等が高まる．③相続税は高所得階層の消費支出を拡大するので，資産の食い潰しは消費における不平等を拡げる．④相続税の税収入は少なく資産家による租税回避も容易なので，相続税の富の再分配効果は必ずしも大きくはない．

　資産移転税についての第３の根拠は経済的なものである．相続税の課税標準となる遺産は，過去における労働が資産となって蓄積されたものである．したがって相続税や富裕税は現在の所得に課税される所得税に比べると労働に対する歪みが小さい．また親の財産を譲りうけて事業を継承する相続人が事業を順調に発展させるとはかぎらない．相続税納付がきっかけとなって，

より有能な経営者に所有権が移動する可能性がある．鉄鋼王カーネギー（Andrew Carnegie, 1835-1919）は「息子に莫大な財産を残す親は，一般的に，息子の才能と生命力を台無しにし，彼をしてあまり有意義ではなく，価値の少ない生活に浸らせる」と名言を残している．

しかし問題は簡単ではない．なぜならば被相続人（故人）の行動も考慮しなければならないからである．娘に大きな相続資産を遺すために一生を懸命に働こうとしている人がいるとする．相続税の存在は彼の労働意欲を削いでしまう．反対に相続税があると純資産額（税引き後の）を一定に保つためにこの人はより勤勉に働くかもしれない．結局，相続税が被相続人をより勤勉に働かせるか否かについて一義的な回答はないといえる．

◆ **遺産税と遺産取得税**　相続税は，被相続人の遺産を課税物件として遺言執行人を納税義務者にする遺産課税（estate tax）と，相続人が取得した遺産額を課税物件とし相続人を納税義務者とする遺産取得課税（inheritance tax）の2つの系統に分かれる．

遺産税には被相続人（故人）の生前所得についての清算課税という位置づけがある．遺産税の利点は課税当局が遺産総額だけに着目すればよく，税務行政がより簡素になるという点であろう．また超過累進税率を前提にすれば遺産の分割促進効果のない遺産課税の方が，遺産取得税より税収は大きくなる．

これに対して**遺産取得税**は遺産の取得（無償の財産取得）に担税力をみいだして課税するもので，個人所得税の補完という位置づけがある．遺産取得税の利点は相続人の個別の事情を考慮することができ，担税力に応じた課税が可能となることにある．もちろん配偶者や未成年者に対する軽減措置は遺産税方式においても加味されている．しかし各相続人の個人的事情は遺産課税よりも遺産取得税における方がより直接的に反映できる．

遺産取得税のいまひとつの長所は富の過度な集中を効果的に抑制できることである．より広く遺産が分割されればされるほど税負担総額が小さくなるので，遺産取得税には遺産を相続人の間で分割する効果があるといえる．

ところで負担能力に応じて課税できるという遺産取得税の目標は，相続税の特別な形態であるところの遺産継承税（accession tax）によって，最も効

率的に達成することができる．これは相続税と贈与税の2つの形態を継承税あるいは取得税に統合するものであり，その特徴はつぎの3点に要約できる．

① 被相続人の遺産に対して課税するのではなく，遺産を継承する取得者ごとに課税する．
② 贈与税については，贈与者に対して課税するのではなく，受贈者に対し一切の受贈額をまとめて課税する．
③ 一生を通じて①の遺贈額と②の受贈額を通算して累積的に課税する．

このように遺産継承税は相続人が受取るすべての贈与と遺産の取得に由来する負担能力を考慮に入れるものといえる．日本ではシャウプ勧告にもとづいて1950年に導入された相続税がこの考え方を取り入れた（石［2007］3章）．

◆ **日本の相続税**　日本の相続税は遺産取得課税方式をとりつつも，税負担総額は各相続人の実際の取得にかかわらず法定相続人の数と法定相続分によって一律に計算する，**法定相続分課税方式**をとっている．相続税額の計算はつぎの4段階に分けて考えることができる．

① 被相続人の遺産総額（債務などを控除した後の合計課税価格）を計算する．
② 基礎控除額を控除して課税遺産額を計算する．
③ 前記②で求めた課税遺産総額が民法に定められたとおりに相続されたと仮定して，各相続人の相続税額を計算し，その合計額を相続税総額とする．
④ 遺産の実際の配分比率により，③で求めた相続税総額を各納税者に配分して，最後に各相続人の個別の事情を考慮に入れて（税額控除等），納付税額を算出する．

日本の相続税が遺産税方式を加味した遺産取得税であることがわかった．このような制度を導入した理由は何であろうか．日本で相続税が創設されたのは1905（明治38）年である．それは課税方式として遺産税方式（被相続人に対する課税）をとりつつ，家督相続に軽い家産維持という考え方にもとづくものであった．旧民法では戸主が死ぬと長男が家督相続をして全財産を受け

継ぐことになっていたから，戦前の相続税はこうした家族制度に適合していたといえる．

> ● Column-17 ● 相続税の計算例
>
> 相続税の計算がどのように行われるのか具体例を見てみよう．いま預金や土地など遺産総額3億円を遺したAさんの相続人として，配偶者Bと子供C，Dがいるとしよう．この場合，基礎控除は8,000万円（5,000万円＋1,000万円×法定相続人数）であるから，課税遺産額は2億2,000万円となる．
>
> 民法の法定相続にしたがって遺産が配分されたとすると，Bの相続は1億1,000万円（妻は2分の1），Cの相続は5,500万円（長男は4分の1），Dの相続は5,500万円（長女は4分の1）となる．各相続人について相続税額を計算して，その合計額を求めると4,600万円になる（妻2,700万円＋長男950万円＋長女950万円，下記の速算表を参照）．これが仮の相続税総額である．
>
> 遺産の実際の配分は遺言や相続人どうしの話し合いで，民法の定めとは違った比率で行うことができる．例えば，妻Bが3億円のうち1.5億円，長男が9,000万円，長女が6,000万円を実際には取得したとしよう．このように各人が実際に相続した財産の課税価格に応じて，相続税総額を按分する．各人の納付額は妻が，配偶者の税額軽減により0（課税価格が1億6,000万円以下であるため全額が税額控除される），長男が1,380万円，長女が920万円となる．
>
> 相続税の速算表
>
> | 法定相続分に応じる取得金額 | 税率 | 控除額 | 法定相続分に応じる取得金額 | 税率 | 控除額 |
> | --- | --- | --- | --- | --- | --- |
> | 1,000万円以下 | 10% | — | 1億円以下 | 30% | 700万円 |
> | 3,000万円以下 | 15% | 50万円 | 3億円以下 | 40% | 1,700万円 |
> | 5,000万円以下 | 20% | 200万円 | 3億円超 | 50% | 4,700万円 |
>
> （資料）川上編『図説 日本の税制』平成20年度版

しかし第2次大戦後には家督相続が廃止され，均分相続となった．シャウプ勧告にもとづく1950（昭和25）年の改革で課税方式が従来の遺産税から遺産取得税方式に変更されるとともに，個人が一生の間に取得する贈与と相続を**生涯累積取得税**のかたちで課税する方法が採られるようになった．

遺産税においては相続人の数如何にかかわらず，その税額は概ね変わらない．取得税方式においては遺産総額に対する租税総額は1人で全部を相続する場合よりも2人以上で相続する場合の方が低くなる．シャウプ勧告にもとづく改革では富の過度の集中を抑制するという観点から，取得税方式に切り

替えたのである．

　しかし，シャウプ勧告税制は家族経営を維持しようとする農業者，中小自営業者に重くかかる一方，分割容易な資産を多くもつ富裕層では遺産取得税方式に固有の遺産分割促進効果がつよく機能し，相続税負担額が軽減されるという予期せぬ効果を生んだ．神野（1983）が実証しているように，シャウプ税制によって富の再分配効果はむしろ低下したのである．

　現行税制すなわち「遺産税方式を加味した遺産取得税方式」の基礎となったのは，1958（昭和33）年の相続税改正である．この改正によって遺産総額と法定相続分の確定によって相続税総額を計算し，これを遺産分割の実際の割合に応じて遺産取得者に配分する現行制度が確立した．相続によって遺産が分割されることを前提にした取得税制度は日本の遺産相続の実態になじまないという理由により，単独相続でも均分相続でも税負担総額は変わらない制度に調整されたのである．

◆ **相続税の今後**　現在の日本では相続税はごく限られた資産家層に比較的軽い負担を求める税にとどまっている．相続税・贈与税が国税収入全体に占める割合は約6％前後である．1年間の死亡者数に対する相続税納税者の割合は100人あたり約5人であり，ごく限られた資産家層のみを対象に負担を求める税にとどまる．課税価格に対する相続税額の割合でみても12％程度である．事業継承への配慮の必要性が一貫して強調され（子供が家業を継ぐということを前提にして，資本に相当する資産を非課税とする考え），小規模住宅に対する課税軽減措置や課税最低限の引き上げ，そしてブラケット数が削減されてきたことがその背景にある．

　今後の相続税・贈与税については感情的な議論ではなく，税の理論にもとづいた冷静な検討が必要である．その際に留意すべき問題点はつぎのような点である．

　第1は，水平的公平性の問題である．現行制度では課税遺産総額が民法に定められたとおりに相続されたと仮定して，各相続人の相続税額を計算する．このため，課税遺産総額が同じ2つの相続を比較すると，法定相続人の数や構成によって，相続人が同額を相続しても税負担が異なる．これは水平的公平性を侵害しているとみることもできる．

第2の問題は，本来の遺産取得税方式に比べると小額を相続する相続人の負担が相対的に大きいことである．遺産取得税方式では各相続人の負担額は相続分から基礎控除を差し引き，それに累進税率を適用して計算されるので取得者各人の担税力が反映される．しかし現行制度では課税遺産総額から全体の基礎控除を差し引いた額に累進税率が適用されるため，応能的な負担とはなっていない．

　こうした問題を解決し，富の過度の集中を抑制する相続税はどのようなものだろうか．それは現行の法定相続分課税方式を遺産税方式に純化することだろうか，それとも所得税の枠組みの中で遺産・贈与を課税すべきなのだろうか．

　これまでのところ遺産税方式から遺産取得税方式への移行が，国際的な潮流であったといえる．1970年にはOECDの24カ国すべてが資産移転税を採用していたが，そのうち16カ国は遺産取得税，6カ国は遺産税，そしてイタリアとスイスの2カ国はその両者を採用していた．他方，2002年までにオーストラリア，カナダ，イタリアそしてニュージーランドが相次いで資産移転税を廃止した．現在イギリスとアメリカ合衆国だけが，遺産税を採用している．資産移転税をめぐる状況は流動的であるといわざるを得ない．

演習問題

1．本章のColumn-14「付加価値税の計算例」では単一税率が適用されている．今，軽減税率（例えば3％）が中間取引段階（例えば卸売業者）に適用された場合に，納付税額全体には何ら影響がないことを計算で確かめなさい．その理由を説明しなさい．割増税率，ゼロ税率についても同様に計算しなさい．
2．上記のコラムで免税（売上高税額の免除，仕入高税額の控除否認）が中間取引段階（例えば出版社）に適用された場合に，納付税額が増大することを計算で確かめなさい．その理由を説明しなさい．

文献案内

消費税についての体系的知識は宮島編（2003）に詳しい．世界各国の消費税と相続税を概観するには，Messere, de Kam and Heady（2003）Ch.9, 10が便利．日本の消費税創設の経緯について石（2008）12章が優れている．消費税，相続税に関する最近のデータは川上編（2008），税制調査会（2007），内閣府の税制調査会：http://www.

cao.go.jp/zeicho/index.html，OECD Tax Database: http://www.oecd.org/document/60/0,3343, en_2649_34533_1942460_1_1_1_1,00.html で閲覧可．

第10章

財政政策と経済安定化

　財政のもつ資源配分機能と所得再分配機能について様々な角度から触れてきた．財政の機能は，それに尽きるものではない．資本主義経済には不況と好況を交互に繰り返す景気循環が内在している．需要と供給を一致させるように価格が変動すれば，経済は完全雇用に回復していく．けれども短期的には価格は硬直的であり，経済が自律的に回復するまでには時間がかかる．経済が自律的に回復するまで待つことのコスト（生産の喪失や人々の悲惨な生活）は無視し得ない．

　今日では経済活動の極端な変動，すなわち景気の悪化と過熱の両者を避ける努力を払うのは，政府の責任のひとつであると考えられている．本章では財政のもつ安定化機能を考察する．

　はじめに民間の消費と投資のみからなる封鎖経済（外国貿易がないこと）を考えて，均衡産出量と総支出の関係に注目する．総支出が1単位増えたときに，産出量がどのくらい増加するのかに注目して，乗数効果を導く．

　つぎに上の簡単な経済に政府の存在を加えた場合に，均衡がどのように変化するかを考える．そして最後に封鎖経済を離れて外国との財の輸出入がある開放経済を想定し，財政・金融政策が均衡水準にどのような影響を与えるかを論じる．

1. マクロの需給均衡

◆ *GDP* の決定　不況と好況は，経済が作り出した財・サービスに対する総需要の変化から生じる．これには2つの理由がある．第1に，生産者は売れ残りが生じると（「在庫の増加」という）価格を引下げてモノやサービスを売ろうとする．価格が下がれば買いたいと思う消費者は増える．総供給量と総需要が等しくなるように物価は伸縮的に変化する．しかし，モノやサービスの中には自動車のように製品差別化がすすんでいて，価格がスムーズに変化しないものがある．物価が伸縮的に変化しない経済では，生産者は一定の物価で時間をかけて生産量を需要量に応じて減らすであろう．

第2に，完全雇用の場合であれば総需要が増加すると生産者はより多くの労働力を必要とするので，賃金が上昇する．しかし労働市場にそのときの賃金で働きたいと思っているのに職がみつからない労働者（「非自発的失業者」という）が存在する場合には，生産量は物価の上昇を伴わずに増加できる．

つまり価格が硬直的で供給に余裕がある場合には，総需要が生産量を決める．このような短期の *GDP* の決定をあつかうモデルをマクロ経済学の基礎を構築した経済学者にちなんで**ケインズモデル**という．では何が需要水準を決めるのであろうか，そして政府の活動はどのように経済の均衡に影響を及ぼすのだろうか．以下では民間の消費と投資のみからなる封鎖経済（外国貿易がないこと）を考えて，均衡産出量と総支出の関係を理解する．

はじめに総需要をあらわすものとして総支出曲線を導入する．総支出曲線は様々な国民所得水準における消費，投資，政府支出，および純輸出の合計を示す．話しを簡単にするため，さしあたり政府支出と純輸出は無視する．2007年度の消費は291.9兆円，投資は102.2兆円である．図10.1で示されるように，この曲線にはつぎのような特徴がある．①右上がりである，②原点を通る45度線よりも緩やかな傾きをもつ，③所得がきわめて低い水準では所得より総支出のほうが大きい．

企業によって生産される産出物の合計は，それへの需要の合計に等しくなければならないだろう．すなわち総支出＝総産出量である．産出量の均衡点は総支出曲線上の点であり，かつ**総支出＝総産出量**という条件を満たす点でなくてはならない．図10.1では E_0 が均衡点である．そこで総支出曲線は45

図 10.1　GDP の決定

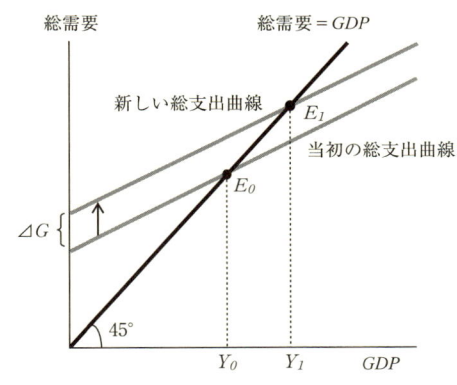

度線と交差している．均衡総産出量は Y_0 で示されている．もし総産出量が均衡よりも大きければ，企業は生産した商品を売りつくすことができなくなるので，在庫を増やし生産を縮小する．逆に総支出が総産出量よりも大きければ，企業は在庫を取り崩して生産量を増やす．その結果，総産出量は Y_0 の均衡水準に回復する．

◆ **乗　数**　ところで総支出曲線の傾きはなぜ正なのであろうか，さらにその傾きの大きさを決定するのは何であろうか．またどのような要因が総支出曲線をシフトさせるのであろうか．これらの問題に答えるためには総支出を構成する4つの要素，すなわち消費，投資，政府支出，純輸出の性質についてより具体的に検討する必要がある．

消費は総支出のなかでもっとも大きな割合を占める．消費を決定する上でもっとも重要なのは現在の所得である．経済全体において総所得が増えれば，総消費は増加する．総所得が1単位変化したときの消費の変化する量を**限界消費性向**という．限界消費性向は消費関数の傾きに等しい．もし限界消費性向が大きいならば，総支出曲線の傾きは大きくなる．所得と消費の関係を表す消費関数はつぎのように示される．

$$C = a + MPC \times Y \qquad (1)$$

ただし MPC は限界消費性向，a は縦軸の切片（所得がゼロのときの消費に等しい）である．いま政府支出を無視して，民間投資 I だけを考慮すると，総支出 AE はつぎのようになる．

$$AE = C + I = a + MPC \times Y + I \qquad (2)$$

均衡では総支出は産出量に等しいので，$AE=Y$ が成り立つ．

この 2 つの式から，つぎの式が導かれる．

$$Y = a + MPC \times Y + I \text{ または } Y = (a+I)/(1-MPC) \qquad (3)$$

所得から消費を引いた残差は貯蓄なので，$(1-MPC)$ は限界貯蓄性向を表す．ここで民間投資が 1 円増えたときに，均衡産出量がどのくらい変化するかを考える．

$$Y_1 = (a + I + 1)/(1 - MPC) \qquad (4)$$

Y の変化 $(Y_1 - Y)$ は，(4) 及び (3) 式の両辺の差をとると得られるので，

$$Y_1 - Y = 1/(1 - MPC) \qquad (5)$$

限界貯蓄性向 $(1-MPC)$ は 1 より小さいから，左辺の Y の変化は 1 より大きくなる．何倍大きくなるかをあらわす，限界貯蓄性向の逆数 $1/(1-MPC)$ を**乗数**という．つまり Y すなわち GDP は投資の変化の乗数倍だけ変化するのである．

このように乗数は限界消費性向が大きいほど大きくなる．限界消費性向が大きいほど総支出曲線の傾きも大きくなる．このことを簡単な数値例で確認しよう．消費関数として

$$C = 60 + (0.6) \times Y$$

を仮定する．限界消費性向は 0.6，したがって限界貯蓄性向は 0.4 である．投資が 100 兆円であれば，(3) 式より均衡の GDP は

$$Y = (60 + 100)/0.4 = 400$$

となる．ここで投資が 100 兆円から 105 兆円へと 5 兆円増大したとしよう．このとき GDP は同じく (3) 式より

$$Y = (60 + 105)/0.4 = 412.5$$

へと増大する．投資の増分 5 兆円に対して GDP の増分は 12.5 兆円である．乗数は，限界貯蓄性向 0.4 の逆数 2.5 となっている（乗数過程は初項が投資の増加 ΔI，公比が限界消費性向の無限等比級数である，と考えることもできる．よって $\Delta Y = \Delta I + c \Delta I + c^2 \Delta I + c^3 \Delta I + \ldots = \Delta I /(1-c) = \Delta I / s$．

2. 財政政策の役割

◆ **政府支出と税** ここまでは消費と投資とから構成された封鎖経済を考えた．政府も存在しないと想定した．つぎに政府を含めた封鎖経済の場合を論じる．政府支出 G は総支出の要素のひとつとなる．2007年度の G は113.4兆円である（政府最終消費支出，公的資本形成，公的在庫品増加の合計）．G が増加すると総所得のあらゆる水準で総支出が増加する．すなわち総支出曲線は図10.1に見られるように，G の増加分だけ上方へシフトする．

乗数効果によって，均衡産出量の増加分 $Y_1 - Y_0$ は政府支出の増加分 $\varDelta G$ の乗数倍だけ大きくなる．このシンプルな結論は，政府は所得とは独立に支出を決定していると考えていることが前提になっている．すなわち支出に税収が足りなければ，いくらでも借入を行うと想定している．

それとは正反対に借入をまったく行わないで支出の増加をすべて増税で賄った場合にはどうなるであろう．乗数効果はゼロになってしまうのだろうか．ここで均衡予算の乗数効果について論じる．政府支出を加えると総支出の恒等式はつぎのようになる

$$AE = C + I + G$$
$$= a + MPC \times Y_d + I + G \qquad (6)$$

ここで Y_d は所得から租税を引いた可処分所得である．所得に対して t の税率が課されると

$$Y_d = Y(1-t) \qquad (7)$$

均衡点では，総支出は所得に等しいので，

$$AE = Y = a + MPC \times Y(1-t) + I + G \qquad (8)$$
$$Y = (a + I + G) / [1 - MPC(1-t)] \qquad (9)$$

が成り立つ．

したがって均衡予算の乗数は $1/[1 - MPC(1-t)]$ となる．これはつぎのように考えることができる．所得が1兆円増えると(7)式より可処分所得は $(1-t)$ 兆円しか増えない．(6)式より，可処分所得 $(1-t)$ 兆円によって誘発される消費増は MPC 円ではなく，$(1-t) \times MPC$ 兆円となる．このように課税がない場合に比べて乗数効果は下がるが，ゼロではない．これが**均衡予算定理**とよばれるものである（マクロ経済モデルによる乗数の推定は，

Column-18を参照).

　所得に依存する税体系のもとでは乗数が小さくなることがわかった．税収は所得の変化に応じて自動的に変化するので，TやGを操作しなくても，自動的に経済を安定化することができる．総支出曲線が下方にシフトしても，総産出量の減少は少なくてすむ．逆に総支出曲線が上方にシフトした場合でも，総産出量の増加は少ない．このように所得に依存する税体系は自動安定化装置として経済の安定化に寄与している．

● Column-18 ●　マクロ経済モデルと乗数

内閣府（前身・経済企画庁）は，「短期日本経済マクロ経済モデル」を公表し，更新してきた．これは価格調整を伴う開放ケインジアン型のモデルといわれる．財政政策の波及効果は下表の通りである．

　第1に公共投資は1年目でGDPを1.02%，2年目で1.06%拡大するが，以前に比べて効果は低下している．第2に同じ規模の公共投資と減税を比べると，理論通り前者の方がGDPの拡大効果は大きい．第3に消費税率1%引上げによる実質GDP抑制効果は，およそ-0.25%である．財政赤字を対GDP比で1%削減するには，消費税率を5%から7.5%へ引き上げる必要があることがわかっている．したがって，この増税はGDP成長率を約0.6%下げると予測できる．

	公的固定資本形成の拡大 （実質GDP 1%）	個人所得税の減税 （名目GDP 1%）	消費税の増税 （税率1%）
1年目	1.02	0.26	-0.16
2年目	1.06	0.56	-0.25
3年目	0.89	0.55	-0.21

〔参考〕増渕他（2007）「短期日本経済マクロモデル（2006年版）の構造と乗数分析」

◆ **自動安定化装置**　　財政政策は，政策当局の裁量的政策行動と自動安定化装置（ビルト・イン・スタビライザー）の2つに分かれる．**自動安定化装置**とは，政策当局の裁量を待たずして公共部門が市場経済の変動を安定化させる働きを示す．

　所得税はその税率が累進的であるため，経済が拡大して人々の所得が増加すると，所得税納税額は所得の増加率以上に増加する．すると所得から所得税を控除した可処分所得の増加が抑えられるため，消費の増加も抑制され

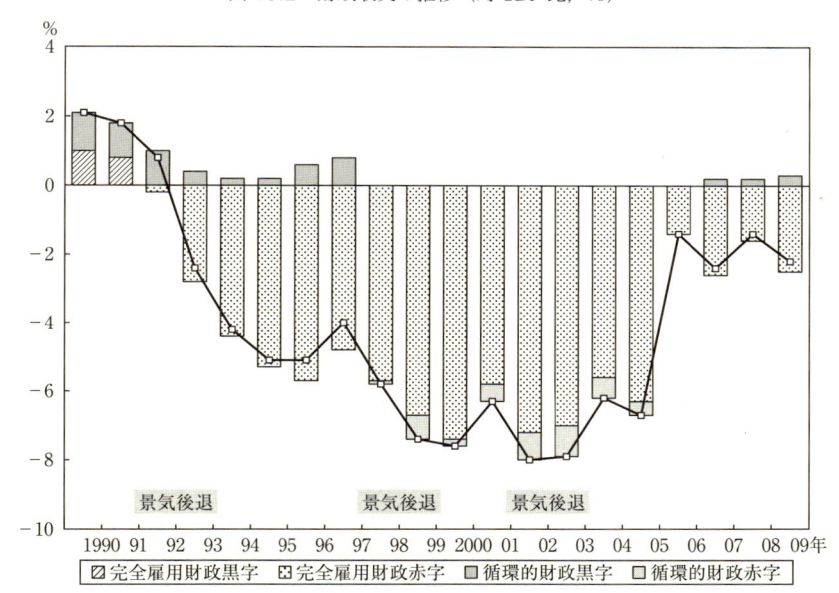

図 10.2 財政収支の推移（対 GDP 比，%）

景気後退　　景気後退　　景気後退

1990 91 92 93 94 95 96 97 98 99 2000 01 02 03 04 05 06 07 08 09年

完全雇用財政黒字　完全雇用財政赤字　循環的財政黒字　循環的財政赤字

(資料) OECD (2008a) *Economic Outlook*, No.83, table 27-28.

る．反対に不況の時には，累進所得税制の下では所得税納税額は所得の減少以上に減少する．したがって可処分所得の減少が抑制されるため，消費の減少も抑制される．もっとも租税が唯一の自動安定化装置ではない．失業保険給付や生活保護のような移転支出も，不況の時に自動的に増加して消費支出の減少を抑えるので，自動安定化装置として機能する．

自動安定化装置を直感的に理解するには，実際の財政赤字を**循環的財政赤字**と**完全雇用財政赤字**に区分するのがよい．完全雇用財政赤字とは，完全雇用 GDP に対応する税収や歳出の大きさを現在の財政制度や租税構造のもとで推計し，構造的な財政収支を計算したものである．実際の財政赤字と完全雇用財政赤字との差が，循環的財政赤字である．循環的財政赤字の拡大（黒字の縮小）は，自動安定化装置が働いていることを意味している．

図10.2は，経済協力開発機構（OECD）が推計した，一般政府の循環的財政赤字と完全雇用財政赤字である．これが物語ることは明白であって，日本における自動安定化装置の効果は弱い．循環的財政赤字は景気が後退した3つの時期（91-93，98-99，2001-03）には拡大する一方，経済が拡大した2つ

の時期（94-96，2004-06）には縮小している．しかし，循環的財政赤字が実際の財政赤字に占める割合は直感的に見てかなり小さい．

したがって総需要の変動が大きい場合には，財政の自動安定化装置だけでは不十分である．このような場合には，経済全体としての有効需要の変動を安定化させるために，公共投資の拡大や減税が実施されることが多い．このような財政政策は，政府の裁量によって実施されるので裁量的財政政策という．財政支出の増加は最終的にはそれに乗数をかけた総需要の増加と国民総生産の増加をもたらす．

◇ **裁量的財政政策**　ところで1990年代の裁量的財政政策は重要な教訓を遺している．図10.2にみられるように，財政支出や減税を拡大する裁量的財政政策を反映して，完全雇用財政赤字は大幅になってきており，実際の財政赤字の大半を占めている．92年以降，「失われた10年」になされた12次にわたる経済対策の総額は136兆円にのぼる．とくに，宮澤・細川・村山内閣の下で実施された6回の経済対策により，財政赤字は膨らんだ．また緊縮財政に舵をきった橋本内閣退陣後に成立した小渕内閣は，大幅な歳出増，所得税の定率減税など拡張的財政路線をすすめた．

これだけの大規模な財政出動がなされたにもかかわらず，財政が「呼び水」となり，民間の投資や消費が回復し，民需主導の持続的な経済成長は生み出されなかった．代表的マクロ経済学者の吉川洋によれば，財政政策は景気の下支えとして機能した程度であり，1990年代の財政政策に関しては今日否定的な評価が支配的である（吉川［2007b］）．

日本の財政政策が多くの人が期待したような乗数効果をもたなかった理由はいくつかある．ある人は，財政赤字をまかなうために行われる借入によって利子率が高くなり，それによって民間投資が「クラウディング・アウト（押し退け）」されるため乗数効果が小さくなるという．他の論者は，納税者が公債の元利償還のために将来増税されると予想するため，現在の貯蓄を増加し消費を減らすと指摘する．

これらの批判を立証するデータは乏しく，とくに前者の批判は1990年代後半のようにゼロ金利に近い経済状況にはあてはまらない．後者についても，納税者は政府が赤字を増大させるたびに貯蓄を増やすほど先見的であるとは

思われない（また家計は借入制約を受けているかもしれない）．

結局，裁量的財政政策の効果が乏しかったことの鍵を握るのは，不良債権問題とそれに対する政策対応の遅れであろう．不良債権と脆弱な金融システムという問題をかかえた当時の日本においては，公共投資の拡大や減税をおこなっても将来の不安が増大した状況では家計や企業は積極的に応じる姿勢をとれなかったのだろう．

しかし，たとえ乗数効果が小さいとしても依然として財政支出の増加は経済を刺激するうえで重要な役割を果たすことにはかわりない．ケインズ経済学の全盛期（1950-60年代）と異なるところは，ある程度，あるいはかなりの程度の保留条件をつけて効果があるとみられている点である．

3．IS-LM モデル

◇ **貨幣市場の均衡**　つぎに財政政策と金融政策がどのように経済を刺激して，成長を促進するかを検討する（吉川［2007a］を参照）．そのためには財・サービス市場の均衡と貨幣市場の均衡を同時に考え，GDP と利子率がどのように決定されるかを理解する必要がある．まず貨幣市場の均衡から考える．貨幣市場が均衡しているということは，貨幣に対する需要 L とその供給 M が等しいことを意味する．すなわち，

$$貨幣供給 M = 貨幣需要 L \,(\overset{+}{所得},\ \overset{-}{利子率}) \tag{10}$$

が成立していることをさす．

わが国で最もスタンダードな貨幣供給，すなわちマネー・サプライは現金通貨に「要求払い預金」と「定期預金」を加えた M_2 と，CD と呼ばれる「譲渡性預金」との合計 M_2+CD である．2009年3月末におけるマネー・サプライ残高は769兆円である．その約9割は銀行預金で，財布の中にある硬貨や千円札等「現金通貨」の割合は9％にすぎない．

(10)式では，貨幣の需要関数は所得の増加関数，利子率の減少関数となっている．これはつぎのような理由による．取引量が多くなればなるほど決済手段としての貨幣に対する需要はそれだけ大きくなる．したがって決済手段としての貨幣への需要は，経済における総取引量（フローの所得）の増加関

図 10.3 財市場と貨幣市場の均衡

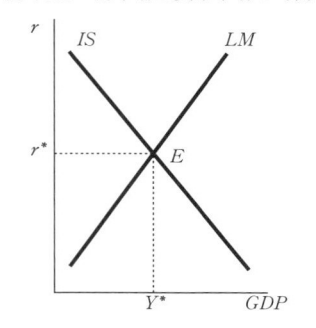

数となる．一方，利子率が高くなればなるほど，将来利子率が下落する（債権価格が上がる）と予想する人が増えるであろうから，債券の需要が増え，貨幣の需要は小さくなる．したがって，貨幣需要は利子率の減少関数である．

ここでは議論を単純にするために貨幣供給 M，すなわちマネー・サプライは与えられたものとする．この場合，貨幣市場の均衡が成立するために，所得と利子率の間にどのような関係が成り立たなければならないだろうか．図10.3によって，横軸に所得をとり，縦軸に利子率をとった平面図で考えよう．

所得が上昇すると貨幣需要が増加するので，利子率が一定のままであると，貨幣供給は一定であるため超過需要が生じる．貨幣市場が均衡をとりもどすためには，利子率が上昇しなければならない．したがって貨幣市場の均衡を満たす所得と利子率の組合せは，平面図上で右上がりの曲線になる．これを **LM 曲線**とよぶ．

つぎに財・サービス市場の均衡についてみよう．一国全体の総貯蓄 S は総投資 I に恒常的に等しくなる（$Y=C+I$，$S=Y-C$，よって $S=I$）．2007年度の民間投資は102.2兆円，政府投資は20兆円で合計122.2兆円である．では投資と貯蓄はどのように決まるだろうか．企業にとって最も有利な投資量は，利潤率（一定期間に生み出される利潤を投下した投資額で除したもの）が利子率（投資に必要な資金を銀行から借り入れたときのコスト）に等しくなるときである．前者が後者を上回っていれば，企業にとって追加的な設備投資を行うことが有利であろう．すなわち投資関数はつぎのように，利子率の減少関数となる．

$$\text{投資 } I = \text{投資 } \overset{-}{I} \text{（利子率）} \tag{11}$$

一方，貯蓄は所得の増加関数なので，つぎの式が成り立つ．

$$\text{貯蓄}(\overset{+}{\text{所得}}) = \text{投資}(\overset{-}{\text{利子率}}) \tag{12}$$

　この場合，財市場の均衡が成立するために所得と利子率の間にどのような関係が成り立たなければならないだろうか．所得が上昇したときに貯蓄が増えるので，利子率が一定であると，貯蓄過剰になって財・サービス市場は供給超過の状態になってしまう．財・サービス市場の均衡をとりもどすためには，利子率が減少して投資が増大しなければならない．このことから貯蓄と投資の一致を満たす（財・サービス市場の均衡）所得と利子率の組合せは，右下がりの曲線となることがわかる．これを **IS 曲線** とよぶ．

◆ **財政・金融政策の効果**　図10.3では *LM*，*IS* 曲線の交点 *E* で財・サービス，貨幣の2つの市場が同時に均衡する．このことを利用して，財政支出や金融政策がマクロ経済にどのような影響を与えるかを考える（吉川 [2007a] を参照）．

　はじめに拡張的な財政政策の効果を考察する．図10.3の *LM*，*IS* 曲線を頭の中で動かして見よう．政府支出 *G* が増大しても，*LM* 曲線は動かない．では *IS* 曲線はどうであろうか．利子率を固定しておくと投資は変化しないので，政府支出 *G* が増大すれば所得は増大する．つまり財政支出 *G* が増大したときに，*LM* 曲線の位置は変わらず *IS* 曲線は右方へ動く．新たな均衡点では *GDP* が増大するのと同時に利子率が上昇する．利子率が上昇するから民間投資は下落し，乗数を通じてその分だけ *GDP* の増分は小さくなる．財政支出の拡大が利子率を上昇させ民間投資を減退させる効果を**クラウディング・アウト**という．

　このようにクラウディング・アウトの効果が大きければ大きいほど，財政政策が *GDP* に与える影響は小さい．その度合いは2つの要因に左右される．ひとつは**貨幣需要の利子弾力性**（貨幣の需要が利子率の上昇にどれほど敏感に反応して減少するか）である．弾力性が低いと所得の増大に伴う超過需要を相殺するために，利子率は大幅に上昇する必要がある．視覚的にいうと *LM*

曲線の勾配が急になる．したがって貨幣需要の利子弾力性が低ければ低いほど財政政策の効果は小さくなる（図10.3で LM 曲線の勾配を急にして，IS 曲線を右方へシフトしてみよ）．

いまひとつは**投資の利子弾力性**（投資が利子率の上昇に対してどれだけ敏感に減少するか）である．弾力性が大きいと所得の増大に伴う超過供給を打ち消すために利子率は小幅の減少でよい．視覚的にいうと，IS 曲線の傾きはより平らになる．このためクラウディング・アウトの効果が大きくなり，財政支出の乗数が小さくなる（図10.3で IS 曲線の勾配を平らにして，右方へシフトしてみよ）．

では拡張的金融政策の効果はどうであろうか．中央銀行は民間銀行の預金からなるマネー・サプライを直接コントロールできないが，ハイパワード・マネー（預金準備と貨幣の合計）の供給量については高いコントロール能力をもつ．ハイパワード・マネーは貨幣乗数を介してマネー・サプライと結びついているので，中央銀行は間接的にマネー・サプライに影響を及ぼす．

いまマネー・サプライ M が金融政策によって増大したとしよう．IS 曲線は動かない．LM 曲線はどうであろう．利子率を固定したままで，貨幣供給 M が増大したときに，貨幣市場が均衡するためには，貨幣需要も増大しなければならない．貨幣需要は所得の増加関数なので，LM 曲線は全体として右方にシフトしなければならない．つまりマネー・サプライが増大したとき，IS 曲線は動かず LM 曲線が右方へ動く．新たな均衡点では利子率が低下し，GDP は増大する．

現実には IS 曲線が右にシフトして利子率が上昇すると同時に，LM 曲線も右方にシフトすることがありうる．1990年代の日本経済についてみると，拡張的な財政政策が継続的にとられたが，利子率は日本銀行の低金利政策のおかげで低下の一途を辿った．しかし，このポリシー・ミックスにはリスクがある（吉川［2007a］を参照）．低金利政策の下で，短期金利の代表であるコール・レートはゼロに到達し，これ以上金利を下げることのできない**流動性の罠**に陥った．デフレの中では名目金利が一定でも実質金利は上昇してしまう．金融政策はきわめて難しい状況に追い込まれたのである（Column-19を参照）．

● Column-19 ゼロ金利と金融政策

　名目金利がゼロになってしまうと金融政策は無効となるのだろうか．2000年代初頭の日本経済は「流動性の罠」の状況にあった．日本銀行は量的金融緩和によって，この難問に取り組んだ．すなわち2001年3月，金融政策の操作目標をコール・レートから日銀当座預金残高に変更し，長期国債の買入れでその増額を図ることを「コアの消費者物価上昇率CPIが安定的にゼロ％以上となるまで続ける」と宣言した．この政策には量的緩和が長期化するとの市場の期待を強める「時間軸効果」と，銀行が収益機会を求めて貸出しを積極化する「ポートフォリオ・リバランス効果」があったと日銀は評価している．

　2006年3月には，CPIが上昇に転じたことから日銀は量的緩和政策を解除した．日銀は，金融政策の操作目標を再び無担保コール・レートに戻し，それを「おおむねゼロ」で推移するように促した．新たな金融政策においては，物価上昇率が0～2％程度が「中期的な物価安定」であるとの政策委員の理解が公表された．さらに同年7月にはデフレからの脱却が徐々に視野に入ったことから，日銀はゼロ金利を解除した．2008年秋以降，サブプライムローン問題に端を発する世界的金融危機が深まる中で，日銀は経済・物価の上下両方向のリスク要因を丹念に点検しながら，機動的に金融政策運営を行っている．

　〔参考〕植田（2005）『ゼロ金利との闘い──日銀の金融政策を総括する』，池田編『図説　日本の財政』平成20年度版．

4. 開放経済下での財政政策

　ここまでは国際貿易の存在を無視して，封鎖経済を想定してきた．つぎに海外との取引のない経済の場合にもちいた *IS-LM* 分析を開放経済へ拡張する．**マンデル＝フレミング・モデル**がその代表的なモデルである．マンデル＝フレミング・モデルでは，ひとつの重要な前提がある．それは経済が完全な資本移動を伴う小国開放経済であるということである．換言すると，その経済は望むだけの資金を世界の金融市場で自由に貸し借りでき，その結果，その国の利子率は世界利子率の水準で決まる．このような極端な仮定を置くことの利点は，利子率が決まっているので為替レートの役割に注意を集中できることである．以下に述べるように開放経済の場合，財政政策の効果は固定

相場制か変動相場制かにより異なる．

◆ **国際貿易の影響** GDP は国内で1年間に生産される財・サービスの産出量の合計である．したがって輸出は消費，投資，政府支出とならんで総支出の要素となる．輸入は海外で生産されたものに対する需要なので，国内で生産されたものに対する総需要を求めるにはすべての需要から輸入財の分を差し引かねばならない．したがって総支出において国際貿易のもたらす追加需要は**純輸出**，すなわち輸出－輸入でなければならない．

X は輸出，M は輸入を表すとすると総支出はつぎの通りになる．
$$AE = C + I + G + X - M \tag{13}$$
例えば2007年度の場合，$C=291.9$兆円，$I=102.2$兆円，$G=113.4$兆円，$X=92.4$兆円，$M=84.0$兆円であるから，$AE=515.9$兆円となる．

では輸出入は何によって決まるだろうか．輸入は自国通貨の価値の増価（減価）の影響を受けるが（円高になると外国製品の輸入が増える），話しを単純にするためにここでは為替レートは変化しないとしておく．家計の所得が増加すると輸入品の購入も増えるだろう．したがって輸入水準は可処分所得によって決まると考えられる．

これに対して輸出は外国人が日本から購入するものであり，諸外国の国民所得や相対価格等に依存している．輸出は日本の所得水準によって変化したりせず，独立して決まると考えられる．したがって，所得が増加すると（輸入が増加して，輸出は変化しないので）純輸出は減少する．国内で生産された財・サービスの支出の増加幅が小さくなるので，開放経済において貿易は図10.1の総支出曲線の傾きを緩やかにする．

以上の設定で，生産物市場の均衡を満たす金利と所得水準 GDP の関係はどのように描けるかを図10.4によって考える．なんらかの理由で，国内の利子率が低下したとしよう．(13)式で，右辺の投資 I が増大して，閉鎖経済と同じように，左辺の GDP が増える．左辺の GDP が増加すると，輸入が増加するため純輸出が減少し，消費も増加する．しかし消費と輸入の増え方は GDP の増え方にくらべて小さいので，生産物市場の均衡を達成する GDP の増加水準がありうる．したがって生産物市場の均衡を満たす所得と利子率の組合せは，右下がりの曲線になる．

図 10.4 資本移動を伴う小国開放経済

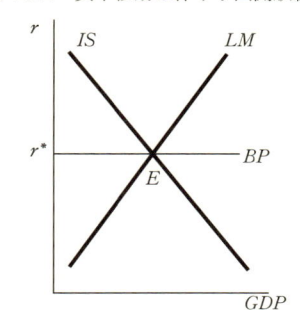

◆ **貨幣市場と国際収支の均衡**　つぎに貨幣市場の均衡を考察しよう．貨幣市場の均衡は，封鎖市場の場合と同じになると考えられる．所得が上昇すると貨幣需要が増加するので，利子率が一定であると，貨幣供給は一定であるため超過需要が生じる．貨幣市場が均衡をとりもどすためには，利子率が上昇しなければならない．したがって図10.4にみられるように，貨幣市場の均衡を満たす所得と利子率の組合せは平面図上で右上がりの曲線になる．

最後に為替レートの決定条件として，つぎのような**内外利子率均等化**の条件をおく．これはつぎのように考えることができる．外国利子率にくらべて日本国内の利子率が高ければ，内外の金融投資家（例えば生保）は日本で資金運用しようとする．ドルを売って円を買う需要が増加するので円が切り上がる．

逆に外国利子率の方が日本国内の利子率よりも高ければ，円を売ってドルを買う需要が増えるので円安傾向になる．こうした投資家の動きは内外利子率が一致するまで繰り返される．したがって外国為替市場が均衡するためには，内外利子率は等しくなければならない．この条件は図10.4において外国利子率 r^* で水平な直線 BP で表されている．このようにマンデル＝フレミング・モデルの設定において，一国経済の均衡は生産物市場，貨幣市場，国際収支の均衡が同時に達成される交点 E によって示される．

◆ **固定相場制下の財政・金融政策**　開放経済下の政策の効果を分析するには，その国がどのような国際金融システムを選ぶかを，はっきりさせておかなければならない．ここでは，固定相場制から始める．1950年代から60年代

図 10.5　固定相場制下の財政金融政策

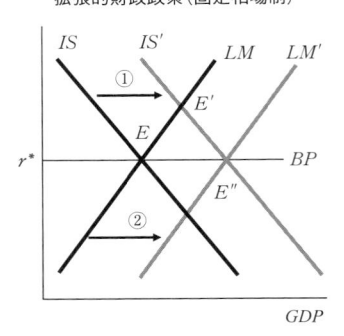

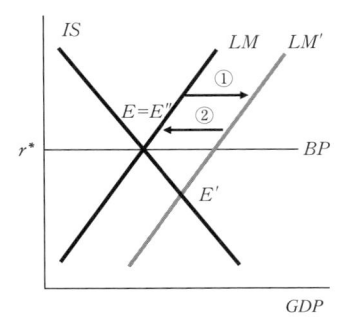

拡張的財政政策（固定相場制）　　　拡張的金融政策（固定相場制）

（資料）　スティグリッツ＝ウォルシュ［藪下史郎他訳］（2007）『マクロ経済学』（第3版），13章

にかけて，アメリカを含む世界のほとんどの主要国は，ブレトンウッズ体制の下で活動していた．これは，ほとんどの政府が為替レートを固定することに合意した国際通貨制度である．

この制度は1970年代の初めに世界各国で放棄され，それ以降為替レートは自由に変動することが認められるようになった．最近，ヨーロッパ諸国ではその域内で固定レート制度が復活し，また一部の経済学者は世界全体が固定相場制に復帰することを推奨している．固定相場制では中央銀行は為替レートを維持するために，外国為替市場で発生する需給不均衡を保有外貨準備の増減によって埋め合わせなくてはならない．

まず拡張的な財政政策の効果を考える（以下の説明は，スティグリッツ＝ウォルシュ［藪下史郎他訳］（2007）13章補論による）．財政支出が増加するとIS曲線が右方にシフトして（①），E'で均衡するので金利が上昇する（図10.5の左）．国内金利が外国金利よりも高くなるので，内外の投資家は日本で資金運用しようとする．よって海外から資本が流入し，国際収支は黒字になる．

外国為替市場ではドルを売って，円を買う投資家が増えるので（為替レートの増価圧力が生じる），中央銀行は余ってしまうドルを買い支え，円を売って現行レートを維持しなくてはならない．このため外貨準備保有高の増加と引替えに自国貨幣の供給量は増えてしまう．その結果，国内金利が外国金利に等しくなるまでマネー・サプライが増加して，LM曲線は右方へシフトする（②）．したがって，小国開放経済の行う拡張的な財政政策は利子率を上

表 10.1 拡張的財政政策の効果（公共投資を GDP 比 1 ％増加）

	実質 GDP	消費	設備投資	輸出	輸入	長期金利	為替レート
1 年目	1.02	0.13	−0.68	−0.05	1.47	0.10	−0.04
2 年目	1.01	0.38	−1.25	−0.18	1.70	0.19	−0.40
3 年目	0.79	0.30	−1.67	−0.39	1.64	0.24	−1.02

(資料) 増渕他 (2007)「短期日本経済マクロモデル (2006年版) の構造と乗数分析」

昇させず，国内の経済活動水準は E'' まで拡張する．

　一方，拡張的な金融政策の効果はつぎのようになる．拡張的金融政策を行うと LM 曲線は右方へシフトして（①），E' で均衡するので金利が低下する．国内金利が外国金利よりも低くなるので，海外への資本流出が生じて国際収支が赤字になる．外国為替市場では，ドルの超過需要が発生するので（為替レートの減価圧力が働く），中央銀行はドルを売り，円を買い支えて現行レートを維持しなくてはならない．

　国内金利が外国金利に等しくなるまでマネー・サプライが減少するので，LM 曲線は左方に引き戻される（②）．結局，固定相場制の下では拡張的金融政策を行っても，LM 曲線の位置は元に戻るので，国民経済には影響を与えることができない（$E=E''$）．

◇ **変動相場制下の財政政策**　つぎに今日の主要国のほとんどで機能している制度，すなわち変動相場制の場合をみよう．変動相場制では為替レートは経済状態の変化に対応して自由に変動することが許容される．変動相場制のもとでの財政・金融政策の効果は，以下に述べるように，固定相場制のもとでの効果と反対になる．

　まず公共投資の拡大や減税などの拡張的財政政策の効果を考える．拡張的な財政政策を行うと IS 曲線は右方へシフトして（①），金利が上昇する（図10.6の左）．国内金利が外国金利よりも高くなるので，海外からの資本流入が生じて，国際収支が黒字になる．このため為替レートが増価して純輸出が減少する．その結果，国内金利と外国金利が等しくなるまで，IS 曲線は左に引き戻される（②）．国際収支の均衡が維持される状態においては，IS 曲線は元の位置まで引き戻されてしまうので，均衡点は $E=E''$ となる．変動相場制のもとにおける拡張的財政政策は無効となり，自国通貨の増価だけもたらす．緊縮的な財政政策の効果も同様に無効となる．

図 10.6　変動相場制下の財政金融政策

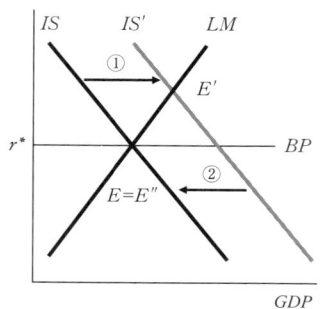

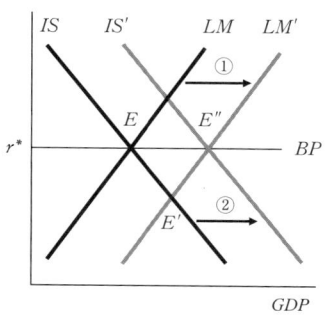

拡張的財政政策（変動相場制）　　　拡張的金融政策（変動相場制）

（資料）　スティグリッツ＝ウォルシュ［藪下史郎他訳］（2007）『マクロ経済学』（第3版），13章．

　このように変動相場制では，小国開放経済の行う拡張的財政政策は生産の拡大を相殺する要因が働くため公共投資乗数は低下する．表10.1は，内閣府による「短期日本経済マクロモデル」で，拡張的財政政策を行った場合の各需要項目への効果をまとめたものである．公共投資の増加により，長期金利が上昇することに着目しよう．消費は所得の増加をうけてゆるやかに増加するが，設備投資は金利上昇によるクラウディング・アウトにより，輸出は為替レート増価により，それぞれマイナスで推移する．このため実質 GDP の増加は 1 ％前後と低い水準にとどまる．

　もっとも，上にのべた拡張的財政政策の輸出締め出し効果は，いくつかの条件の下で成立することであり，現実にはそれらの条件は完全にはみたされない．そのため財政支出の輸出締め出し効果は100％働くわけではない．拡張的財政政策は金利の上昇を通じて民間投資を押し退けたり，為替レートの増価を通じて輸出を締め出したりする副作用をもつので，単純なケインズモデルで考えられている場合に比べてその景気回復効果は小さくなるという点に留意しておく必要がある．

◆　**変動相場制下の金融政策**　　つぎにマネー・サプライを増やすような拡張的金融政策の効果を考える．拡張的な金融政策を行うと，LM 曲線は右方にシフトして（①），均衡点が E' になり，国内金利が下がる（図10.6の右）．国内金利が外国金利よりも低くなるので，海外への資本流出が生じて，国際収

支は赤字になり，自国通貨が減価する．

このような為替レートの減価は純輸出を増加させるので，IS 曲線は右方へシフトする．さらに IS 曲線は内外利子率が等しくなるまで，右へシフトする（②）．結局，国際収支の均衡が回復される状態では点 E'' のようになるであろう．つまり変動相場制のもとにおける拡張的金融政策は国内の景気浮揚効果があることがわかる．このように変動相場制度で国際間の資本移動が自由な場合，国内経済の安定，すなわち雇用の安定と物価の安定のための政策として金融政策の有効性は増大する．

要約すると，財政政策と金融政策が国内経済に与える影響は，為替レート制度に依存している．変動相場制では金融政策だけが所得に影響を与えうる．財政政策の通常の拡張効果は通貨価値の増大によって打ち消される．固定相場制では，財政政策だけが所得に影響を与えうる．金融政策の有効性は失われる．

◆ **マクロ経済政策の政策協調**　上記の議論に関連したいくつかの論点に触れる．第1に，小国経済を前提にしたマンデル＝フレミング・モデルを現実の経済に適用するには注意が必要である．日本やアメリカのような大国経済の場合は，完全な資本移動を伴う小国開放経済の仮定はそのまま当てはまらない．

なぜならば大国経済が変動相場制のもとで拡張的財政政策を行うと，国内の利子率上昇圧力が外国にも波及するので外国利子率も上昇するからである．その結果，図10.4の BP 曲線が上へシフトする．外国利子率の上昇は，自国通貨の減価圧力となるので，外国利子率を一定とした小国の場合に生じた自国通貨の増価はより弱められる．このため，拡張的財政政策は国内経済の景気浮揚効果をもつようになる．

第2に，経済政策の発動は他国へ及ぼす影響をも考慮しなくてはならない．変動相場制で拡張的金融政策を行うと，自国通貨は減価するが相手国通貨は増価する．すなわち拡張的金融政策を通じた通貨切下げは，自国の GDP を上昇させる一方，他国の GDP を低下させる負の効果をもっている．したがって，変動相場制には通貨切り上げ競争を誘発する可能性が内在していることになる．

第3に，拡張的財政政策を行うと短期的には自国の為替レートが増価し，相手国通貨は減価する．つまり一国が採用する拡張的財政政策は自国の GDP だけではなく，相手国の GDP を増加させる．このため他国の財政政策にただ乗りするフリー・ライダーの誘因が生じる．もしもフリー・ライダーの問題が深刻であるとすると，世界経済をより望ましい状況に誘導する財政政策は，世界全体として過小にしか行われなくなる可能性がある．財政金融政策の国際的な波及効果を適切に調整するには政策協調（G20サミット等）が必要になる．

演習問題

1. ある国の GDP と消費につぎのような関係があるとする．この国の限界消費性向を求めなさい．

GDP（兆円）	480	490	500	510	520
消費（兆円）	434	442	450	458	466

2. この国の投資がどの産出量水準においても50兆円で一定であるとする．消費関数と総支出関数を図に描きなさい．総支出曲線の傾きは何によって決まるか．均衡産出量はいくらか（(4)式を参照せよ）．

3. 上記の例で，消費と投資から成り立つ簡単な経済の場合，投資が1兆円増加することに伴う乗数効果を計算しなさい（(5)式を参照せよ）．また政府が加わるが国際貿易がない経済で，税率が0.3である場合の乗数効果を計算しなさい（(9)式を参照せよ）．

文献案内

財政政策については井堀（2008）2，3，4章，吉川（2007），スティグリッツ＝ウォルシュ［藪下他訳］（2006）が格好の書．新古典派の経済理論を前提にした財政政策を知るには，これらの文献の関連箇所を読む必要がある．開放経済下の経済政策について澤田（2003）がわかりやすい．ややレベルが高いテキストとして，マンキュー［足立他訳］（2007），スティグリッツ＝ウォルシュ［藪下他訳］（2007）がある．実際の財政政策の効果については貝塚・財務総合研究所編（2005）所収の論文が詳しい．日銀の量的金融緩和政策については植田（2005）がコンパクトで密度が濃い．乗数に関するデータは増渕・飯島・梅井・岩本（2007）で見ることができる．

第11章

財政赤字と公債論

　政府は財政赤字を出しているときには，支出と収入の差額を埋めるために公債を発行して，借入をおこなわなければならない．こうした借入額の累積価値は政府債務となる．世間一般の目から見ると，税金による財政運営に比べて借金は道徳的に不健全なことである．しかし，建設時に一時的に必要になる資金を公債でまかなうことは，それ自体として非合理なことではない．その施設が存続する限り，利用者である後の世代から租税を徴収して公債の元利を償還することは公正であろう．

　もっとも現在の日本のように大量に公債が発行されて政府債務の対 GDP 比が150％を超える状況になると，実際には様々な問題点が生じてくる．その代表的なものとして財政の硬直化，クラウディング・アウトおよび後世代への負担転嫁等がある．こうした問題が背景となり，財政の持続可能性を確保するための様々な試みが経済政策の中でも重要な争点のひとつになっている．

　本章は，日本の財政赤字問題を概観することから始まる．ついで公債の意義と公債負担論を考察する．最後に財政の持続可能性に必要な条件とそれを達成する方策を展望する．

1. 1990年以降の財政赤字

◆ **財政赤字はどのくらい深刻か**　政府が税や他の収入として受取る金額よりも多く支出したならば，それは財政の赤字となる．通常それは財政赤字と

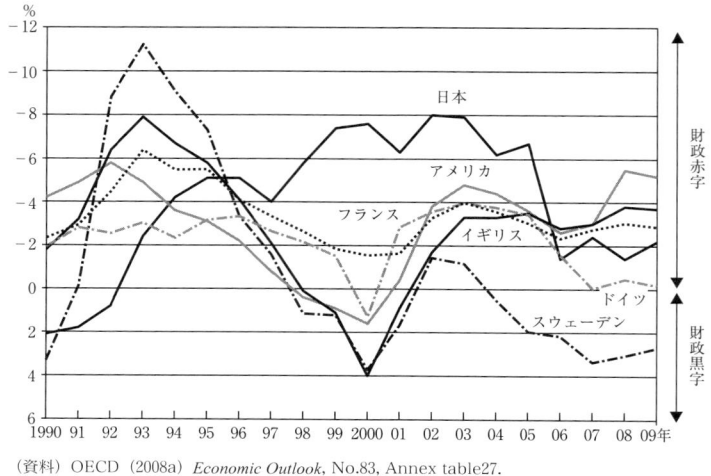

図 11.1 財政赤字と財政黒字（対 GDP 比，1990-2009）

（資料）OECD（2008a）*Economic Outlook*, No.83, Annex table27.

よばれている．現在の財政赤字問題はほぼ1992年頃にはじまった．図11.1は財政赤字の変遷を各国について比較したものである．

過去を振り返ると，1970年代に発生した石油危機をきっかけに財政赤字が拡大した．この問題に取り組むため，80年代前半には臨時行政調査会による「増税なき財政再建」が行われ，国鉄や専売公社の民営化が行われた．その後，1980年代後半にはバブル経済による自然増収という「天の恵み」に支えられ，特例公債からの脱却という目標を達成した．1990年代の初頭に政府財政は黒字であり，政府債務も適度な水準にあった．

しかしバブル崩壊後，拡張的な財政政策と「失われた10年」の景気低迷により，2002年度に GDP 比で 8％という史上最高の財政赤字を記録した．利払い費を除いた基礎的財政収支の赤字は OECD 諸国の中で最高になった．財政が持続可能であるためには，名目 GDP が長期の政府債務残高と少なくとも同じ速度で成長することが求められる（詳しくは本章4節）．しかし1992年からの15年間で，政府債務は年率で7.3％上昇したが名目 GDP の成長率は0.5％にすぎない．

日本の状況は「例外的」であるといわれる．1990年代の欧米諸国の財政はおおむね1993年頃まで景気が低迷して財政赤字が拡大し，その後景気回復と財政支出削減や増税で再建がなされる，という歩みをしたといってよい．そ

の結果，2000年代初頭には基礎的財政収支の黒字を計上する．ところが日本だけは，92年度以降一直線に財政赤字が拡大しており，2004年度以降にようやく財政再建が本格化する（図11.1）．

政府債務問題の深刻さは，**長期利子率**が低い水準にあることである程度は覆い隠されていることに留意する必要がある．国債の利率は1.5〜2％の水準であり（但し10年国債利回り），これはOECD諸国で最低水準である．このため利払い費は低い水準に保たれている．

しかし日本の長期利子率の低さは，例外的な環境の所産である．日本銀行の行った量的金融緩和政策によって銀行に豊富な流動性が供給された．一方，民間部門は不良債権問題のため，貸し出しやリスクをとって投資することを控えてきた．ゆえに長期利子率は歴史的な低水準に保たれた．この例外的な状況は不良債権処理の進行，民間投資の回復，そして日銀の量的緩和政策の解除によって終わりに近づいている．長期利子率の上昇に伴う利払い費の増大，そしてリスク・プレミアムの上昇は懸念材料である．

◇ **財政赤字問題の原因**　何が財政赤字の急増をもたらしたのかという問題を提起する良い方法は，1990年代初頭と2000年代とでは何が変わったかを問うことである．この問いに対しては3つの主たる答えがある．表11.1は1992-2005年の間の歳入・歳出の変化をまとめたものである．

第1は税収入の減少である．1992年には税や他の収入の対 *GDP* 比は33.3％だった．2005年にその比率は30.7％に低下した．とくに個人所得税の比率は2.7％も下がった．課税所得は20項目もの各種控除によって侵食され，収入に占める割合は42％にすぎない．

それに加えてバブル崩壊後，景気対策のため所得税を中心に減税がくりかえされてきた．1999年には定率減税が所得税の20％，住民税の15％の税額控除で実施されることになる．この恒久的減税は景気が回復したら元に戻すという条件が暗黙にあったものの，それには増税という批判をあびることから困難を伴った．法人税も恒久的減税に伴って，その基本税率は34％から30％へと国際的な水準まで引下げられた．

第2は社会保障費の増大である．92年度から98年度までは，公共投資の増大と税収の落ち込みの寄与がほぼ半々であった．景気の下支えのために，拡

表 11.1 歳入・歳出の変化（1992年以降）

	対GDP比 1992年	2005年	変化 1992-2005年
歳 入 項 目			
家計に対する直接税	7.8	5.1	−2.7
法人に対する直接税	4.7	3.2	−1.5
社会保険拠出	8.5	10.6	2.1
間接税	7.8	8.5	0.7
利子収入	2.4	1.4	−1
その他	2.2	1.9	−0.3
歳入総額	33.3	30.7	−2.6
歳 出 項 目			
消費支出（人件費）	5.9	6.1	0.2
現物社会移転*)	4	6.2	2.2
その他の消費支出	3.5	5.6	2.1
社会保障給付	7.2	11.4	4.2
資本形成支出	5.4	3.6	−1.8
利子支払	3.5	2.7	−0.8
その他	3	1.3	−1.7
歳出総額	32.6	36.9	4.3
財 政 収 支	0.8	−6.2	−7
基 礎 的 財 政 収 支	1.9	−4.9	−6.8

（資料）OECD (2006) *Economic Survey Japan*, table 3.1.
　＊）主に医療，介護保険

張的な財政政策がくりかえし，発動されたためである．しかし2000年代に入ってから，歳出面では社会保障関係費の増大が財政赤字増大の主因であった．公共投資は継続的に削減がおこなわれた．

　日本の高齢者人口は絶対数だけでなく総人口比率としても増加してきているが，社会保障（年金や医療）に対する一般政府支出は急激に拡大してきた．こうした社会保障給付のうち，現金給付の対GDP比は1992年に7.2%であったが，2002年には11.4%へと4ポイントも上昇している．また医療や介護といった現物給付も，同じく4%から6.2%へと2ポイント上昇している．この2つの分野だけで支出面での比率増加の大半を占める．財政再建は，給付と負担両面について社会保障の将来像を明確にすることと切り離せない．

　第3に利払い費の動向に注意する必要がある．政府債務の急増にもかかわらず，公債の利払い費の対GDP比率は1992年の3.5%から，2002年の2.7%へとわずかに下がっている．これは国債の実効金利（利払い費の国債残高に対

する比率）が同じ期間に8％から2％へとかなり下落したためである．しかし低い長期金利が10年以上も保持されてきたのは，中央銀行の量的金融緩和政策と不良債権問題に端を発した民間部門のリスク回避行動といった例外的な要素による．こうした都合の良い環境は，景気の回復に伴って終わりに近づきつつある．

◇ **「減税の時代」** 財政赤字は2002年頃から抑制され始めた．なぜ，これがそのように困難であるのだろうか．財政再建に成功した欧米諸国の経験によると，経済成長を別にすれば，基礎的財政収支の改善には支出削減と歳入増加のそれぞれが半々ずつ貢献した．支出削減については政府消費（社会保障給付，人件費）のカットが，歳入の増加については法人・個人に対する直接税の増加が主因であった（OECD［2005］）．

この点，日本の場合にはつぎのような事情が財政赤字の抑制を困難にしていた．第1に，日本の財政規模の対 GDP 比は財政再建に成功した欧米諸国に比べて小さく，社会保障費や公務員賃金の削減余地があまり大きくない（OECD［2006］Box3.2）．

第2の事情はマクロ経済への影響を懸念して，ネットで増税型の税制改革は景気後退から脱却して経済が好転した場合に実施すべきだ，との考えが強いことである．過去を振り返ると，1960年代に始まった高度成長期は毎年生じる税収の自然増収を背景に「**税制改革＝減税**」の時代であった．1970年代の石油ショック以降今日まで，概ね税制改革は増税と減税を組み合わせた増減税一体処理の時代へと移行する．しかし一般的に減税幅が増税幅より大きく，ネット減税として実施されることが多かった（石［2008］）．

1990年代以降，財政赤字が拡大する中で税制改革は当初，時差を設けた増減税の一体処理に走ることになる．この過程で細川護熙首相の企てた国民福祉税構想が挫折し，村山富市，橋本龍太郎両首相による先行減税と消費税率の引上げが実施された．しかしながら景気停滞のいっそうの深刻化から，最終的には大規模な恒久的減税に踏み切らざるをえなくなった．バブル経済崩壊後は景気浮揚のために繰り返される減税措置と財政健全化をどう調和させるかというむずかしい問題があった．

◇ **財政再建の努力**　このように財政赤字の抑制をめぐる日本特有の事情があった．それでも政府は増え続ける財政赤字を危惧し，財政再建へ向けての努力も継続中であった．その帰結が1997年に制定された「財政構造改革法」となってあらわれた．2003年度までに財政赤字の対 GDP 比を3％に抑制する数値目標を掲げ，そのために主要経費別に量的な上限を設定した．しかしながら発動のタイミングが悪く，あえなく凍結の運命とならざるをえなかった．

財政構造改革法の凍結は苦い経験となった．財政再建を目標とする将来の制度設計に貴重な教訓を遺した．例えば，新しい法律的枠組みは，経済が下降する局面に入っているときに柔軟に歳出をコントロールできるようにする必要がある．また個別の歳出項目にかかわる量的縮減目標（「キャッピング」）は，当初予算だけではなく，決算をも対象とする必要がある（量的縮減目標は，当初予算のみを対象としているが，補正予算によって支出は膨張する）．

2000年代初頭に入り，長引いた景気後退から脱却して次第に景気が好転してきた頃より，財政再建への挑戦が再開された．2003年に小泉内閣は「改革と展望」を改訂して，一般政府支出を2002年の水準（対 GDP 比の39％）以下に抑制すること，2010年代初頭に基礎的財政収支の黒字を達成することの2点を目標に掲げた．

基礎的財政収支の均衡とは国債発行を国債費（元利償還費）に一致させることを意味する．いいかえると，国債費を除いた政府経費は税収でまかなわれるべきであるということになる．この条件が成立すると国債残高の対 GDP 比率はある一定水準に収束する．いわば，発散する状況の財政赤字増加に歯止めがかかり，一種の「止血」の役割をはたすことになる（詳しくは本章4節を参照）．

2．公債発行の必要性

◇ **公債発行は悪いことか**　政府は財政赤字を出しているときには，支出と収入の差額を埋めるために借入をおこなわなければならない．こうした借入額の累積価値は政府債務残高となる．政府債務とは公権力体としての政府が，経費の財源調達のために貨幣所有者から借入れることから生じる金銭債

務である.いいかえると国家の債務として議会の承認をうけ,国民全体の借金としての「公」債的性格が明確となっているがゆえに,国民の租税負担によって償還されることが保証された債務である.

もっとも世間一般の目から見て,税金による財政運営に比べて借金は道徳的に不健全なことだと思われている.実際,「公債か租税か」の選択は財政学においても古くから議論されてきた根本問題のひとつである.この節では,政府収入としての公債発行にどのような必要性があるのかを考察する.代表的な考え方は次の3つに整理できる.

第1は,「利用時支払い」という考え方である.これは公債には後の世代の納税者からの租税の先取りとしての機能があるというものである.一般公共サービス,防衛,公共秩序,安全など,国家体制の維持・安全にかかわるような純粋公共財は,租税を中心とする一般財源でまかなわれる.これらの純粋公共財は経常費のために費消されてしまうので,その便益をうける世代が租税を拠出すべきであり,借金は望ましくない.

同じ論理は世代をこえて利用可能な公共土木,建築などの受益と負担にも当てはまる.ただし建設時の納税者だけでまかなうとすると,おそらく過分に負担することになる.逆に後の世代は,負担なしに便益だけを受けることになり不公平である.この問題を解決するのが公債である.すなわち建設時に一時的に必要になる資金を公債でまかない,その後,その施設が存続する限り,利用者である後の世代から租税を徴収して,公債の元利を償還していけばよいからである.これを**利用時支払い**(pay as you go)という.日本の財政法第4条の但し書に定められている,いわゆる建設公債の趣旨もここにある.

家計が長期にわたって居住する住宅や何年も乗るであろう自動車を,借金で購入するのは合理的である.家計は商品を利用する期間に支払いを分散している.けれども今月の電気代や携帯電話の契約料金を支払うために,借金するのは賢明とはいえない.経常的な経費は見合いの資産が残るわけでもなく費消されるだけだからである.政府も同じである.道路,学校,産業プロジェクトといった長期間に便益が分散される投資に必要な資金を借入れることは合理的である.しかし完成する見込みのないダム建設や公務員の給料支払いのために借金をするのは誤っている.

◆ **税の平準化**　第2は，効率性の観点からの公債発行是認論である．そもそも公債か租税かの選択はある意味でタイミングの問題にすぎない．というのは租税であれば予算が執行された年度に一度に納税される．これに対して同じ金額を公債で資金調達すると，元利償還のために小規模な増税が分散して行われる．19世紀のイギリスの経済学者であるリカード（David Richard, 1772-1823）が発見した**等価定理**から明らかなように，租税であれ公債であれ，両者の現在割引価値で見た金額は同一となる（詳しくは本章3節）．もしそうであるとすれば，いずれを優先すべきだろうか．

　財政赤字や黒字は税制によって生じるインセンティブの歪みを軽減することに利用できる．第6章で学習したように高い税率は経済活動の意欲を削ぐことを通じて，社会にマイナスになる．例えば労働所得への課税は人々の長時間労働へのインセンティブを減らしてしまう．こうしたインセンティブの低下は税率が高くなるほど顕著になるので，税率を年ごとに上下に変動させるよりもある程度安定的に保つほうが社会的コストを小さくできる．（例えば，労働所得税による超過負担は賃金に対する比例税率の二乗に比例する）．このことを経済学者は**税の平準化**（tax smoothing）と呼ぶ．税率を安定に保つために，所得のとくに少ない景気後退期や支出の極端に多い戦時などには，財政赤字が必要となる．

　もっとも，この結論点はクラウディング・アウトを考慮していない．リカードの世界ではクラウディング・アウトは発生しない．租税は労働供給を歪めるので，公債の方が望ましい．けれども経済が完全雇用に近く，公債発行が民間の資金需要を押しのけている状態であれば租税の方が望ましい．したがって公債と租税のいずれが望ましいかについて，一義的な解答を下すことはむずかしい．

　第3は，有効需要の下支えとしての公債発行是認論である．ここまで私たちは経済が完全雇用状態にある，と仮定してきた．では失業が発生する短期において，租税と公債のどちらを選択すべきだろうか．第10章で説明したように，マクロ経済学の標準的な見解によれば，それに対する解答は失業率の水準に左右される．失業率が非常に低いのであれば，財政支出の増加はインフレを加速させるので，増税によって民間部門の購買力を吸収しなければならない．反対に失業率がかなり高い場合には，有効需要を下支えするために

赤字公債を発行する方がよい．いわゆるフィスカル・ポリシーと呼ばれる政策がこれである．

けれども近年，フィスカル・ポリシーへの信頼は必ずしも高いとはいえない．例えば，バローのいう利他主義的なモデルが正しければ人々は財政政策の効果を相殺するように行動するだろう．そもそもケインズ主義モデルの枠組みを前提にしても，財政政策が有効性を発揮するには時間的な遅れが避けられない．もし財政支出の拡大のタイミングが遅れれば，（本来は緊縮政策をとるべき）必要のない時に景気を刺激してインフレを起こしてしまう．

◆ **国債の発行は認められているか**　公債発行自体が悪いわけではないことを学んだ．つぎに公債発行の具体的な制度や手続きがどのようなものかを解説する．これを定めているのが財政法である．日本では財政法4条に均衡予算の原則が定められている．すなわち「国の歳出は，公債又は借入金以外の歳入を以て，その財源としなければならない」（4条）．第2次大戦後から1964年度まで，この原則は守られた．この時期には高度成長の果実である弾力性の高い直接税を中心にした税収が，財政支出に対して十分対応できたからである．「高度成長適合型の公債不発行時代」（林健久［2002］）といわれる所以である．

財政法は公債不発行を原則としているが，公共事業費，出資金及び貸付金の財源で国会の議決を経た金額の範囲に限っては，公債の発行が認められている（4条但書による）．これによって発行される国債を「4条公債」あるいは「**建設公債**」という．建設公債は伝統的な財政学のいう生産的公債にほぼ対応する．「生産的」の意味はせまくいえば，鉄道・電力などのように，その公債によってえられた資金が資本として機能し，収益の中から元利を支払いうるもの，すなわち自償的なものをさす．

広義には，かならずしも自償的ではないが，道路などの社会的資本に充当されて社会的生産力の拡充に寄与し，資産として後世代にも便益をもたらすとみなされるものを意味する．前述した利用時支払い（pay as you go）の考えに対応するものといってもいい．1965年度以降74年度までが第4条但書，いわゆる建設公債の時期である．

ただし1975年度からは税収が大幅に落ち込み，逆に景気回復の必要から公

債の大量発行がはじまった．こうした公債の大量発行となると，それまで守ってきた建設公債の枠にはおさまりきれず，特例法にもとづく赤字公債が年々の発行の半ば近くを占めつづけることになった（1975-89年度，1994年度以降）．ケインズ的なフィスカル・ポリシーに対応する「特例法の時代」（林健久［2002］）に突入したのである．赤字公債というのは建設公債のような機能をもたず経常費のために費消されてしまうものを示し，後年度には単なる死重として残るものという意味である．

◆ **市中消化の原則**　　政府が公債という形で借入をすることを公債の発行ないし起債という．公債は公募入札方式によって発行されている．これは多数の応募者に対して，国債の発行条件を入札に付し，その応募状況に基づき発行条件及び発行額を決めるものである．かつてはシ団（国債募集引受シンジケート団のこと）引受方式で発行されていたが，国債市場特別参加者制度の定着を受けて2005年度末でシ団方式は廃止され，翌年から公募入札方式で発行されている．

　公募しないで中央銀行が引き受けることは，財政法第5条によって禁止されている．すなわち「公債の発行については，日本銀行にこれを引き受けさせ，又，借入金の借入については，日本銀行からこれを借り入れてはならない」（5条）．これを「**市中消化の原則**」という．中央銀行引受が禁止されているのは通貨供給量の増加とむすびついてインフレーションを発生させ，また公債の発行を安易にして，財政節度を保ちにくくするからである．

　もっとも，市中消化された公債を日銀が民間金融機関から買切りの方式で買い入れることは可能となっている．これは日銀の「公債買切りオペレーション」と呼ばれる．2002年1月には，買切りオペの対象銘柄が発行後1年以内で期限別の直近発行2銘柄だけを除いた公債に拡大されたことにより，日銀買切りオペと日銀引受との区別はほとんどない状況になっている．

　なお財政法5条の但書において，「特別の事由がある場合において，国会の議決を得た金額の範囲内では，この限りではない」と定められている．この規定の適用を受けるのは，日銀が保有する公債の償還額に対応する借換債の日銀引受である．これは「日銀乗換」と呼ばれる．日銀乗換が認められるのは，それが日銀保有公債の借換であり，通貨供給量の増加とむすびついて

インフレーションを発生させる危険がないからである．

借入を発行というのに対して，返済を償還という．日本では1967年度以降，償還のために毎年一定の金額を積み立てる減債基金制度が採用されており，具体的には国債整理基金特別会計に，毎年一般会計および特別会計から資金を繰り入れている．

現行の減債基金制度では建設国債の発行対象施設の平均的な耐用年数を60年とし，その間に全額現金償還すればよいことになっている．したがって10年債の場合には発行後10年で満期となるが，その際，60分の10を現金償還し，残り60分の50は借り換える．これを繰り返して60年目に完済する．このため毎年度，前年度期首における国債残高総額の100分の1.6（約60分の1）に相当する金額を繰り入れている（定率繰入）．

これに対して特例公債は見合いの資産が残らないので，満期の10年で全額現金償還し，借り換えないことになっている．しかし大量償還が必要になった1985年度以降，財源不足のためそれを守ることは不可能で，借換に頼らざるを得ない状況にある．

3．公債負担論

◆ **財政硬直化**　公債発行には租税にはないメリットがあり，それ自体悪いものではないことを学んだ．しかし現在の日本のように大量に公債が発行され，政府債務の対 GDP 比が150％を超える状況になると，実際には様々な問題点が生じてくる．代表的な問題は財政の硬直化，クラウディング・アウトおよび後世代への負担転嫁の3点である．

第2章の表2.3に見られるように，国債費が一般会計に占める割合は1960年にはわずか1.5％であったのが，2007年度にはついに25.3％にまで跳ね上がってきた．社会保障関係費の25.5％とほぼ同じ水準である．

これは，過去の借金のツケが今日最重要である経費と考えられる社会保障関係に匹敵してきたということを意味する．他の2つの経費項目である地方交付税交付金および「一般歳出」は，その相対的な比重が下がりつつある．国債費増加による財政硬直化の現象が生じているといえる．低金利のもとでさえ，このように他を押しのけているのであるから，金利上昇局面では事態

がいっそう深刻になる．

◆ **クラウディング・アウト**　増税ではなく公債で財源を調達する場合，可処分所得が大きくなるので消費水準は高くなる．しかし現在の高い消費は，その他のものを犠牲にしなければならない．もし経済が完全雇用状態にあるならば，公債を発行すると GDP のパイは大きくならない．なぜそうなるかを論じる封鎖経済では投資資金として2つの供給源がある．すなわち民間貯蓄（S_p），政府貯蓄（政府歳入と政府支出との差額 S_g）である．

$$I = S_p + S_g$$

政府貯蓄と民間貯蓄の合計である総国内貯蓄は投資に等しくなる．このため政府貯蓄は総貯蓄を増加させることを通じて，利子率を下落させ投資を増加させる．逆に財政赤字の場合には政府貯蓄すなわち公的貯蓄はマイナスであり，政府が投資のための資金を横取りする．マイナスの政府貯蓄（財政赤字）が民間投資を押しのける効果を**クラウディング・アウト**という．このとき国民貯蓄が減少し，利子率が上昇し，投資は減少する．

封鎖経済の前提に外国貿易を導入すると次のような変化が起きる．政府貯蓄がマイナスになると，外国からの借入が増えるので投資は変化しない．しかし外国からの借入を行うと，将来，外国に利子を支払わなければならない．このため将来の投資水準と将来の生活水準は低下する．ある種の負担が将来に残ることになる．これは政府の借入がもつ機会費用である．

◆ **公債負担の転嫁**　公債の累積がもつ3番目の問題点は後世代への負担転嫁である．以下では，財政赤字が将来世代にどのような影響を及ぼすのかをやや詳しく論じる．この問題についての標準的な見解は，政府は公債発行を通じて公共サービスの費用を将来の納税者（将来の若者）に転嫁し，現在の納税者にはそうでない場合に比べてより高い消費水準を保証するというものである．

なぜ公債負担が後の世代に転嫁されるのだろうか．これを理解するには**重複世代モデル**というものを理解する必要がある（Rosen [2005] Ch.18）．同一の時期に生まれた人々を「世代」と定義する．このように定義すると，どの時期にも複数の「世代」が共存していることから重複世代モデルと呼ばれ

表11.2　重複世代モデルによる公債負担

2010-2030年		若い世代	中年の世代	高齢者の世代
(1) 所　　得	—	6,000	6,000	6,000
(2) 公債発行	—	−3,000	−3,000	—
(3) 政府支出	—	2,000	2,000	2,000
2030年	若い世代	中年の世代	高齢者の世代	
(4) 増　　税	−2,000	−2,000	−2,000	—
(5) 償　　還	—	3,000	3,000	—

(資料) Rosen (2005) *Public Finance*, seventh edition, table 18-3に加筆・補正.

る．表11.2はその数値例となっている．このモデルによれば，公債の負担はある「世代」から別の「世代」へと転嫁される．

　若い世代（25-45歳），中年の世代（45-65歳），高齢者の世代（65歳以上）の人口が同じであるとする．それぞれの期間が20年とし，所得は6,000万円で貯蓄はないものとする．政府が財政支出を賄うために6,000万円の借入を行う．この公債の元利償還は20年後に行われるものとする．若い世代および中年の世代は公債を保有する動機があるだろう．高齢者の世代は償還時には亡くなっている可能性が高いので購入しないだろう．よって公債の保有は若い世代と中年の世代で折半される．2010年の消費は3,000万円ずつ減少する．政府は借入を行うことによって，すべての世代に同一の公共サービス（2,000万円に相当）を提供する．

　つぎに時計の針を20年後に動かす．過去の高齢者の世代はすでに亡くなっている．過去の中年の世代は高齢者の世代に，若い世代は中年の世代になる一方で，現在の若い世代が登場している．政府は元利償還のために6,000万円の増税を行うことを決定する．各世代一律に，2,000万円の増税を負担する．合計6,000万円の税収によって，政府は中年の世代と高齢者の世代の公債保有者に償還する．ただし利子率はゼロとしておく．つぎのような状況があきらかになる．

　第1に公債発行とその償還の結果，過去の高齢者世代の生涯消費水準はそうでない場合に比べて，2,000万円多くなる．第2に過去の若い世代および中年の世代の生涯消費は，公債の発行いかんにかかわらず変化しない．第3に現在の若い世代は，公債発行がない場合に比べて生涯消費は2,000万円少ない．

要するに，現在の若い世代から過去の高齢者の世代へ所得が移転しているのである．20年後の公債償還はその時に生存していた世代での内部移転である．しかし同じ時期に生まれた人々を「世代」として括るならば，若い世代は恩恵を受けることなく償還コストだけを負担する．内国債であったとしても「世代」間で所得が移転されて，結果として将来「世代」に負担が転嫁される．この数値例が示すように，現役世代は将来世代の負担と犠牲において公共サービスを消費する．重複世代モデルの意義は公債発行の負担を生涯消費に及ぼす影響に注目している点にあるといえる．

◆ **同一世代内での所得移転**　公債発行を通じて現在及び過去の世代の消費が高まるが，その負担は将来の世代に転嫁されるという考え方は，現在は標準的な見方である．しかし，この見方は公債負担を過大評価しすぎているという異論もある．2つの理由づけを見ることにしよう．
　第1は，公債発行はわれわれ自身が公債保有者でもあるので，償還は同一世代内の所得移転となり，心配する必要がないという見方である．比喩的に用いられるのが，兄弟同士の貸し借りのケースである．家族のうち一人の生活はよくなり，他の一人は苦しくなる．けれども兄弟間の貸し借りは家族全体にとってあまり重要でない．公債発行による資金調達も世代間の資源の移転を伴うけれども，国民全体の購買力は一定に保たれるという．
　こうした見解を代表するのが，**ケインズ学派の公債論**である．転嫁を認める立場を正統派というので，この立場は通常，新正統派（New Orthodoxy）と呼ばれる．ケインズ，ハンセンなどのケインズ派（新正統派とも呼ばれる）は，将来世代に公債の負担が転嫁されないという非転嫁論を主張した．
　経済が完全雇用であると一国全体の利用可能な資源が限られている以上，公債は発行時の現在世代において民間部門で利用可能な資源を公的部門に移転させる．このため民間部門で，利用可能な資源が減少するという点で租税と同じく現在世代の負担となる．たしかに公債は元利償還のための課税という形で財政負担を将来世代に残すことになる．しかし将来世代全体として見ると元利償還のために課税される納税者と元利償還を受ける公債保有者とは同じ世代に属する．このため，両者の間で所得再分配が行われるにすぎず，将来世代に負担は転嫁されないとケインズ学派は主張する．

上記の議論は内国債の場合だけである．外国債の場合には発行時の現在世代においては海外からの資金流入によって利用可能な資源が増加するために負担はない．しかし元利償還時の将来世代においては海外の公債保有者に対して資金が流出して利用可能な資源が減少するため，負担が転嫁される．

　ケインズ学派の議論については，つぎの3点を注釈する必要がある（スティグリッツ [2004]）．第1に債務をわれわれ自身で負っているとしても，それ自身（債務）は投資に影響を及ぼすので将来の賃金や生産性が下がる．第2に，現在では，われわれは自分自身だけにお金を借りているのではない．多くの国々は海外から借入を行っており，外国人の公債保有は増大している．一国の生産高を超過して消費すれば，その結果は家計がその収入を超えて支出する場合と同じである．将来の人々は現在の消費のためのツケを支払うことになる．

　第3に，国債の利子を支払うには将来の増税が必要であり，それはまた経済に歪みをもたらす．例えば，労働や貯蓄の意欲を削ぐかもしれない．公債償還はその時に生存していた世代での内部移転である．しかし同じ時期に生まれた人々を「世代」として括るならば，重複世代モデルが示すように，若い世代は恩恵を受けることなく償還コストを負担する．

◆ **公債の中立命題**　より最近の議論は，財政赤字の拡大に直面して現在の納税者は消費よりも貯蓄を増やすだろう，というものである．アメリカの経済学者ロバート・バロー（Robert J. Barro, 1944- ）は，19世紀イギリスの経済学者ディヴィッド・リカードがはじめて主張した議論（ただし，リカード自身はそれを否定した）を発展させ，人々は遺産を増やして将来世代が背負うであろう債務償還の負担を和らげようとする，と断言する．

　遺産を蓄えるために，彼らは財政赤字の増分と同じだけ，貯蓄を増やす（つまり国民貯蓄は変化しない）．マイナスの政府貯蓄の増大は，完全に相殺される．これはリカードの等価定理と呼ばれている．すなわち，家計は政府の借入を彼ら自身の借入とみなす．

　これは次のように考えることができる．政府がある代表的な市民に5万円の減税をするために，国債を発行してその市民から5万円借りるとする．その国債は「政府は国債保有者であるあなたに対して5万円＋利子を負債とし

図11.2 家計貯蓄と財政赤字（対 GDP）

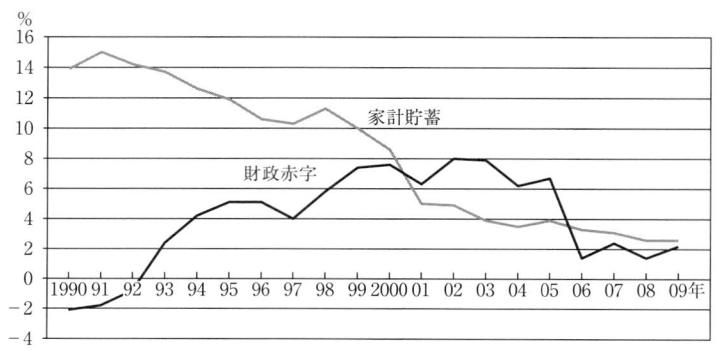

（資料）OECD（2008a）*Economic Outlook*, No.83, Annex table23, 27.

て負っている」ことを意味する．他方でその国債は「納税者としてのあなたは，政府に対して5万円＋利子を負債として負っている」ことを意味する．結局，市民が保有する国債は彼を富ませもしないし，貧しくもしない．このように政府負債は将来の租税と同等であると消費者が十分に予見するのであれば，消費を増やさない．

政府負債に関する伝統的な見解を支持する人々は，将来の租税はリカード派の見解が示すほど大きな影響を消費に与えないと考えている．すなわち①人々は近視眼的であり，政府の財政赤字の意味について十分に理解していない，②個人が借入制約に直面していれば，たとえ将来所得が減っても，減税は今期の所得を増やすので消費を増やす，③赤字による減税は将来の世代を犠牲にして現在の世代に消費機会を与え，消費を刺激する（これに対して，バローは現在世代が利他主義的に将来世代に関心をもち，遺産という形で子供に贈物を残すと述べた）．

政府負債に関する2つの見解に決着をつける証拠はないのだろうか．リカード派の見解では，財政赤字の拡大は家計貯蓄の増大をもたらすはずである．図11.2は1990年以降の日本で，個人貯蓄と財政赤字とがどのように変遷したかをまとめたものである．たしかに1997-98年と2006年以降については，ある種の相関関係はある．

しかし，それ以外の期間では逆の傾向が支配的である．事実はリカードの等価定理を必ずしもストレートに支持していない．様々な国の統計も民間貯

蓄が財政赤字を完全には相殺しないという事実を裏付けている．もっともリカード派の見解を支持する人々は，1990年代以降，所得の伸びが激減する中で貯蓄がなおかつ増大しており，中立命題が成立する可能性があったと評価している．

4. 財政の持続可能性

◆ **財政破綻を防ぐ**　日本の財政赤字は1980年代後半には10兆円前後であったが，90年代以降は30兆円から40兆円に達した．このため公債残高は GDP 成長率よりも急速に増えた．図11.3は公的債務残高の対 GDP 比を国際比較したものである．公的債務残高の対 GDP 比は1990年の60%から，2005年には170%前後へとほぼ一直線に増大している．他の先進諸国が90年代末から，GDP に占める債務残高を抑制してきたのと対照的である．

債務残高が増大するにつれて財政赤字を同じ水準で維持することはむずかしくなる．なぜならば，公債の利払い費も増えるからである．もっとも利払い費は，80-90年代を通じて毎年10兆円前後であり，2000年代に入ってからはやや減りつつある．国債残高は増加したものの，低金利の影響で利払い費は低く抑えられてきた．しかし，金利の動向によっては利払い費が大幅に増大する可能性がある．

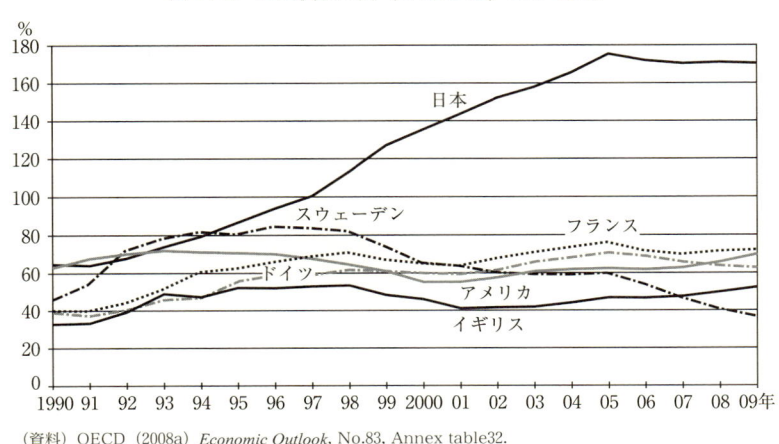

図 11.3　公的債務残高（対 GDP 比，1990-2009）

（資料）OECD（2008a）*Economic Outlook*, No.83, Annex table32.

ところで政府は『骨太の方針2006』において，債務残高 GDP 比を安定的に引下げることを目標に，当面「2011年度に国・地方のプライマリー・バランスを黒字化」することを掲げている．次項では，この目標の意味は何であるかを論じる．

◆ **プライマリー・バランス論**　ある時点における国債残高 D と政府支出 G，税収 T の間には定義上，つぎの関係が成立している．

$$D - D_{-1} = G - T \tag{1}$$

ここで，D_{-1} は前期の国債残高である．利子率を r とすれば利払い費は rD_{-1} で表される．例えば，2008年度予算における国債費は20.1兆円であり，一般会計支出に占める割合は24.3％である．G' を国債の利払い費以外の政府支出として定義しなおすと，

$$D - D_{-1} = rD_{-1} - (T - G') \tag{2}$$

たんに財政赤字というときには，国債費を含む式の右辺 $rD_{-1} + G' - T$ が正であることをさす．これに対して，国債費を除外した $G' - T$ を**プライマリー・バランス**（基礎的財政収支ともいう）の赤字とよぶ．プライマリー・バランスの赤字とは，国債費以外の政府支出と税収等との差額である．これは公債の新規発行額マイナス利払い費に等しい（$(D - D_{-1}) - rD_{-1}$）．例えば，2008年度一般会計予算でいうと，T が57.7兆円，G' が62.9兆円なので，プライマリー・バランスの赤字は5.2兆円となる．

プライマリー・バランスが均衡するということは，一般歳出等が新たな借入に頼らずに税収等のみでまかなえている状態を示す．もっとも，国債残高 D は利払い費分だけ増大することになる．プライマリー・バランスが均衡していても，(2)式の右辺は正の値をとるので，国債残高は増大していく（$D - D_{-1} > 0$）．国債残高が雪だるま式に，つまり無限大に増大すれば財政は破綻してしまう．したがってプライマリー・バランスを均衡させるだけでなく，長期的には国債残高対 GDP 比そのものを安定的に低下させていく必要がある．

いま(2)式を変換して，つぎの式を導くことができる（(2)式の両辺を $GDP = Y$ で割って，左右の項を整理する）．

$$D/Y = (1+r) \, D_{-1}/(1+g) \, Y_{-1} - B/Y \tag{3}$$

ただし，D はある時点における国債残高を，Y は名目 GDP を表す．また B はある時点のプライマリー・バランスの黒字（$T-G'$），r は長期金利，g は名目 GDP 成長率を表す．この(3)式をデット・ダイナミックスと呼ぶ．すなわち国債残高対 GDP 比は，前期の国債残高対 GDP 比の分子に（$1+r$），分母に（$1+g$）を乗じた値からプライマリー・バランス黒字対 GDP 比を引いた値に等しい．

国債残高対 GDP 比が発散しないための条件は，(3)式の値が前期の D_{-1}/Y_{-1} よりも小さくなることである（$D/Y \leqq D_{-1}/Y_{-1}$）．この関係を簡略化すると（各自，計算せよ），

$$B/Y_{-1} \geqq (r-g) D_{-1}/Y_{-1} \tag{4}$$

すなわち，国債残高 GDP 比を安定的に低下させるためにはプライマリー・バランスの黒字（対名目 GDP 比）が必要であるが，その額は国債残高対 GDP 比に長期金利と名目 GDP 成長率の差を乗じたもの以上でなければならない．(4)式より，財政の持続可能性を確保するための条件がわかる．基礎的財政収支が均衡しているとき，長期金利と名目成長率が等しければ（$r=g$），国債残高対 GDP 比は安定化する．したがって財政は持続可能である．しかし，長期金利が名目成長率よりも高ければ国債残高対 GDP 比は発散してしまうので，財政は破産する．そのとき財政が破産しないようにするには，プライマリー・バランスの黒字が必要となる．

Column-20　長期的な財政予測

債務残高対 GDP 比の安定化に必要となるプライマリー・バランスの改善幅は，実際にどのくらいだろうか．経済財政諮問会議の検討によると，必要とされる国・地方のプライマリー・バランスの改善幅は1.5%から4.9%（対 GDP 比）である．改善幅の大きさは，医療・介護支出の水準やマクロ経済についての前提に依存して変わる．

しかし1.5%という下限は，2007-2011年の実質経済成長率が2.4%に上昇するとの見込みに基づく．もし経済成長率を1.6%とより手堅く見込むならば，必要なプライマリー・バランスの改善幅は3.9〜4.9%へと増大する．これは経済協力開発機構（OECD）の推計にほぼ等しい．このような改善を行ったとしても債務残高対 GDP 比を下げるには不十分である．

債務残高対 GDP 比の安定化とプライマリー・バランス

歳出削減 2006-11年	社会保障政策 負担	社会保障政策 給付	経済成長率の仮定	プライマリー・バランスの変化	必要となる租税負担の増大
−1.9%	増大	一定	低	4.9%	5.9%
			高	2.7%	3.1%
	一定	減少	低	4.3%	5.1%
			高	1.8%	1.9%
−2.4%	増大	一定	低	4.6%	5.5%
			高	2.4%	2.8%
	一定	減少	低	3.9%	4.6%
			高	1.5%	1.6%

(資料) OECD (2008b) *Economic Surveys: Japan,* Box 3.1 より抜粋.
注) 「高い成長率」は実質経済成長率2.4%, 「低い成長率」は1.6%. 利子率と名目経済成長率の差は1.3から1.6%の範囲. 租税負担増大はマクロ経済を変化させるので, プライマリー・バランスの変化と一致しない.

◆ 諸外国での財政ルール　各国政府は, 財政赤字の削減努力を続けている. その特徴はルールを設定して, その枠の範囲内で財政運営をすることと財政の透明性を確保することの2点である. このような潮流は日本の財政再建問題にも示唆を与える.

　財政ルールは大きく2つのタイプに分類できる. 財政収支ターゲットと歳出ターゲットである. 前者は財政収支を GDP 比何%以内に抑制するといったかたちが基本となる. ユーロ圏では, EU 加盟のための条件であった**マーストリヒト収斂基準**が代表例といえる. これは2つの基準を満たす必要があるというもので, 具体的には, 一般政府ベースの財政赤字対 GDP 比が3%以内になること, 一般政府の債務残高対 GDP 比が60%以下になることの2つの基準がそれである.

　EU では通貨がユーロに統一されたため, ひとつの国が財政赤字を拡大させて金利が上がるということになれば, 他の国も困る状況になった. お互いに財政を縛り合う仕組みをつくらなければいけないので, EU 圏では1997年に「安定と成長に関する協定」が結ばれた. なおイギリスでは1997年以来, 投資的経費にかぎって借入を認めるというゴールデン・ルールが制定された. これも広い意味での財政収支ターゲットに含めることがある (経常収支は均衡しなければならない).

財政収支ターゲットが「収支」に着目するのに対して，後者の歳出ターゲットは「支出」のみを基準にする．アメリカでは1985年にグラム・ラドマン・ホリングス法が成立した．しかし税収の過大見積りや楽観的な歳出削減を前提としていたため，財政再建は失敗している．1990年にはブッシュ政権で包括財政調整法が制定され，クリントン政権下でも，この法律に基づく財政再建が進められた．包括財政調整法と同時に制定された予算執行法（1990年）では，裁量的な経費について上限を設けるキャップ制と，税収減や歳出増に結びつくような新たな政策を行う場合には必ず他の歳出を切るか，あるいは増税をするという**ペイ・アズ・ユー・ゴー原則**が組み込まれた．スウェーデン，オランダにおいても歳出ターゲットが採用された．

　財政ルール以外で，財政赤字を削減する手法として注目されるのが透明性の確保である．ニュージーランドが1994年に制定した財政責任法が，このアプローチの代表例である．透明性というのは，「国民へ政府の組織・機能，財政政策の意図，公的部門の会計，財政見通しが公開されていること」を示す．オーストラリア，イギリスにおいても同様のアプローチが採られている．これらに共通しているのは財政政策の目標や原則を明確にすること，長期的な財政計画の立案，そして国民への報告義務等である．

◇ **堅実な経済予測**　　財政赤字を削減するには，単に財政ルールを作りさえすればよいというものではない．それは1997年「財政構造改革法」や1985年グラム・ラドマン・ホリングス法の失敗から明らかである．財政ルールが有効になるための条件は何であろうか．

　第1に，景気変動に対する柔軟性があることである．具体的には「免責条項」を設けることによって，景気後退のときには目標を先送りするとか，適用を一時停止するといった規定をおくということがある．例えばマーストリヒト収斂基準では，これに違反した場合には一定額の罰金が義務づけられていた．けれども例外的な状況として，GDP成長率が年率マイナス2％以下の場合には課されない．

　第2は，財政ルールの実効性の確保である．ヨーロッパ諸国とくにイタリア，オランダ，ポルトガルにおける財政再建の成功は財政ルールが有効であることを示唆している．その背景には特殊な条件があることも事実である．

欧州連合（EU）の経済通貨同盟への参加資格として，財政赤字と債務残高の縮小が義務づけられたこと，高い債務レベルに対する懸念があったことが1990年代の大規模な財政再建の背景にある本当の理由だったともいえる．またヨーロッパの場合にはマーストリヒト条約という一種の外圧があったが，そういったものがない場合には法律のような形で政府に約束を守らせることが有効である．

　第3は，市場や国際社会から信認を得るために「堅実な経済前提」による予測が必要である．各国の財政予測の前提を見ると，1980年代以降については経済成長率より金利のほうが高いという状況を前提とした予測を行っている国が多い（Column-21を参照せよ）．

▶ Column-21 ◀　利子率と成長率論争

小泉内閣の下でつくられた財政再建へ向けたシナリオ，いわゆる「歳入・歳出一体改革」の過程では，経済財政諮問会議を舞台に「成長率・金利論争」が行われた．政府債務のGDP比を長期的に下げていくにあたって，2つ意見が対立した．ひとつの意見は，成長率が金利より恒久的に高いのであれば基礎的財政収支はせいぜいゼロにしておけばよい，黒字にする必要はないというものであった．その後は経済成長が自動的に債務のGDP比を下げてくれる．いまひとつの意見は，金利が成長率より高いことになると基礎的財政収支がゼロでは不十分で，これを少し黒字にしなければならないというものである．

　では現実の長期金利と成長率との関係はどうか？　日本では1990年以降の長期債務の実効利子率は2.8%で，名目GDPの成長率0.5%を上回る．これはバブル経済の崩壊を反映しているが，OECD諸国においても（アイスランド，韓国，ノルウェー以外）前者が後者を上回っている（OECD［2006］）．

　しかし，ある研究（The Deficit Gamble by Ball, Elmendorf and Mankiw［1995］）によるとアメリカでは1981–1992年の間，一般的に，GDP成長率は利子率より高かった．もっとも，この研究は財政赤字が不健全なものであり政府は「赤字ギャンブル」を行うべきではないという結論を下している．人口減少による成長率低下およびリスク・プレミアムの上昇を考慮するならば，財政再建のシナリオをつくる際には金利が成長率を上回るという慎重な前提を置くべきであろう．

　〔参考〕OECD（2006）*Economic Surveys: Japan*, p.68より抜粋．

演習問題

1. ある国の経済成長率が3％で一定であり，現在の国債残高対 *GDP* 比が150％だとする．本章(3)式のデット・ダイナミックスを用いて，つぎの計算を行いなさい（計算ソフト Excel の表計算が便利）．
    ① プライマリー・バランスを均衡させた場合，金利が3％であれば（金利＝成長率）10年後に国債残高対 *GDP* 比率は何％になるか．つぎに金利が4％であれば（金利＞成長率），国債残高対 *GDP* 比は何％になるかを計算しなさい．
    ② プライマリー・バランスが黒字の場合はどうか．プライマリー・バランスの黒字の対 *GDP* 比が1％だと，10年後の国債残高対 *GDP* 比は何％になるか．また国債残高対 *GDP* 比が発散しないためには何％程度のプライマリー・バランスの黒字が必要かを計算しなさい．
2. 財務省のホーム・ページにある「日本の財政を考える」のコーナーにアクセスして，「財政データ集」の長期債務残高や基礎的財政収支を閲覧しなさい（URL は http://www.mof.go.jp/zaisei/index.htm）．

文献案内

公債管理と公的債務の現状について財務省理財局（2008）が包括的．財政再建の経緯については石（2008）Ⅲ部，Ⅳ部が詳しい．財政赤字問題と財政再建については井堀（2000），貝塚・財務省財務総合研究所編（2005），貝塚＝クルーガー編（2007）がある．公債負担論については Rosen（2005）Ch.18がわかりやすい．国債の歴史については富田（2007）が詳しい．財政赤字問題に関するデータは，前掲，財務省理財局（2008）の他，池田編（2008），OECD（2006），OECD（2008a），OECD（2008b）等で閲覧可．

第12章

政府間財政関係

　中央政府と社会保障基金との公共部門の2大セクターについて，その機能や財源調達を論じてきた．中央政府の一般会計の大部分は外部への資金移転からなっており，最大の対象が地方財政であることをみた．むろん地方政府は歴史的には中央政府に先行して存在していて，独立性を保持していた．

　しかし中央政府に対する独立性は徐々に失われていき，現代では地方財政は中央財政と深く複雑な関係でむすばれるようになった．税財源の中央集中に伴い，地方は補助金へ依存し，そして中央は執行を地方に依存している．こうなると地方と中央を分離して論じていては公共部門の全体像がわからなくなる．

　本章では地方財政そのものを政府間財政関係という視点から論じる．この視点は中央政府の企画や統制のもと，地方政府が執行と費用を負担するというかたちで行政が実施されている日本を対象にする場合，とりわけ重要である．公共部門の立体的な構造を理解するためには，地方財政を論じることが欠かせない．ここ十数年，日本では地方に対する国の関与を縮減し財政的自律性を高めるための改革が行われてきた．地方分権化の根拠や背景について最後に触れる．

1. 地方政府の役割

◆ **国と地方の財政関係**　「集権」か「分権」か，という区別は地方政府の意思決定の自律性にかかわる概念である．中央政府との関係で地方政府がど

表 12.1 垂直的財政不均衡（中央・地方の割合，%）

年度	税収入		歳出純計	
	中央	地方	中央	地方
1970	67.5	32.5	50.8	49.2
1980	64.1	35.9	46.0	54.0
1990	65.2	34.8	47.0	53.0
2000	59.7	40.3	43.0	57.0
2005	60.0	40.0	40.6	59.4

（資料）総務省自治税務局『地方税に関する参考計数資料』
注）歳出純計は，中央・地方政府間の財政移転を相殺した数値．

の程度まで自律的にその区域の住民の意思に従って，その意思を決定することができるのかという問題である．「集権」とは地方に関する意思の決定をもっぱら中央政府が行い，地方政府とその住民に許容する自主的決定の範囲を狭く限定しようとすることである．「分権」とは地方政府とその住民の自主的決定の範囲の拡大を意味する．

　地方の財政的自治をかりに地方政府の経費や租税の中央政府のそれに対するウェイトをもってあらわすとすると，財政的自治はどのような推移をたどっているのだろうか．表12.1は税収入と歳出純計（財源移転を相殺したネットの歳出額）に占める国・地方の比率を示す．2005年度の場合，中央・地方歳出純計のうち約60%は地方政府によって支出されている．具体的には防衛費，恩給費，公債費，農林水産費において国の支出の比重が高いが，その他の支出たとえば国土開発費，教育費，社会保障関係費では圧倒的に地方の支出の比重が高い．

　もっともこのように地方の分担割合が大きいといっても，それらの財源の少なくない部分が補助金や地方交付税という依存財源によって支えられている．いわば**財源の中央集中と支出の地方分散**というパターンが定着している（林健久［2002］）．これは日本の行政が中央政府の企画や統制のもと，地方政府が執行と費用を負担するというシステムであることを反映している．

　表12.1の左側には国と地方の税収配分が示されている．租税収入の約60%は国税であり残り40%が地方税である．しかし国から地方へ移転される地方交付税や国庫支出金などを地方の財源とみると，地方の割合は60%という高い比重になる．国の税収入（所得税・法人税・酒税など）の一定割合が地方交付税として地方政府の財源になるように制度的に保障されている．これに加

表 12.2 目的別歳出に占める中央・地方のシェア (2004年度, %)

	日本		イギリス		スウェーデン		アメリカ		
	中央	地方	中央	地方	中央	地方	連邦	州	地方
一般行政, 秩序・安全	23	77	61	39	74	26	49	18	32
防衛	100	0	100	0	100	0	100	0	0
教育	26	74	33	67	32	68	4	44	52
保健	49	51	100	0	16	84	56	33	11
社会保障, 福祉, 住宅	49	51	80	20	72	28	68	24	8
経済	32	68	71	29	75	25	42	36	21
その他	73	27	78	22	47	53	19	36	45
合計	48	52	78	22	60	40	50	27	23

(資料) IMF (2006) *Government Financial Statistics*
注) イギリスのデータは1998年度, アメリカは2001年度. 日本の「その他」には地方交付税, 公債費を含む.

えて主として政策的な見地から地方政府の支出の一部を補助金として国が分担するという形がひろくとられていて, 国の財政は地方財政の個別の支出に密接に関係している. その関係が国と地方の間における税収の実質的な配分に反映されている. このように国と地方は複雑な財政関係の網で結び合わされている.

◆ **国際比較** 日本の政府間財政は公共部門に占める地方財政の比重が小さい単純な中央集権システムとはいえない. 表12.2は目的別歳出に占める中央政府と地方政府の割合を比較したものである. このデータが示すように地方歳出が一般政府支出に占める割合は他国をはるかに超えている. さらに他の単一制国家に比べて地方の比率が高いだけでなく, 本来強い独立性を保持している州をもっている連邦制国家に並ぶほどである.

大きさもさることながら重要なのはその内容である. 地方財政ではどの国でも例外なく消費支出が大半を占めている. それは義務教育の教員や警察官や消防士や医療福祉担当者などの給与からなっていて, 増減することの困難な非裁量的な性質をもっている. 日本の地方財政の特異なのは資本形成のあり方である. 日本は中央も地方も他のすべての国に比べて資本形成の占める割合が高い. 表12.2で「経済」に分類されている公共事業関係費では地方の比率は68%にのぼっている. それだけではない. 「社会保障, 福祉, 住宅」といった所得再分配に関わる機能においても日本の地方政府は他国に比べて

より大きな役割を果たしている．

一般に中央と地方に歳出責任をいかに割り当てるかという問題は，財政学では**機能配分論**（allocation of functions）と呼ばれる．伝統的な財政連邦主義の理論は機能配分の問題について規範的な枠組みを提供している（Musgrave［1959］）．一般的にいうと，この理論は中央政府が経済安定化機能と所得再分配機能を分担すべきであると主張する．

これに対して地方政府の存在理由は地方公共財の提供を通じて，資源配分機能を果たすことにあるとされる（Oates［1972］）．しかし伝統的財政連邦主義の理論とは異なり，日本において地方財政は資源配分だけでなく，経済安定化と所得再分配についても国の企画・立案を前提にして「実施」を担当している．そのことが地方の比率が高い理由なのである．この点について，やや詳しく以下で説明する．

◆ **教育と福祉**　地方の比率が高い理由のひとつは教育，福祉といった所得再分配機能の「実施」を地方が担っていることにある．地方財政の支出の中で地方公共財の占める割合は高くない．一般行政，公共の秩序と安全に関わる支出は全体の16％程度である．しかし支出の18％は教育に，6％は医療に，18％は福祉に配分されている．地方財政は中央政府と一体となって所得再分配機能を担っているのである．

それを裏付けるのは教育費と福祉関係費にかかわる便益の所得階層別の帰着分析である．実証研究によると小中学校や高等学校の経費は低所得層に手厚く，幼稚園，公立大学の経費はほぼ所得比例的であることがわかっている．そして教育費全体については日本の地方支出はわずかであるが所得再分配的である．他方，高齢者，児童，生活保護等の福祉関係費は低所得層にかなり手厚く配分されている（Boadway et al.［2001］）．

もっとも各地方政府が独立した所得再分配を行うことには「**福祉移住**」の問題があり，高所得者層の転出と低所得者層の流入によって財政が破産する懸念がしばしば表明される．地方政府間では境界がないので人口移動が自由であり，個々の地域がそれぞれの独立した政策を追い求めることは困難であるというのが伝統的な財政連邦主義の見立てである．これは広大な国土に多様な人種が住み，人口移動が多い連邦制国家を背景にしている．

日本の地方財政が所得再分配機能の「実施」を担ってきたのにはいくつかの制度的要因が考えられる．もともと狭い国土に文化的に同一性の高い人が住み，人口移動が少ない単一制国家である．歴史的にも戦前には「カイシャ」（健保の場合）と「ムラ」（国保の場合）という日本社会において基本的な単位となる帰属集団の二つを取り出して，それをベースに医療保険の仕組みを導入してきた．また第2次大戦後は地方交付税や補助金を通じて，各地方団体がナショナル・スタンダードの公共サービスを提供できるように十分な財源を保証している．このため貧しい地方団体も地方税を引き上げなくてもサービスが供給できるようになっているので，「福祉移住」が発生しない仕組みになっている．ただし，こうした仕組みは地方団体の財政規律が緩みやすいという批判は常にある．

◇ **公共投資**　　第2の理由は，資本形成についての国・地方の役割分担に関連する．伝統的な財政連邦主義の考え方からすれば経済安定化機能は中央政府の責任であって，地方政府がそうした目的に利用されるのは望ましくなく，またそれを実行する手段も乏しい（Oates [1972]）．なぜなら景気変動はマクロ的現象であり全国的視点からの対応が必要である．しかも地方経済は財・サービスが自由に移動できる「**開放経済**」であるので，個別の地方政府が行う景気対策では他の地域に需要創出効果が漏れてしまう．地方政府には中央銀行に相当する金融機関がないので，増税を行わずに公共投資を行うのも困難である．

　もっとも地方財政の規模が大規模になり，国と地方が複雑な財政関係でむすばれて中央財政と同じ方向で地方財政も動かざるをえなくなると，上記のような古典的な位置づけにとどまりきれなくなってくる．日本のように公共投資の7割以上を地方が実施し，かつ国が地方を誘導する様々な仕組み（地方財政計画，地方債計画，交付税による地方債の元利償還補塡）が存在する場合には地方財政を経済政策的に運用する可能性が高まるといえる（林健久 [2002]）．

　1990年代の長期不況下で，地方財政は国の裁量的な財政政策に同調して，公共投資を拡大した．国は中央一般会計を公共投資や補助金の削減によって厳しく抑制しつつ，地方財政には景気を下支えするために地方単独事業を要求した．地方団体は地方債元利償還を後年度の交付税に算入する交付税措置

つきの地方債で資金を調達して，これに呼応した．

ただし地方政府を動員する安定化機能には副作用が伴った．公共投資計画の多くは国が補正予算を編成する際，雇用対策として短期間に立案されたので，費用／便益分析が不十分だった．豪華な市民会館やテーマパーク，利用率の低い道路などの「無駄」が生まれた．地方経済も公共事業に依存した歪んだ構造をもつようになった．実証研究によると公共投資が生産性を高める効果は乏しく，農村部での人口一人当たりの公共投資額は都市圏のそれの約4倍であるが生産性は2分の1にとどまった（OECD［2005］）．

◇ **機関委任事務の廃止**　以上のように地方が行う仕事には，地方自治体の仕事と国の下部機関として行う中央政府の仕事（所得再分配や安定化機能）が「融合」している側面がある（天川［1986］）．集権・分権軸は，地方の事項について地方で意思決定がどの程度完結しうるのかを示し，融合・分離軸は地方の事項を中央政府と地方政府がどの程度協働して対処しているのかを示す．ある特定の事業や政策の領域が，中央―地方政府のいずれの守備範囲になっているのかが明確になっている場合は分離的で，混在しオーバー・ラップしていれば融合的である．例えば，消防は分離的な政策領域で基本的に地方が担当しているが，初・中等教育では中央がやるべき性格（全国的な教育水準の維持）と地方がやるべき性格（地方独特の教育内容）が混在している（秋月［2001］）．

と同時に多くの事務が都道府県・市町村に委ねられていながら，実質的な決定権は国の中央省庁が握っているという「集権的」な側面がある．日本のシステムがしばしば集権・融合型システムといわれる所以である．

つまり地方の比率が大きいといっても，それらの財源の少なくない部分が補助金や地方交付税という依存財源によって支えられ，かつ機関委任事務を通じて「誘導」や「統制」が行われている．もっとも機関委任事務は2000年施行の**地方分権一括法**によって廃止された．機関委任事務制度とは国の事務を国の監督のもとに知事や市町村長に代行させる制度である．機関委任事務では地方団体は「国の出先機関」とみなされ地方議会の審議権は認められなかった．このことから中央集権の象徴とされ，その廃止は長年の懸案であった．

廃止当時，機関委任事務を定めた法律は432あったが，その内の若干は国の直接執行となったり，事務そのものが廃止されたりした．その上で，国が本来果たすべきところを地方自治体が一定の裁量を得て処理する247の事務は「法定受託事務」に，各自治体の責任で行う298の事務は「自治事務」として整理された．法定受託事務には旅券交付や生活保護の実施など，自治事務には飲食店営業の許可や都市計画区域の指定などが含まれている．

しかし，国庫支出金においては依然として特定の事務の実施や基準が義務づけられるだけではなく，地方団体にその具体的な水準まで義務づけられる．例えば，地方団体が学校校舎の補助金を受領するには，学級数，生徒一人当たりの教室面積，設備，生徒の通学距離に関する詳細な条件を満たさなくてはならない（義務教育諸学校施設費国庫負担法による）．地方自治体が住民の多様な選好に応じて，公共サービスの量と質を調節する余地があまり多くはないというのが実情である．

2. 地方税と課税自主権

◆ **地方税の体系** 　地方財政の比率が高いことをみてきた．経費をまかなうために地方政府は収入を必要とする．地方自治体の独立，地方自治の貨幣的基礎となるのが地方税である．権力体である以上，地方自治体も国と同じように租税収入に依拠しなければならない．地方住民がより多くの行政に対する真の要求を表し，この行政に対して彼らがよろこんで納税し，また納税する能力がある場合，この限界的な需要を賄うのに十分強い税を地方自治体がもっていることが望ましい．つぎに地方税について論じる．

日本の地方税体系の特徴は課税ベースが所得，消費および資産に分散していることである．表12.3は地方税体系の国際比較を示す．アングロ・サクソン系の諸国では，地方税の大半は資産課税によって占められている．一方，北欧諸国では地方税の9割以上を個人所得税が占めている．日本の地方税では所得を課税標準とする税目が全体の46％，資産を課税標準とするのが31％，消費を課税標準とするものが23％となっている．いいかえると複数の課税ベースに分散していること，中央と地方が事実上，同一の課税ベースに重複して課税していることが特徴なのである．

表 12.3 地方税体系（2004年度，単純平均でみた構成比）

	英語圏	北欧諸国	中欧・南欧諸国	日本
	カナダ アメリカ ニュージーランド	デンマーク スウェーデン ノルウェー フィンランド	オーストリア フランス，ドイツ イタリア，スペイン スイス ハンガリー，ポーランド	
所得・利潤及びキャピタル・ゲイン課税	2	94	37	46
財産税	86	5	22	31
その他の税	12	1	41	23
合計	100	100	100	100

（資料）OECD（2006）*Revenue Statistics, 1965-2005.*
注）連邦制国家の州税を除く．ドイツは共同税の市町村分を含む．

つぎに都道府県税と市町村税の内訳をみよう．2006年度では前者が16.3兆円，後者が20.2兆円，合計36.5兆円となり，市町村税の方が3.9兆円ほど大きい．それぞれの税目内訳をみると都道府県税では道府県民税24％，事業税34％，地方消費税16％がこれに次いでいる．市町村税では固定資産税42％と市町村民税45％が並立し，この両者だけで全体の9割近くを占めている．以下では各税目について簡単に説明する．

第1に個人住民税は区域内に居住する個人に課される所得課税である．課税標準は個人の「所得」であり10％の比例税率が適用される（比例税率になったのは2004年度改正による）．所得税が現年課税（課税標準は今年の所得）されるのに対して，個人住民税は前年課税（課税標準は前年の所得）で徴収されている．公共サービスの費用を地域住民がなるべく広く分担する趣旨から，個人住民税には各世帯が均一額を負担する均等割が存在する．銀行預金などの利子所得については5％の利子割が課され，金融機関が所在する都道府県に納付される．

第2に法人事業税は2004年度まで法人の行う事業に対して，都道府県が法人税と同じ所得を課税標準として課していた．しかし課税ベースが純所得であるため景気変動に対して敏感に反応し，収入が不安定となる欠陥があった．そこで大規模法人の負担する事業税について税収を安定化し，かつ応益課税としての税の性格を明確化（地方行政サービスを受ける法人は，利益の有無を問わず税を負担すること）するために，2004年度に事業税は改正された．

具体的には，法人の事業活動規模をより反映するであろう付加価値（報酬給与，純支払い利子，純支払い賃貸料，損益の合計）を計算し，事業税の課税ベースの4分の1をこの付加価値によって算定することになった．これは収益とは無関係に算定されるという理由で「**外形標準課税**」とも呼ばれる．なお複数の都道府県にまたがって活動する法人の事業税は，従業員数などを基準にして税収を都道府県間で按分している．

　第3に地方消費税は国の消費税額を課税標準とした道府県税であり，1997年に導入された比較的新しい税である．納税義務者となる事業者は税率4％の消費税と1％の地方消費税をまとめて税務署に納税する（地方消費税の課税標準は消費税額なので，正確には税率は25％）．各都道府県は国から払い込まれた地方消費税額を，「消費に関連した指標」で按分して都道府県間で清算しあう．都道府県は清算後の税収の2分の1に相当する額を，都道府県内の市町村に対して人口および従業員数で按分して交付している．

　最後に，上記の地方税は多かれ少なかれ国の所得税，法人税，消費税と課税標準が重複しており付加税的な性格をもつ．これに対して固定資産税は地方自治体固有の財源である．市町村の基幹税である**固定資産税**は固定資産の価格に課税する収益税（財産税ともみなしうる）である．地方政府の提供する公共サービスは土地などの資産価格に反映するので，固定資産税は応益税（便益に対する対価支払）としての根拠がある．標準税率は1.4％，税収は8兆6,786億円（2003年度）で，基礎的自治体の基幹的税目である．

◆　**課税自主権**　　課税標準に着目すると地方税体系の特徴が所得，消費および資産に分散しているのがわかった．つぎに地方税に対する裁量権の濃淡を加味する．ここで裁量権とは個別の地方税に関して，どのレベルの政府が税率と課税標準を決め，誰が徴収するのかという問題である．独立税，税収分割そして重複課税の3種類のタイプに分けられる．

　第1は独立税方式（separate tax）である．これは州・地方が課税標準と税率の両者について決定権を保持するものである．スイスのカントンやアメリカ合衆国の州の財源である所得税がこの方式を採る．地方自治が尊重される半面，一部の富裕な住民に税負担を押しつけるとか，観光客など他地域の住民に負担を転嫁するおそれがある（租税輸出）．また担税力のある個人や法

人を誘致するために税率の引き下げ競争が誘発される懸念もある．

第2は税収分割（tax sharing）である．これは独立税と反対の極に位置している．国税として一旦徴収された税収の一部を税の発生地に還付する仕組みである．ドイツで採用されている共同税はこれの一種である．税収分割には税務行政コストが低いという長所があり，また貧困な州・地方に手厚く還付する柔軟性も備えている．しかし純粋な地方税に比べると税収分割には明らかな欠点がある．すなわち地方政府は税率決定権をもたない．税収分割は地方税というよりも自己決定権なき財政移転に近いという批判はここから生まれる．

第3は重複課税方式（piggy-backing）である．これは地方自治体が独自の税率を設定するが，課税標準は国税もしくはそれと同一の課税標準とし，税務行政も国の機関が一括して行うというものである．全国的に統一した課税標準を守りながら，各地方自治体が税率決定権を保持しうる長所がある．つまり重複課税は課税標準の協調，税務行政コストの節約，そして自己決定権の保持を同時に満たすことのできる仕組みといえる．例えばカナダでは連邦政府と州政府が租税徴収協定を結んで，個人所得税や法人税の領域で重複課税方式が採用されている．ベルギーとデンマークの地方所得税も，このタイプに属する．

日本の地方税をみると法律上の課税権は一応保障されている．経済協力開発機構（OECD）の調査によれば市町村税の94%，都道府県税の83%は国の課税ベースと重複し，かつ税率設定権を地方自治体が保持する重複課税方式に属する．日本の地方自治体の課税自主権はオーストリア，ドイツ，イタリアのそれよりも高く，ほぼ北欧諸国なみという位置づけになる（OECD [1999]）．

もっとも法律上認められた課税権を地方自治体が有効に活用しているとはかぎらない．法人住民税と法人事業税の超過課税を除けば，地方税法の想定どおり地方自治体毎に標準税率の上下に税率を変動させるという実態はかならずしも定着していない．個人住民税，地方消費税は，実質的には税収分割に近い．

◆ **税源配分の理論**　日本の地方税体系が分散型であり，重複課税方式を

基本としていることを学んだ．これは国と地方との複雑な力関係によって歴史的に形成されてきたものであって，意図的に設計されたものではない．例えば1950年のシャウプ勧告では，むしろ分離型で独立税方式の地方税体系を理想としていた（Mochida [2008]）．現状の税源配分が適切か否かについて価値判断を下すには別個の規範的な判断基準が必要である．この基準は，財政学では政府間の**税源配分論**（tax assignment）と呼ばれている．

税源配分論の標準的な見解はアメリカの財政学者マスグレイブやオーツが確立した「財政連邦主義」による．マスグレイブの論文「誰がどこで何を課税すべきか？」は税源配分論の古典である（Musgrave [1983]）．この論文には6つの原則が掲げられている．

（1） 地方は移動性の低い課税標準に課税すべき．
（2） 総合所得税は包括的に所得を把握しうる政府が課税する．
（3） 所得再分配を目的とした税目（総合所得税）は中央へ割り当てる．
（4） 経済安定化に適した租税は中央政府へ割り当てる．
（5） 地域的偏在度の高い租税は中央政府へ割り当てる．
（6） 応益課税と使用料・手数料は地方政府へ割り当てる．

マスグレイブの説は政府機能論から説き起こして，地方政府＝資源配分機能というロジックを組み立てる．そこから「**移動性**」という基準を媒介して，地方税＝固定資産税を結論するという推論の段取りを踏んでいる．移動性の高い課税ベースは税率引下げを手段とした租税競争を誘発しやすく，「底辺への競争」によって共倒れになる．伝統的な税源配分論は規範的な性格を強くもつといえよう．

これらの諸原則から導かれる処方箋はどのようなものだろうか．各地域に支店や工場をもち，かつ地域間の移動が自在であるような法人に対する課税は州・地方税としては望ましくない．つぎに小売売上税は仕向地原則で課税するための境界税調整（移出非課税，移入課税）が不要なので，地方税の候補といえる．だが税率の低い地域で商品を購入して居住地で消費するというクロス・ボーダーショッピングが起こる．したがって地方の課税管轄圏が広大な，連邦制国家の州レベルで小売売上税は課税できる．

多段階の付加価値税を消費選択に中立的な仕向け地原則で課税するには，境界税調整を行う必要がある．しかし開放経済である地域経済では境界税調

整を行うことは物理的に困難である．よって付加価値税の地方税化には障害がある．天然資源に対する課税は地域的な偏在度が大きく，地方税にはふさわしくない．

個人所得は固定資産よりも移動性が高いので，各地域の税率が違うと高負担の地域から低負担の地域へと富や所得が移動するかもしれない．実際には多くの国々おいて，地方所得税を誘因とする住民移動は深刻なものではない．

固定資産税は公共サービスが地価に反映されるので応益原則を適用しやすい．かつ課税標準（土地や家屋）の「移動性」も他の税にくらべて低いので，地方税に適合している．応益原則にふさわしい使用料・利用料も地方政府に適合した収入源である．

このように伝統的な考え方が示唆することは，固定資産税と地方所得税の2つが地方政府の最も有効な財源調達手段であるということである．これは多くの国々において実践されている事実に符合する．Messere *et al.* (2003)は「地方所得税なき固定資産税は不公正であり，固定資産税なき地方所得税はアカウンタビリティを損なう」と指摘する．かかる点，住民税と固定資産税を基幹税とする日本の地方税体系は，財政連邦主義の理論にある程度は合致していると評価できる（法人2税と地方消費税を除く）．

◇ **ゴルディウスの結び目**　固定資産税と地方所得税の2つが地方政府の最も有効な財源調達手段である，ということをみた．しかし，それは法人課税と消費型付加価値税が州・地方税に適合しない，ということ意味するわけではない．

付加価値税の国・地方への配分について財政学の意見は分かれる．「ゴルディウスの結び目（Gordian Knot）」と比喩される難問である．その理由は州・地方政府間での財・サービス取引への課税を生産地と消費地のどちらに帰属させるかについて，対立する考え方があるからである．付加価値税を生産活動や消費に対して中立的にするためには仕向地原則（移出は非課税，移入に課税して，最終消費地に税収を帰属させる方式）で課税すべきである．

しかし開放経済である州・地方がかかる境界調整を行うことはできない．もっとも原産地原則（移出に課税，移入は非課税にして，生産地に税収を帰属させ

る方式）であれば境界統制は不要となる．しかし，企業は税率の低い地域に工場や支店を置こうとするので生産活動に歪みが生じる．それを避けるためには州・地方の税率を，画一的に統制しなければならなくなる．こうした理由により付加価値税は中央政府に割り当てた上で，税収分割方式を通じて州・地方に交付すべきだ，というのが従来の説である．

しかし最先端の租税理論によると，州・地方段階の消費型付加価値税は，EUでのケースをも含め，可能性の問題から実施段階の実務的な議論となり選択される清算方式に議論は転じている．1992年の租税国境廃止以降のEUとカナダのケベック売上税QSTでは繰延べ支払方式によって仕向地原則の付加価値税が実施されている．またカナダの大西洋沿岸3州では連邦と州が付加価値税の課税ベースを共有し，一定の配分公式によって最終消費地に配分する協調売上税HSTが存在する．これは**マクロ税収配分方式**と呼ばれている．日本の地方消費税もこのマクロ税収配分方式の最も簡素な形態である．法人課税の国・地方への割当問題も財政学の意見は分かれる．初級テキストである本書の守備範囲を超えるので，関心のある読者は巻末の参考文献を参照されたい．

3. 政府間財政移転

先進諸国に共通の傾向として，地方自治体は独自の自主財源だけでは必要な行政をまかなえず，上級政府からの補助金への依存をつよめている．この傾向は第1次大戦以降に強まった．もっとも地方税が租税収入全体に占める割合（社会保険料を除く）をみると，日本の地方税比率（約40％前後）は必ずしも低くない．連邦制国家よりは地方税のウェイトは低いものの，単一制国家の中では日本の地方税比率は明らかに高い部類に属する．

そのことから財政的自律性が高いと判断してもよいように思われるが，実はそう単純ではない．財政学では**垂直的財政ギャップ**（vertical fiscal imbalance）を判断基準とする．これは地方が実施する仕事の何割が独自財源である地方税によってまかなわれているかを示す指標のことである．表12.4は経済協力開発機構（OECD）が毎年刊行している歳入統計 *Revenue Statistics* によるものである．これを見ると地方税で調達される財源の割合は，日本で

表 12.4　州・地方政府の歳入内訳（歳入に占める割合，%）

	税収入		税外収入		補助金・財政調整	
	1985	2004	1985	2004	1985	2004
イギリス	30.8	13.9	21.1	17.1	48.1	68.9
フランス	46.7	44.0	18.9	19.4	34.4	36.4
日　本	39.5	33.7	27.5	30.3	33.0	36.0
アメリカ[1]	54.9	46.2	24.4	31.2	20.7	22.6
ドイツ[2]	70.4	72.8	13.8	7.8	15.9	19.2
スウェーデン	57.7	66.2	20.5	14.3	21.8	19.4

（資料）OECD（2006）*Revenue Statistics, 1965-2005.*／連邦制国家の数値は州を表し，地方政府は除外．
注1）アメリカの85年の欄は1992年のデータ．
　2）ドイツの地方税には共同税を含む．

は30%台前半にすぎない．連邦制国家はもちろんのこと，イギリスを除いたフランスやスウェーデンといった単一制国家のそれにはるかに及ばないのである．

◆ **国庫支出金**　地方政府はいわば少なく取って多く使っている．その差額は中央から地方への財源移転によってまかなわれる．移転財源には公債収入も含まれるので租税だけとはいえないが，ともかく中央から地方への租税資金再配分によってそれが埋め合わされる．この財源移転はその使途について地方政府に裁量が与えられているか否かによって，一般補助金と特定補助金の2つのグループに大別される．日本では地方交付税交付金が前者で，国庫支出金が後者にあたる．

国庫支出金は地方団体の収入の重要な要素である．2008年度において，それは約10.1兆円と見積もられている．中央は一般会計の約12%を国庫支出金として地方に流し，地方側からいえば歳入の約12%は国庫支出金である．国庫支出金は(1)委託金，(2)負担金，(3)補助金に分かれている．「委託金」とは国が行うべき事務を地方自治体に代行させる場合の経費を全額負担するものをさす．国会議員の選挙，国勢調査，外国人登録，検疫などの事務のための補助がこれに該当する（地方財政法第10条の4）．

「負担金」は地方自治体の行うある種の行政は地方にも中央の利害にも関するものであると考えて，国の利害の程度に応じて国庫が経費を分担するものである．したがって，これらの補助金は国庫負担金と呼ばれる．このよう

に分類されるものには義務教育，生活保護，介護保険，国民健康保険（地方財政法第10条の1）や，国民経済に適合するように総合的に樹立された公共事業関係費（同第10条の2）のための補助金がある．これに対して狭義の「補助金」は，地方自治体が補助金の交付がなければ行わない特定の事務を行い，あるいは地方行政の質を向上させるのを奨励するために定率補助金を与えるものである．国から見ると負担金は義務であるが，補助金は任意である点が違う．

　国庫支出金の使用目的別の内訳をみると，都道府県，市町村とも公共事業関係費に対するものが最も大きい．これには道路・港湾等のいわゆる土木関係の経費だけでなく，小中学校の校舎や老人福祉施設などの建設費に対する補助金も含まれている．これらの事業は法令・予算を通じて国が施策の実施を誘導しているにとどまり，国の関与が弱く，地方の裁量の余地がある程度存在する．

　つぎに大きいのは義務教育費，老人医療，国民健保，生活保護，介護保険への社会保障関連の補助である．これらは事務の実施と具体的な水準までを国が法令で義務づけており，地方自治体の裁量性は皆無に近い．両者の中間にあたるのが老人養護，児童福祉，職業訓練などへの補助金である．これは事務の実施と大まかな基準を法令で義務付けており，生活保護などに比べると国の関与がやや弱い．

◆ **補助金の根拠**　　特定補助金は「ひも付き」なので，一般補助金よりも地方自治体の自由度を制限する．したがって特定補助金は正当な事由がある場合に限り，利用されるべきあろう．財政学では特定補助金の根拠として，つぎの2点が指摘されている．

　第1はスピル・オーバー効果の是正である．地方自治体の行政サービスは他地域や非居住者にまで便益が及ぶ場合がある．地方自治体が住民の便益だけを考慮して，こうした外部性を無視すると地方公共財の供給は社会的観点からみて過少になる（地方の公立学校を卒業したのち，大都市圏で就職するとか，ベットタウンから通勤する人々が大都市圏のインフラを利用する場合など）．スピル・オーバーによる公共財の過小供給を是正するためには，地方自治体に定率補助金を交付するのが望ましい（Column-22を参照せよ）．その際の最適な

補助率は他地域に流出する便益が総便益に占める割合に等しい．

もっとも他地域の住民に漏れる公共サービスの便益を量的に測定することは簡単ではない．実際，補助率の計算はスピル・オーバー比率にもとづいていないことが多い．例えば，道路補助金の補助率は通常3分の2である．けれども通常，他都道府県から流入する車両が占める割合は2割以下であり地方部では5％以下の場合もあるという（金本 [1997]）．

● Column-22 ● 特定補助金と一般補助金の効果

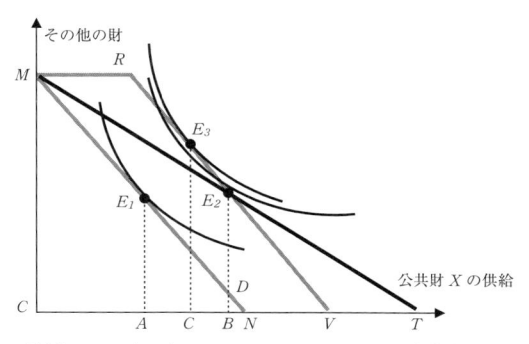

（資料）Oates（1972）*Fiscal Federalism*, Figure3.2に加筆補正．

2004-2006年に実施された「三位一体」改革では，地方団体へ交付されている国庫支出金を削減し，一般財源化することが目標のひとつであった．その意味を経済学的に考えよう．

同額の補助金が与えられたときの一般補助金と特定補助金の効果を比較する．補助金がない場合の代表的個人の均衡点は，E_1点で与えられたとする．特定補助金がこの個人に与えられると均衡点はE_2点へと変化する．特定補助金と同額の一般補助金をこの代表的個人に与えたときの均衡点はE_3となる．

同額の補助金額を与えた場合には，一般補助金のほうが代表的個人の効用は高い．他方，同額の補助金額では特定補助金の方が，補助対象サービスの供給増加を促すことが図から読み取れる．

国の目的が，この地域住民のX財の供給量増加であるときには，むしろE_2で均衡点が与えられる特定補助金のほうが，一般補助金よりも好ましい．しかし自己決定権を地域に与え，地域住民の厚生水準を引き上げることが目的であれば，一般補助金化することが望ましい．

第2に特定補助金は中央が地方団体に統一的な行政を実施させて，ナショ

ナル・スタンダードのサービス提供を保障する誘導手段でもある．介護，生活保護，国保等は「健康で文化的な最低限の生活」（憲法25条）を財政的に担保する装置であり，どこに住んでいようが同じ日本国民としてなんとか我慢できるものでなければならない．そのための費用を国と地方がシェアする国庫負担金は，福祉国家の理念を財政的に担保するものといえる．

ただし国税の一部を補助金として支出する以上，中央は交付手続き，使途，支出方法，付帯条件などを厳しく統制する．地方自治体は「裏負担」として独立財源なり自主財源なりを支出し，中央政府はその一定割合を補助するというのがこの制度の基本である．このため補助金交付に伴う複雑な事務，中央のコントロールと地方の実情無視，画一性に伴う無駄，縦割り行政の弊害や補助付事業優先の予算編成などが繰り返し批判されている．

◆ **地方交付税とは何か**　特定補助金制度には地元負担を伴うため，豊かな地方ほど獲得しやすく地域間の財政力格差が拡大するという難点がある．不幸にも貧困地方では住民の負担で最低限の行政活動を維持しているが，一部の富裕地方でははるかに高い水準の行政を享受することになる．これらの格差は人々がたんに住んでいる地域が違うというだけで，あらゆる点で同じ人々が国家から差別的に扱われるという点で不公平であろう．

また例外的に貧困な地方自治体は，地方税の税率を変更して住民に与えているサービスの量を変更する自由をもたなければ地方自治は現実のものとはならない．このような地方自治体もある程度真に自由な施策ができるように，使途を特定しない一般補助金による財源保障が必要となる．こうした要請に沿って発達したのが地方財政調整制度である．

地方財政調整という言葉に当るドイツ語はFinanzausgleichであり，英語ではFiscal Equalizationである．この言葉は常識的にいうと地方公共団体間，とくに同位のそれの間における水平的な財政力格差を，完全もしくは部分的に平準化する機能を含む制度を示す．一般に地方財政調整制度が各国において成立するのは第1次大戦後のことである．ドイツではワイマール共和国の1920年州税法におけるライヒ交付税，イギリスでは1929年一般国庫交付金の創設が成立の画期となっている．日本では1954年以来，半世紀以上にわたって地方交付税が財政調整制度として存在している．

地方交付税は国税たる所得，法人，酒，消費，たばこの5税の一定割合を，ナショナル・ミニマムのための財源保障と地方公共団体間の平衡化を目的として，各地方公共団体の財政力の強弱に応じて交付されている一般補助金である．一般補助金であるにもかかわらず税と名付けられているのは，地方公共団体全体の「共有財源」という願望が込められているからといわれる．地方交付税の算定は具体的には，つぎのように行われる．

　第1に地方交付税の総額（原資ともいう）は国税の一定割合に法律的にリンクされる．地方交付税の毎年度の総額は，所得税，酒税の収入額のそれぞれ100分の32，法人税の収入額の100分の35.8，消費税の収入額の100分の29.5及びたばこ税収入額の100分の25の合計額である（地方交付税法第6条）．この割合を交付税率とよぶ．

　第2に各地方自治体へ配分される地方交付税は，各地方公共団体について算定された基準財政需要額が基準財政収入額を越える額である．**基準財政需要額**が**基準財政収入額**を越える地方公共団体を財源不足団体，その逆を財源超過団体と呼ぶ．なお財源超過団体は不交付団体となるのみで拠出の義務はない．

　第3に基準財政需要額は各地方公共団体が現実に支出した額ではなく，「標準的な行政サービス水準」として算定される．そのため「標準団体」を想定し，その行政をいくつかの「行政項目」に分け，それぞれについて「測定単位」をきめ，その数値に「単位費用」を乗じてその地方公共団体の財政需要額を算定し，これに各種の「補正係数」を乗じて地方公共団体ごとの「基準財政需要額」が算定される．

　第4に基準財政収入額には標準的な税収入見込額の全額を算入せず，75％が算入される．この税率を基準税率という（残りの25％は「留保財源率」と呼ばれることがある）．これは地方公共団体独自の財政需要をまかなう余地を残しておくことのほうが，地方自治の点からも地方公共団体に税源を涵養し，徴税努力を促す点からも望ましいという考えによる．

　もっとも上記のように算定された地方交付税の原資総額が，地方公共団体の財源不足総額につねに一致するとはかぎらない．税収が落ち込む不況期には原資総額は先細るけれども，財源不足は増大する．両者が一致しない場合にはつぎのような調整措置がとられる．交付税率の引上げ（地方交付税の総額

が引き続き財源不足額と著しく異なる場合には，地方交付税法第6条の3第2項により，地方交付税率の改正が行われる）か，国の一般会計からの特例加算，もしくは交付税特別会計による借入である．

◆ **ナショナル・スタンダードの保障**　地方交付税には2つの存立根拠がある．ナショナル・スタンダードのための財源保障機能と地方公共団体間の財政調整機能である．後者の機能，すなわち地方交付税のもつ財政調整機能は徹底している．大都市圏から地方圏へと地域単位で所得再分配が行われている．財政力が最も高い愛知県の一人当たり地方税は14.3万円であるが，最も低い島根県では8万円に過ぎない．しかし交付税配分後の一般財源を見ると，前者は15.8万円であるのに，後者は34.1万円に増加し両者の関係は逆転している．このような逆転現象が起こるのは，人口規模が小さい自治体の多い地方圏では費用が割高になるからである．

図12.1は地方交付税の交付前後で，ジニ係数で計った一人当たり一般財源の格差をまとめたものである．交付税の財政調整機能は1970年代以前にかなり大きかった．その後，財政力の地域格差は長期的には縮小しつつある．交付税によって平準化すべき「格差」が小さくなったので財政調整の度合いは低下している．

いまひとつはナショナル・スタンダードに関わる経費の財源保障機能である．地域単位で全国標準を上回るサービスを供給するのであれば，地方税を増税して地域住民が負担するという応益説的な考え方が正しい．この考え方によれば地域の給付水準は地域住民の選択の結果であり，ミクロレベルでの負担水準が高いことに対して地方交付税による財源保障を行う必要はない．

しかし福祉，医療，あるいは教育といった生存権保障にかかわるサービスの水準は全国統一的であることがもとめられる．負担水準が高いことが地域の受益水準が標準以上である結果としてのみ受け止められ財源が保障されなければ，小規模団体のような財源が不足する地域においては制度そのものが成り立たなくなる．ミクロレベルで生じる市町村一般財源による負担は各地域でナショナル・ミニマムを実現するための負担として，（地方交付税を通じて）財源を保障していくという考え方が必要である．地方交付税の存立根拠である財源保障機能とはこのような考え方であり，それは福祉国家の理念を

図 12.1　地方交付税の財政調整機能（都道府県，1950-2002年）

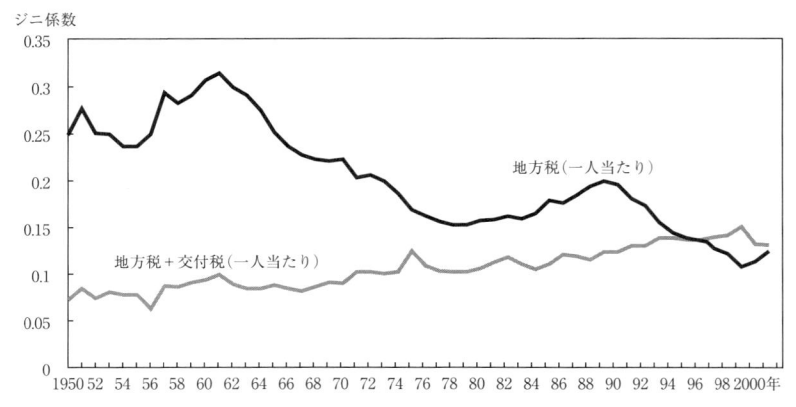

（資料）Mochida（2008）*Fiscal Decentralization and Local Public Finance in Japan*.

財政的に担保するものでもある．

◆ 地方交付税の「功罪」　　理想的にいうと財政調整制度は地方自治体の自主的な財政運営を歪めない中立的なものが望ましい．例えば実際の歳出と実際の歳入のギャップを埋める財政移転は，地方自治体の歳出削減努力や徴税意欲にマイナスの影響が及ぶ．この点に関して日本の経験は「功」と「罪」の両面がある．「功」の面では，地方交付税の算定公式にモラル・ハザードを抑制するため工夫がなされている点があげられる．「標準的」な税収に基づいて算定されるので，地方団体が実際に税率を引下げても地方交付税は増えない．また税収見込額の25%（留保財源率）も財政調整の対象外となっているので，地方自治体が課税ベースを拡大し，税率を上げるインセンティブがある程度，付与されている．

しかし現行制度には，地方自治体が効率的に行政サービスを提供するインセンティブをいくつかの点で阻害する「罪」の面がある．第1に80年代後半から90年代にかけて地方交付税の基準財政需要には，**事業費補正**によって地方債の元利償還費が算入された．事業費補正によって地方債は借入であるという認識が甘くなり，債務の累積を招いたと批判された（地域総合整備事業では財源の75%が地方債で調達されるが，元利償還費の55%は後年度に地方交付税に算入される）．実証研究によると，個別の地方団体が一次的に償還義務を負うと認識しているのは「地方借入残高」の47%にすぎない（持田［2004］）．この

ため2002年度の新規事業からは事業費補正による交付税措置は引下げられた．

第2に小規模な地方自治体への地方交付税には，交付額の割増（段階補正を通じて行われる）がある．これは本来，「規模の経済」が発揮できないことに伴う費用の増加を反映するための措置である．しかし段階補正は，小規模団体の行政改革努力や合併努力を阻害しているのではないかとの指摘があった．このため段階補正は2002年度に縮小された．

第3に基準財政収入が増えると自動的に交付税額が減少する（正確には8割）現行の算定式は，地方自治体が地域経済を拡大するインセンティブを損ねていると指摘されている．このため2002年，都道府県の留保財源率は20％から25％へと引き上げられた．もっとも交付税制度があるがために地方自治体が意図的に税収を減らしているのは本当かという点について，意見はわかれる．例えば，地方自治体が意図的に固定資産税の実効税率を引下げて恣意的に交付税額を増やすことは制度的には不可能であり，地方自治体のモラル・ハザードは存在しないという意見もある．

4. 地方債による資金調達

◆ **許可制から協議制へ**　日本では公的資本形成の8割を地方が実施していることをみた．社会資本建設の財源としては現役世代のみが負担する租税よりも便益を享受する後世代の人々が元利を償還する地方債が，受益に見合った負担という点でより適合的である．つぎに地方税，補助金・交付税についで重要な収入である地方債について論じる．

地方債とは地方自治体が一会計年度を越えて負う債務をさす．一時借入金は地方債には含まれない．発行の形式には証書と証券の2通りあるが，狭い意味での地方債といった場合は後者をさすことが多い．

地方債の発行の法的根拠には2種類ある．ひとつは**地方財政法第5条**である．これには中央政府の発行する「建設公債」のように社会資本の建設に充当され，資産として後世代に残るものが対象に含まれる．すなわち1）交通事業，ガス，水道事業その他の地方公営企業の経費，2）出資金および貸付金，3）地方債の借換え，4）災害応急事業費等，5）標準税率以上の団体

における建設事業費等である．

いまひとつは特例法を根拠とする地方債の発行である．これは中央政府の減税や財源不足対策として地方自治体に地方債を発行させるものであり，「赤字地方債」としての性格がつよい．財源対策債，減税補塡債等の名称がつくものがそれである．

地方債の発行は戦後半世紀以上にわたり，中央政府によって厳しくコントロールされてきた．地方自治体が起債する場合，原則として許可を必要としないが，「当分の間」，国の起債許可が一件毎に必要だった（地方自治法250条）．起債許可制は余剰資金が不足していた時代に地方自治体が過剰な債務を負うことを防ぎ，豊かな団体への資金偏在を防止する役割を果たした．しかし個人金融資産が蓄積する一方，地方分権の進展に伴い地方自治体の自己責任が強調されるにつれて，この仕組みは問題含みとなった．地方分権一括法にもとづき，2006年度に地方債の発行は許可制から**事前協議制**に変更された．

新しい協議制のもとでは地方債の発行が同意基準と呼ばれる明文化された基準に照らして適切か否かが検討される．かりに総務省との合意が得られない場合でも各地方公共団体の議会の承認により，起債が可能になる．協議制への移行後も地方債全体の信用を維持する目的で，実質公債費比率が一定値を超える地方自治体にはひきつづき許可制が適用されている．

地方債の発行によって地方自治体は，政府資金，地方公営企業等金融機構，銀行等縁故債資金，市場公募債資金という4資金から，長期資金を調達している．政府資金と地方公営企業等金融機構は財政投融資を通じて調達されるもので，長期・低利で借り入れることができる．公金収入業務を委託する指定金融機関などに引受け先を限定して発行する地方債を銀行等引受債と呼ぶ．資本市場を通じて不特定多数の投資家から公募形式で発行するものが市場公募債である．

従来は，公的資金が地方債資金の中心であったが，近年では民間資金とりわけ市場公募債の果たす役割が急激に拡大している．これは「資金運用部資金法」が2001年4月に施行されたことに関係する．郵便貯金，年金の積立金について資金運用部に対する全額預託義務が廃止されて，簡保積立金も財投機関などに対する融資を廃止することになり，それぞれ金融市場で自主運用

を行うことになったのである．地方公営企業公庫もその役割を終え，2008年に廃止された．その後継機関である地方公営企業等金融機構の機能も段階的に縮小される見込みとなっている．

◆ **予算制約のソフト化**　地方債が長期の開発プロジェクト（例えば道路，橋梁，治水等）の資金調達手段となっていることをみた．発生する便益が長期にわたるプロジェクトは将来の納税者が元利償還を通じて負担すべきなので，そのようなプロジェクトの財源を地方債によって調達することは合理的である．しかしながら分権的な地方政府が発行する地方債についてはいくつかの懸念が表明されている．

中央政府が破綻に瀕した地方政府を救済したことのある国では，地方政府は債務の償還を最終的には中央政府が肩代わりしてくれるであろうと期待する．事後的な救済をあてにして，地方政府は財政を健全化するよりも無駄な歳出に財源を使い，地方税の徴収を怠り，借入に依存する．投資家も地方政府を監視するインセンティブを失う．このような現象を「*予算制約のソフト化*」(soft budget constraint) と呼ぶ．中央政府が責任をもって救済しない政策の実行を約束すれば問題はない．けれども中央政府にも様々な誘惑があり，その約束を守ることは短期的にはむずかしい．

ソフトな予算制約の問題はつぎのような逐次的ゲームの枠組みで説明することができる．逐次的ゲームでは最初に行動するプレーヤーは2番目に行動を起こすプレーヤーがどう反応するかを考慮に入れなければならない．いま財政難のA市が，財政赤字の補填を検討しているとする．A市は借入を行うか否かを決定しなければならない．

もし借入を行ったならばA市は破産の危機に瀕するので，中央政府は債務を肩代わりして**ベイル・アウト**（政府による財政難に陥った地方団体の事後的救済）するか，それとも債務の肩代わりを拒否するかを決定しなければならない．A市が借入を行い，中央政府がベイル・アウトするほうを選択したとしよう．このとき中央政府は1,000の利得を得るとし，A市の利得は200であると仮定しよう．もし中央政府がベイル・アウトを選択しないで債務の肩代わりを拒否する場合には，中央政府の利得は500，A市の利得は－100であるとする．

またＡ市は財政赤字解消のために歳出カットと増税を選択することもできる．このようにＡ市が借入を行わないことに決めた場合，住民に負担を強いるのでＡ市の利得は０，中央政府は1,500の利得を得るとする．このときＡ市は借入を行うだろうか．また中央政府は債務の肩代わりを拒否するだろうか．

　ゲームの木を使えばこの込み入ったシナリオをわかりやすく表現することができる．図12.2はこれを示す．各枝の右端にＡ市と中央政府の利得が表示されている．上の数字が中央政府の利得，下の数字がＡ市の利得である．枝がわかれる分岐点はプレーヤーの一人が意思決定を行う点（ノードという）であることを示している．

　借入を行うべきかどうかを決定する際に，Ａ市の市長は以下のように推論するだろう．「もしわが市が借入を行えば，中央政府にとって最適なのはベイル・アウトすることである．したがって，わが市は借入を行うべきである」と．「戦略的思考」は最初にゲームの終了時点を考え，そこからさかのぼって現在の選択で最適なものを決定するといった考え方である（後ろ向き帰納法 backward induction という）．このようにＡ市は中央政府がベイル・アウトすることを事前に知っているので，地方的利益には合致するけれども社会的には非効率な借入れを選択してしまうのである．

　もっともＡ市が借入れを行うか否かを決定する前に，借入を行えば債務の肩代わりをしないと中央政府がＡ市を威嚇するかどうかを決定できるとすれば，この単純なゲームの様相は変わるかもしれない．中央政府はＡ市が借入れを思いとどまることを期待して，こうした肩代わりはしないと**威嚇**を行うだろう．しかし，それは実際にＡ市の意思決定に影響を及ぼすであろうか．答えは「ノー」である．なぜならＡ市はもし借入れを行うと決めたとしても，中央政府の最適な反応がベイル・アウトすることであると再び推論できるからである．つまり中央政府の威嚇は信憑性に欠けているのである．

　このゲームを繰り返しゲームとして考える場合，事態は異なってくるかもしれない．例えば中央政府はＡ市だけでなく，財政赤字の補塡のための借入れを望む数多くの市町村に恒常的に直面しているとしよう．こうした場合には短期的に損失がでたとしても，債務の肩代わりを拒否しつづけること

図 12.2 ソフトな予算制約（逐次的ゲーム）

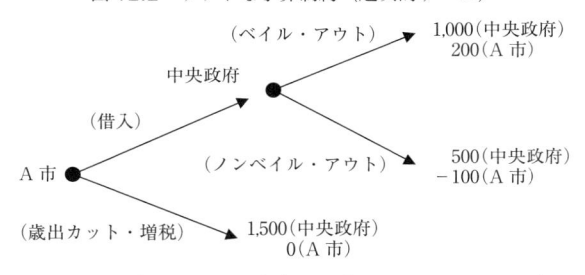

```
                            (ベイル・アウト)    1,000(中央政府)
                  中央政府 ●─────────────→     200(A 市)
           (借入) ↗        ↘
                 /          ↘(ノンベイル・アウト)  500(中央政府)
    A 市 ●                   ─────────────→  −100(A 市)
          \
           ↘(歳出カット・増税)     1,500(中央政府)
            ─────────────→         0(A 市)
```

が，長期的には中央政府にとって最適な選択になるかもしれない．そうすることで中央政府のコミットメントは確実であるという評判を獲得し，威嚇がより信憑性のあるものとなる．

◇ **財政ルールと市場規律**　予算制約のソフト化の問題に直面して，多くの国々は地方債の発行を地方自治体の自由にまかせるのではなく何らかの形で管理している．これらのアプローチはつぎの4つに分けられる．すなわち1）市場規律，2）中央政府による行政的な統制，3）透明性の高いルールによる管理，4）中央政府と地方政府との協議・交渉である．

ルールにもとづく管理（均衡予算，発行対象の限定，元利償還比率による制限等）の長所は透明性が高く，誰にでも理解することができ，（首長の交替等によって）借入政策が政治的に翻弄されることを遮断できる点にある．しかし経済環境の変化に応じて柔軟に対処できないことや「抜け穴」を見つけ出す行動を誘発するといった問題がある．

このような欠点を補い，地方自治体の健全な財政運営を確保する手段が**市場規律**である．地方行財政を統括する官庁がなく，長期・低利の公的資金が融通されることもない国（例えば，カナダ，アメリカ）では，地方自治体は基本的に独自の信用力にもとづいて資本市場で資金を調達する．第3者機関による「格付け」によって信用力は審査される．格付けの低い発行体は借入れ金利が高くなるので，財政を健全化して信用力を高めるインセンティブが働く．最悪の場合には破産手続きに則り，債務調整が行われる．

しかし市場規律が効果的に機能するためには，いくつかの前提条件が満たされる必要がある．すなわち借手の負債や返済能力に関する十分な情報公開が行われていること，金融機関に対するポートフォリオ規制（国債・地方債

の発行割当て等）が行われていないこと，借手が債務不履行に陥った場合に貸し手を救済しないという約束が信頼できること，そして借手は新規借入れが不可能となる前に市場のシグナル（格付けの悪化等）に合わせて俊敏に政策決定を行えること等である．

この点，日本の地方債制度が向かっている方向性はおおむね良好といえる．許可制という行政的統制を廃止する代わりに，財政ルールの強化によって地方債の信用度を維持することは正しい．もっとも地方債市場のインフラが十分に整わないまま，地方債の信用力の基盤となっている「暗黙の政府保証」を廃止し，市場規律のみで一元的に地方財政を規律づけることは性急すぎるといえよう．

むしろ財政ルールによって地方財政を監視しながら，時間をかけて市場規律が働くためのインフラを整備すること（公会計制度と外部監査の充実，オープンな地方債市場の育成，住民や投資家に対するIR等の情報開示，格付けの普及等），市場化から取り残される信用力の弱い地方自治体へ支援する仕組みづくりが必要である．

◆ **地方財政の健全化**　半世紀以上にわたり地方債は許可制度のもとに置かれており，かつ元利保証は地方財政計画によってマクロ的に担保されていた．地方自治体が地方債について債務不履行に陥ることは少なくとも日本では考えられなかった．元本や利子の支払が契約どおりに期限内に行われるかどうかの確実性を信用リスクという．地方債の信用リスクはゼロであった．しかし近年，一部の地方自治体が破産し，債務償還に影響が出るのではないかという懸念が市場に広がることも少なくない．地方債の元利償還が確実に行われるためにはどのような仕組みが必要だろうか．

従来の仕組みはつぎのようなものであった．ひとつは実質公債費比率による制限である．これは一般財源から行うべき元利償還額がその地方自治体の財政規模とくらべてどの程度かをとらえる指標である．これが18％を超えると財政を立て直す計画を国に提出し，地方債の発行に際して許可を得る必要がある．また25％を超えると地方債を発行する事業がかぎられる．

いまひとつは実質収支比率による監視である．これは翌年度への繰越分を除く財政収支（実質収支と呼ぶ）が標準的な財政規模に対してどのくらいの割

合かをとらえる指標である．従来，都道府県の場合ではその赤字が5％，市町村の場合は20％を超えると，準用再建団体にならないかぎり，地方債は発行できなかった．2009年度以降，この値が2.5～10％を超えた場合，財政状態を立直す計画を策定し，認められることが必要となった．

さらに最終的には破産に瀕した地方自治体には，準用再建団体法が適用されることによって，国の管理下で財政再建をすすめ，債務の返済をおこなうことになっていた．しかし，2007年3月に北海道夕張市が，福岡県赤池町以来，15年ぶりに準用財政再建団体に指定されたことをきっかけに地方財政再建促進特別措置法（以下，再建法）の見直しが行われた．

それまで普通会計の赤字額（実質収支）を対象に再建法は適用されていた．しかし1年以上の債務のみが認識されるだけで短期借入は指標に反映されない上に，普通会計以外の第3セクターの財務状況も反映されていなかった．またフロー・ベースの指標を基準に健全か否かを判断していたため債務残高等のストック・ベースでみた財務状況を監視するのに有効でなかった．加えて地方自治体の自発的な申請が必要とされているため問題が悪化する前に早期是正する道が開かれていなかった．こうした問題を改善するため，2007年3月に**地方財政健全化法**が成立し，翌年度から実施されている．

5．地方分権の意義

◆ **地方の選好の反映**　ここ十数年，日本では地方に対する国の関与を縮減し，財政的自律性を高めるための改革が不断に実施されてきた（Column-23を参照）．ここでは地方分権化の根拠について論じる．問題は効率性と公平性の観点から，中央集権システムと地方分権システムのどちらが人々の満足（社会的厚生）を最大化しうるかである．

分権化の第1の利点は地方選好の反映にある．中央集権的システムは人々の好みは違うという事実にもかかわらず，全国津々浦々で同一水準の公共サービスを提供する傾向がある．フランスの政治学者トックヴィル（A.C. Tocqueville, 1804-1859）が観察したように，極端な中央集権国家では立法者は慣習や地方の多様性に必ずしも合わない画一的な性格を法律に与える義務を負う．

分権的システムでは公共財に対して同じような選好をもつ諸個人は，同じ場所に集まるので地方政府はその居住者が欲する質と量でもって公共財を提供すればよい（「クラブ」を想起せよ）．これに密接に関連した点であるが人々に近い地方政府は遠く離れた中央政府に比べると市民の選好をよりよく反映できる．

> **Column-23　地方分権改革**
>
> 日本では，近年，地方に対する国の関与を縮減し，財政的自律性を高めるための改革が行われてきた．第1次分権改革のハイライトは，平成11年に成立し，平成12年に施行された地方分権一括法である．地方分権推進委員会が発足し，この法律が成立・施行されるまでの一連の流れは，「第1次分権改革」と呼ばれている．第1次分権改革における最大の成果は，機関委任事務の廃止である．そのためこの改革前には，都道府県は国の密接な指揮監督の下に置かれていたが，この廃止により，結果的に都道府県の立場は強化された．しかし，地方自治の基本である基礎的自治体の立場はあまり変わってはいない．
>
> 第1次分権改革で残された，基礎的自治体の立場を強化するという根本的な課題に対応するために，平成の市町村合併は行われた．基礎的自治体の規模，立場は強まったが，第1次分権改革によって大きな自由度を獲得し，一時的に立場を強化された都道府県と基礎的自治体との関係が問題となった．将来的な方向の1つとして，道州制が議論の対象となった．
>
> 平成16年から約3年間にわたって，小泉内閣の下で「三位一体改革」が実施された．この改革から，地方分権改革は，複雑なものとなった．2つの目的が交錯した改革へと姿を変えた．従来からの地方分権改革の流れと，財政再建という2つの要素が「三位一体改革」というひとつの改革の中で推進されることとなり，4兆円の補助金廃止，地方交付税の5.1兆円カット，地方への3兆円税源移譲が同時並行的に進められる結果となった．
>
> 平成18年12月に，地方分権改革推進法が成立し，平成19年4月には地方分権改革推進委員会が発足した．現在行われている，「第2次地方分権改革」では，従来からの地方分権の流れに，「三位一体改革」の影の部分，すなわち地域格差の拡大にいかに対処するかという，新たな事情が交錯しているといえる．

分権化の第2の利点は住民が限界費用を考慮して，公共サービスの水準を決定するようになるという点にある．地方政府が地方公共財を供給し，その財源を地方税でまかなう場合には限界費用と便益が一致するので，住民は公

共財の費用を意識できる．The man who pays the piper calls the tune（オルガン弾きにお金を払った人が，曲をリクエストできる）という諺が有名である．税金をすすんで「納め」，何に用いられるのかその使途面まで監視することは何億人もいる国レベルでは実際にはむずかしいかもしれない．しかし「目の届く」範囲の地方自治体であれば納税者の監視はうまく機能するという見立てである．

分権化の第3の利点は政府間競争の涵養である．一般に財政運営に携わる官僚や政治家は最小限の費用で生産するインセンティブに欠けている．費用を最小化するのに失敗した民間企業の経営者は企業を去らねばならない．これに対して政府の経営者である行政官は浪費しても職に居座ることができる．しかし，もし市民が地方政府を選択できるならば杜撰な経営を続ける地方政府から，住民は去っていくに違いない．住民移動のプレッシャーは地方政府が効率的な財政運営を行う誘因となる．国の場合には外国に移住することは自由であるが，そのような選択を行う国民はめったにいない．

どこかが一つの物差しを提供するとその物差しに合わせて競争するインセンティブが働くことをヤードスティック・コンペティションという．それと同じように地方公共団体間の競争が実質的に働くメカニズムがある．アメリカの学者ティブー（Charles Tiebout, 1924–1968）による「**足による投票**」（voting with feet）はそれをもっとはっきりさせたものである．あまり良いサービスをしないで税率も高い地方自治体の住民は流出してしまって，良いサービスを提供するとか税率の低い地方自治体に移動してしまうということである．人が移動するという形で地方公共団体間の競争を刺激するのが「足による投票」である．

分権化の第4の利点は革新と実験としての地方自治である．多くの政策課題について，正しい答えが何であるかは誰にもわからない．ある解決策がすべての状況に利用できるかも不明である．その解答を見つけ出すひとつの方法は個々の地方自治体にそれ自身のやり方を選ばせて，結果を比較することであろう．このように国レベルで実験を行えば失敗のリスクは大きくなるが，地方自治体であればどれがうまくいくかを実験で確かめることができるであろう．

◆ **小規模の不経済**　地方分権が進展すればすべてがバラ色というわけではない．分権的システムには問題点もある．分権的地方政府が行う独自の政策には，一般的につぎのような非効率性，不公平性が生じるとされる．

　地方分権の第1の問題点はスピル・オーバー効果すなわち，管轄圏外への便益の漏れである．便益が特定の地方に帰属する公共財は地方公共財と呼ばれる（例えば，埼玉県大宮市の公共図書館のサービスは，茨城県水戸市の住民の厚生には何ら影響を及ぼさない）．しかし，ある地方自治体の行う活動が他の地方自治体の居住者の満足度に影響を与えることは時々起こる．地方政府は互いに外部性を（正と負の両方）押し付けあう．もし個々の地方政府がそのメンバーだけを慮るのであれば，これらの外部性は見過ごされてしまうだろう．標準的な議論によれば資源は非効率に配分される．

　分権的地方政府の第2の問題点は小規模の不経済である．公共サービスの一人あたり費用は，利用人口が増大するにつれて逓減する．例えば，公共図書館の利用者が増えると一人当たりの費用は低下する．したがって個々の共同体が別々に図書館を建設すれば，利用者一人当たりの費用は必要最低限のものより高くなる．

　人口一人当たりの歳出額（縦軸），とそれに対応する当該都市の人口（横軸）を散布図として示すと，一般的に一人当たり歳出は人口が小さい領域においては逓減し，規模が大きい領域では混雑現象が発生して逓増するというU字型を示す．林正義（2002）によれば，「最適人口規模」の値は31万人から46万人までの幅をもつ値となり，実際の人口規模が小さい市は推定の対象となった市全体の約94%を占める．反対に中央政府であればひとつの図書館を建設できるので「規模の経済」の恩恵を人々に与える．もちろん様々な公共サービスには，異なった規模の経済が働く．図書館サービスについての最適な人口規模は保護サービスのそれとは違う．そしてその両者は国防に関する最適な規模と明らかに異なる．

◆ **租税競争**　第3の問題点は租税競争（tax competition）である．租税システムが効率的であるための条件は，非弾力的な需要や供給には相対的に高い税率で課税することである．資本の供給は一国全体では一定であるが，地方政府の間では早く移動する．個々の地方政府はもし資本に高い税を課すと

その資本は他の地域に流出して，結果としてその地域が損失を被るのではないかと考える．その結果，地方政府は課税の限界コストを真の値よりも高く認識し，税率を低く設定することになる．各地方政府は近隣窮乏的な政策を採り，最適な水準よりも低く税率を設定する．このような勝者なき租税競争が分権的地方政府のもつ，いまひとつの問題点である．

分権的な地方政府によって賦課される租税は全国的な見地から見ると必ずしも，効率的ではない場合がある．むしろ地方政府は他の地域や非居住者に税負担が輸出されるかどうかを考えて，税目を選択する傾向がある．これを租税輸出（tax exportation）とよぶ．

第4の問題点は財政的公平性の侵害である．功利主義的哲学の考え方によると社会的厚生の最大化には，低所得者への所得移転が必要とされる．ある地方政府での租税と歳出のパターンが低所得者に有利になっているとしよう．もし地方政府間の移動に障害がないならば，他の地域から低所得者が流入してくる．低所得の住民が増大するにつれて，所得再分配政策に必要な費用も増大する．それと同時に町に住む富裕層は町を出て行くと決断するだろう．富裕層は彼らにとってより望ましい財政構造をもっているほかの地方政府に移住できるのに低所得者のために高い税金を支払い続けるだろうか．

このように地方分権化にはメリットとデメリットの両面があるので，両者を比較考量して，慎重に制度設計を行う必要がある．分権化に伴う非効率，財政的不公平を是正しながら，分権の本来のメリットを引き出すには，賢明な補助金・財政調整制度ならびに税制の調和を有機的に組み合わせる必要がある．

演習問題

1. 総務省のホームページから，現在住んでいる地方団体の「決算カード」をダウンロードしなさい（http://www.soumu.go.jp/iken/zaisei/card.html）．歳入・歳出構造や財政状況について論評しなさい．
2. ある国に5つの地方団体があり，それぞれの人口，地方税，一般補助金が次の通りとする．

	A	B	C	D	E
人口（人）	455	147	865	123	35
地方税（万円）	2,275	1,176	1,730	1,476	245
一般補助金（万円）	1,820	147	6,055	0	735

① 人口一人当たり地方税についてジニ係数を計算しなさい．同様に一般財源（地方税＋一般補助金）についてもジニ係数を計算しなさい．ジニ係数の定義は第3章5節を参照しなさい．
② 一般補助金交付前のジニ係数 Gx と交付後のジニ係数 Gy を比較して，その減少率 ϕ をつぎのように計算しなさい．$\phi = (Gx - Gy)/Gx$．一般交付金による平準化効果はどのくらいか．

文献案内

地方財政全般について概観するには林健久編（2003）が有益．地方財政の理論・制度比較についていっそう深い知識を得たい読者には Mochida（2008），持田（2004），堀場（2008），中井（2007），貝塚・財務省財務総合研究所編（2008）を薦める．財政調整制度については持田編（2006），赤井・佐藤・山下（2003）が詳しい．「ソフトな予算制約の問題」については，Rodden, Eskeland and Litvack eds.（2003）が格好の書．地方財政理論の古典的著作・論文として，Musgrave（1959），Oates（1972），Tiebout（1956）がある（Oates の著作には邦訳がある）．ヨーロッパ大陸等，北米以外での地方財政理論の最新の動向を知るには，Rattsø ed.（1998）が便利．地方財政に関するデータは総務省の白書・報告書：http://www.soumu.go.jp/menu_05/hakusyo/index.html にある．

第13章

財政システムの将来

　現在の日本を中心にして財政を構成する租税や公債などの関する学説，それらの制度と運用，年々の予算の構造などを見てきた．これらの知識をふまえて本章では，将来の財政システムについて若干の展望を試みる．

　資本主義の自由主義段階の国家は国防と司法・警察を中心とした秩序維持と私有財産の保護を主な任務とする国家であった．だが現代の国家は自由主義段階の「小さな政府」とは比較にならない規模の「大きな政府」である．

　現代の国家が「大きな政府」になったのは，社会保障や住宅や教育など国民の生活に直接かかわる社会サービスの分野に国家が本格的に関与する福祉国家になったためである．近年，グローバル化や人口の高齢化などを背景にして，福祉国家の見直しが世界的に進んでいる．このため福祉国家の「危機」をめぐって様々な議論がなされている．

　本章ではまず福祉国家がいつ成立したかのか，各国の福祉国家がどのような特色をもっているかを論じる．つぎに福祉国家をめぐる環境が近年，どのように変化したのかを考察する．そして最後にそのような環境の変化に対応して，福祉国家がどのような方向に転換していくのかを探る．

1. 福祉国家の成立

◇ **2つの世界大戦と転位効果**　財政史の時期区分をおこなうには，財政的な数量がある時期を画期にして不連続に変化する点に着目することが大切である．福祉国家であれば財政支出の対 GDP 比率や社会保障関係費の比率な

表 13.1　一般政府の経費膨張（対 GDP 比）

	19世紀末 1870年代	第1次大戦前 1913	第1次大戦後 1920	第2次大戦前 1937	第2次大戦後			
					1960	1980	1990	1996
フランス	12.6	17.0	27.6	29.0	34.6	46.1	49.8	55.0
ドイツ	10.0	14.8	25.0	34.1	32.4	47.9	45.1	49.1
イタリア	13.7	17.1	30.1	31.1	30.1	42.1	53.4	52.7
日本	8.8	8.3	14.8	25.4	17.5	32.0	31.3	35.9
スウェーデン	5.7	10.4	10.9	16.5	31.0	60.1	59.1	64.2
イギリス	9.4	12.7	26.2	30.0	32.2	43.0	39.9	43.0
アメリカ	7.3	7.5	12.1	19.7	27.0	31.4	32.8	32.4
14カ国平均	10.8	13.1	19.6	23.8	28.0	41.9	43.0	45.0

（資料）Tanzi and Schuknecht（2000）*Public Spending in the 20th Century*, table1.1.

どが，いつ不連続に上昇したかが重要なポイントとなる．この点を一般政府の経費膨張をまとめた表13.1によって確認しよう．

　資本主義の歴史の中で国家干渉が最も少なく市場経済が純粋に機能したのは，19世紀のイギリス資本主義である．事実，19世紀末の一般政府の対 GDP 比はイギリス9.4％で，14カ国平均でも10.8％という低水準である．19世紀の国家は国防と司法・警察を中心にした秩序維持と私有財産の保護を主な任務とする国家であったからにほかならない．

　たしかに1880年代に導入されたドイツの社会保険三法や20世紀初頭のイギリス自由党による社会改革は，福祉国家の萌芽であった．けれども自由放任主義は第1次大戦直前まで，依然として優勢をほこっていた．表13.1にあきらかなように財政支出の GDP に占める比重は1870年の10.8％から，第1次大戦直前（1913年）の13.1％へとわずかに増えているにすぎない．

　しかし第1次大戦を画期に財政支出の比重は不連続に高まっている．イギリスの財政学者アラン・ピーコック（Alan T. Peacock）とジャック・ワイズマン（Jack Wiseman）は1961年に，国民所得の動きと経費膨張の傾向を約100年間にわたって比較して**転位効果仮説**（displacement effect）を提示した．

　これは資本主義が安定している時期には経費と国民所得との動きは比較的つりあいがとれているけれども，総力戦や社会的騒乱の時期には経費は不連続に膨張して，以前よりも高い水準に転位するという事実をさしている（Peacock and Wiseman [1961]）．

国民経済に占める財政支出の比重に注目するこの仮説は，財政数量によってはっきりと裏づけられている．表13.1によれば総力戦の直接的な当事国であったヨーロッパ参戦国等では，この24年間に一般政府の相対的規模が13.1%から22.8%へと2倍近く膨張している．いわば「大きな政府」が突如として登場したのである．

　その際に大転換の契機をなした総力戦の役割がつぎの4点にあったことが注目される．第1に初期条件として，戦費の調達や軍備の拡張によって経費の相対的水準が一挙に押し上げられる．第2にそれをまかなうために所得税，法人所得税が税収の主柱となり，ピーコックが強調する新たな「耐えうる」租税負担水準が形成される．

　しかし総力戦に心身を賭して参加した国民大衆を戦後においてすみやかに，かつしっかりと国家に統合する必要が生じる．国家の統合機能は総力戦によって著しく毀損した．このため第3に，社会保障関係費にリードされつつ財政の規模が高まり，経費水準は元に戻ることなく「転位」する．第4に直接戦争にかかわらない州・地方財政は圧縮されて，財源の「中央集中」が起こる．これにともない補助金・財政調整制度を結節点として，州・地方財政は中央財政と深く複雑な関係でむすばれる．

　近代初頭まで財政史をさかのぼったとしても，2つの世界大戦が示すような不連続な膨張を示す時期はない．代表的な福祉国家研究者である林健久教授は，福祉国家を「社会保障制度を不可欠の一環として定着させた現代国家ないし体制を指すもの」と定義し，2つの大戦を画期に**福祉国家型財政**の骨格が形成されたことを解明した．すなわちドイツでは第1次大戦後のワイマール共和国において，アメリカでは1930年代のニューディールを画期に，イギリスでは第2次大戦後のベバリッジ報告，日本では第2次大戦後の新憲法を土台にして，福祉国家型財政の骨格が形成された（林健久 [2002]）．

◆ **福祉国家の黄金時代**　　形成期にうまれた要素を継承して，福祉国家が飛躍的に拡充する「黄金の時代」をむかえるためには，第2次大戦後の高度成長（60-80年）をまたねばならなかった．表13.1において14カ国平均でみた一般政府支出の対 GDP 比は一貫して上昇傾向にあり，1960年の28.0%から80年には41.9%と明確な断絶を示す．財政数量からみるかぎり高度成長期は過

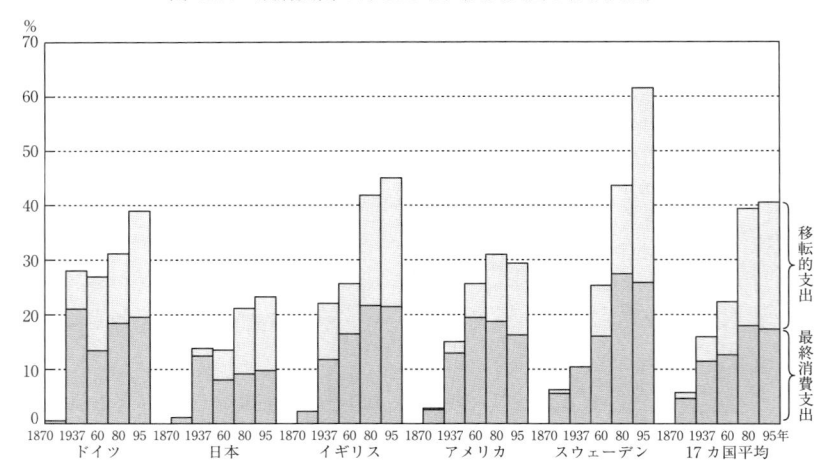

図 13.1　政府支出の対 GDP 比（実質支出と移転支出）

（資料）Tanzi and Schuknecht（2000）*Public Spending in the 20th Century*, table2.1, 2.4.

去120年間の財政史上，最大の画期といえよう．それに比べれば，転位効果は量的拡充という点で「脇役」にすぎない．その主因は**移転支出**（主に年金）の鋭角的な膨張にある．

なぜならば移転支出以外の財政支出，すなわち最終消費支出はこの間ほとんど横ばいだからである．図13.1は政府支出の内訳を示す．19世紀末から1960年までの間は，経費膨張の主因は軍事費などの最終消費であって，移転支出はあくまで脇役の地位に甘んじなければならなかった．だが60年代以降，様相は一変する．最終消費支出は対 GDP 比で60年に13.3％であった．80年に18.5％に微増したのち，ほぼ18％台で横ばいとなる．一方，移転支出は60年の8.5％から80年には17.4％へ倍増している．

ピーコック=ワイズマンの「転位効果」仮説をあたかも反証するかのように，戦争等の社会的騒乱のない「平時」において経費水準が大幅に上昇したことは，興味深い事実である．だが最終消費については，この仮説が成立することを確認したうえで，平常時においても財政支出の相対的比重をじりじりと押し上げる，この特異な経費（社会保険）の意味を吟味することの方がより建設的である．

もし公的年金が純公共財として租税収入から支弁されたならば，当然に強い抵抗を引き起こして年金水準ははるかに低いところに抑制されたに違いな

い．たしかに賦課方式に転換した年金では，保険料は租税としての性格をつよめた（第7章2節を見よ）．しかし所得比例年金である以上，保険料はそれに比例する年金請求権を生むものという一種の擬制が行われる．擬似的な等価原則ともいうべきベールに覆われているが故に，納税者に強い抵抗が起こらず，経費の正統性が問題にされなかったことに留意しなくてはならない．

また賦課方式は高い賃金代替率と物価・賃金スライド制を通じて，急速に拡大する労働生産性の上昇の恩恵を退職者までに与える効果がある（第7章4節）．このため最善の条件下でも経済成長率と同率で，多くの場合はそれよりも早い速度で膨張する要因が存在することに注意しなければならない．戦後の福祉国家はそれまでに形成された福祉国家が単に量的に拡大していったのではなく，質的な変化を伴う飛躍的な発展だったのである．

2．福祉国家の類型

◇ **福祉レジーム**　福祉国家の形成と拡充について時期区分を考察した．つぎに各国の福祉国家がどのような特色をもっているのかを論じる．社会保障の国際比較研究では GDP に占める社会保障関係費のような「福祉努力」が注目されてきた．しかし失業率が高い国は社会保障支出が大きいのに，完全雇用をめざす国ではそうならないといった難点があった．国家の質的な構造的側面を反映する指標を考察すべきという提案を行ったのが，デンマーク生まれの社会学者・政治学者**エスピン・アンデルセン**である（Gøsta Esping-Andersen, 1947- ）．エスピン・アンデルセンの提出した「福祉レジームの3類型」はもっとも有名な類型論である．

労働力をいつでも売らなければならない，たとえ自分が気にいらない職業であっても就かなければならないことを労働力の商品化と呼ぶ．エスピン・アンデルセンは労働力の商品化という関係から独立して，自らの必要を自由に充足できるようになるかということを基準にして，福祉国家を類型化しようとした．これは脱商品化という．

脱商品化を基準にすると先進諸国は3つの福祉レジームに分類されるという．すなわち自由主義的福祉レジーム，社会民主主義的福祉レジーム，保守主義的福祉レジームの3種類である（エスピン・アンデルセン [2001]）．第1

の自由主義的福祉レジーム（アングロサクソン諸国の大半）では，政府による社会保障は貧困者に対するミーンズ・テスト付きの公的扶助が柱となる．このため社会保障は，主に雇用関係を通じて提供される民間福祉を核にしている．国家による所得再分配は残余的な性格をもつにすぎない．したがって脱商品化，すなわち労働者の保護も低いことがこのレジームの特色だという．

これと対照的なグループが北欧諸国に代表される社会民主主義的福祉レジームである．ここで国家はすべての市民に対して，その就業上の地位如何にかかわらず社会権を保障する役割を果たしている．このため現金ならびに現物の社会保障給付が一般財源（税）によってまかなわれ，かつその水準が高い．所得再分配効果は大きく，脱商品化の度合いも高い．

ドイツ，フランスといった大陸ヨーロッパ諸国に見られる保守主義的福祉レジームの特色は，福祉給付を受ける権利が現役時代に拠出した保険料にもとづいて決定されるという保険原理にもとづいていることである．社会保険は同質的な集団からなる職域連帯に支えられるので，制度は職業や地位によって分立している．また社会保障の受給資格は雇用実績にもとづいているため，中断のない職歴が必要となる．このため夫はフルタイムで働き，妻は専業主婦として家庭で老人や子供の面倒をみる．家族内部の扶養機能へ依存しているので，政府部門の財政支出による児童保護や老人のケアは相対的に弱い．

◆ **国民負担率とその構成**　　エスピン・アンデルセンの分類は，政府の支出とりわけ年金制度に立脚している．「福祉レジーム」の類型を理解するには歳出面のみならず，歳入面からも，相違点を複合的に把握することが必要である．図13.2は，社会保障給付の対 *GDP* 比，また図13.3は国民負担率の内訳をみたものである．

スウェーデンの特色は租税負担も社会保険拠出も高く，国民負担率が国際的なスタンダードから見て高いという点にある．しかし，その高い負担は国民に対する社会保障給付を通じて還元されている．すなわち社会保障給付の対 *GDP* 比をみるとスウェーデンの水準は高い．しかも，出産育児等家族政策や高齢者・障害者サービスといった社会サービスの給付と雇用政策関係（いわゆる積極的労働政策）が充実している．租税の課税と給付が実施された

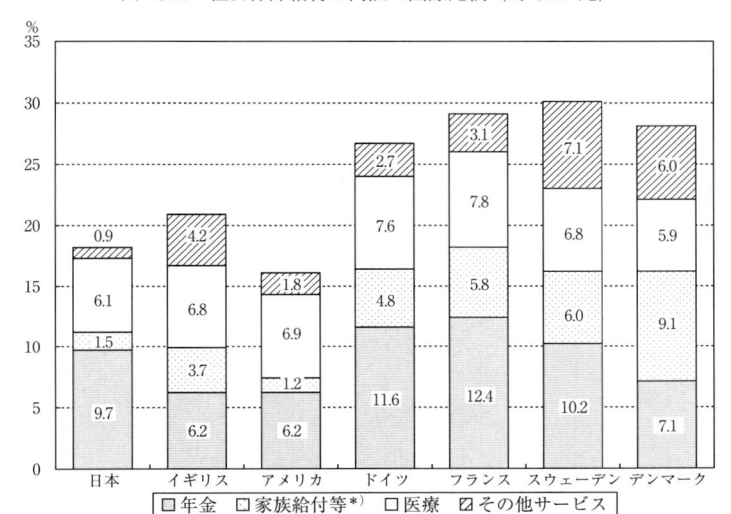

図 13.2 社会保障給付の内訳と国際比較（対 GDP 比）

	日本	イギリス	アメリカ	ドイツ	フランス	スウェーデン	デンマーク
その他サービス	0.9	4.2	1.8	2.7	3.1	7.1	6.0
医療	6.1	6.8	6.9	7.6	7.8	6.8	5.9
家族給付等*)	1.5	3.7	1.2	4.8	5.8	6.0	9.1
年金	9.7	6.2	6.2	11.6	12.4	10.2	7.1

（資料）OECD（2008）*Social Expenditure Database*.
*）家族給付等には，失業給付，積極的労働政策を含む．

のちの所得分配は，もっとも平等である．

　これと対極の軸に位置するのがアメリカである．社会保障給付の対 GDP 比をみると，アメリカの水準は低位である．これは雇用関係をベースとする民間福祉がアメリカ福祉国家の実質的なコアとなっていることを反映している．政府は雇用関係から排除される老齢者を社会保険で補完し，ごく例外的な貧困者に公的扶助で対応するのである．これを国民負担率からみると，アメリカは日本と並んで低い．租税の課税と給付が実施されたのちの所得分配は，もっとも不平等である．

　2つの対極の中間に位置するのが，ドイツ，フランスである．ドイツ，フランスの社会保障給付の対 GDP 比は，アメリカとスウェーデンの中間に位置している．給付の特色は公的年金をはじめとする社会保険が社会保障制度の核となっていることであり，その比重はもっとも高い．国民負担率もアメリカとスウェーデンの中間に位置する．社会保険が核となっていることを反映して，社会保険拠出の比重が高い．租税負担の高さそのものというよりも，社会保険拠出の高さがドイツ，フランスの特色であるといえよう．

図 13.3 租税負担率の内訳と国際比較（対 GDP 比）

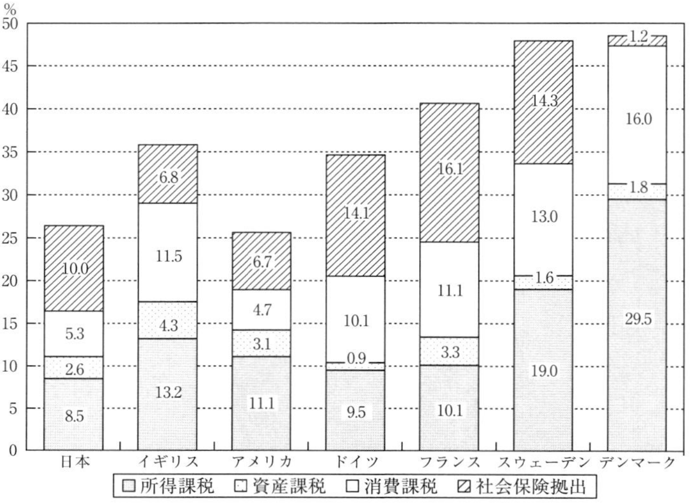

（資料）OECD（2006）*Revenue Statistics, 1965-2005.*

◆ **日本型福祉国家**　先進諸国の福祉国家と比べた場合に，日本はどのような特色をもつのだろうか．一般政府支出および社会保障給付の対 GDP 比は先進国の中ではアメリカについで低い（図13.2）．この点に着目すれば，《自由主義的レジーム》の要素をもつといえる．社会サービスの領域ではヨーロッパのように公的部門が提供するのでもなく，またアメリカのように市場で購入されるのではない．伝統的に日本では基幹産業の従業員向けの企業内福祉と家族共同体の中で提供されてきた．それによって社会保障関係費は低位に保たれていた（神野［1992］）．

つぎに社会保障給付の内容に着目すると，アメリカやイギリスに比べ社会保険の比重がやや高い（図13.2）．しかも，より重要な特徴は第3章や第7章で見たように社会保険制度が産業，職業，年齢別に分立していることである．同一の属性を有する人々がお互いにリスクをシェアし，かつ助け合うという連帯志向である．この点に着目すれば日本には《保守主義的レジーム》の要素もあるといえる．もっとも，職業別に分立した社会保険制度は産業構造の変化に脆弱である．このため相対的に財政基盤の弱い国民年金や国民健康保険の負担を軽減して，サービスや給付面の格差を是正するため，制度の

一元化が推進された．

　狭義の社会保障費以外にも福祉国家を財政的に担保している仕組みがある．日本では大都市と地域，また近代部門と農業などの伝統部門との格差が大きい．このため日本型所得再分配というべき代償を払わなければならなくなる．

　すなわち所得階層間ではなく，地域間，産業間を基準にした再分配政策がこれである．第12章で見たように地方財政調整制度（地方交付税制度を通じて）によって，ナショナル・スタンダードでの福祉サービス供給の財源が保障されている（公共事業は後進地域での雇用水準確保の役割を果たす）．地方交付税制度には1950年代から半世紀以上にわたって，主要な国税収入の3割以上が原資として投入されてきた．この点に着目すれば《社会民主主義的レジーム》の要素をもつといえる．

　これを要するに，西欧諸国の福祉国家が対応しなければならない社会問題の多くを狭義の福祉国家によって対応するのではなく，財政的には社会保障関連以外の項目に分類されるような施策で対応した（渋谷・内山・立岩編［2001］）．そこに日本の福祉国家の特徴があるのであって，しばしばいわれるような「遅れた低福祉国家」という特徴づけは事実の一面をとらえたものである．

　いいかえるならば日本の福祉国家は「福祉レジームの三類型」をミックスしたハイブリッド型といえる．それは特定のレジームにもとづいて意図的に制度設計されたものとは考えられない．ヨーロッパの先進福祉国家を模倣しつつ，国民的合意も踏まえて，そのときどきに必要なものを整備した試行錯誤の産物と思われる．

◆ **ネットの社会給付**　　北欧の福祉国家では社会給付の対 GDP 比が高く（44%），アメリカではそれが低い（20%）．ではスウェーデンで提供される福祉サービスの水準が，アメリカのそれの2倍以上であると評価できるだろうか．答えは「ノー」である．なぜならば社会保障政策に一国の資源をどのくらい投入しているかを判断するには，直接的な財政支出という尺度だけでは不十分だからである（Adema［1999］）．

　第1に社会目的の租税優遇措置（納税者への事実上の補助金としての租税支

出）が，直接的な財政支出の代替手段としての役割を果たしている．例えば10万円の児童手当を政府から給付されることと，同額の児童税額控除が所得税に適用されることとは，納税者からみれば同じである．しかし直接的な財政支出の基準では，前者の方がより寛大な福祉を提供していることになってしまう．

第2に社会保障給付への課税の影響を考慮する必要がある．10万円の児童手当が所得に合算されて30%の所得税が課税されるとする．これを税によるクロー・バックという．しかし税額控除によって生じた可処分所得の増加には課税されない．直接的な財政支出の基準では前者は後者より10万円も福祉は充実していることになる．しかし実質的には後者の方が可処分所得の増加が大きい．それだけではなく前者の給付金によって生活必需品を購入する際に，人々は間接税を負担しなければならない．

第3に政府は財政支出と租税以外にも，法律的な義務付けによって民間部門に社会給付を供給させている．例えば児童手当も児童税額控除も存在しないけれども，政府が事業主に15万円の家族手当の支給を義務づけているとする．この場合，上記の税引き後児童手当の2倍もの効果をもつ．しかし直接的な財政支出には，こうした義務的民間社会給付は反映されない．よって児童手当は過大に評価されてしまう．

第4に政府は法律による義務づけではなく，租税優遇措置を通じても民間部門に社会給付を提供させるインセンティブを与えている．例えば税制優遇措置（拠出控除，損金算入など）のついた規制の厳しい雇用主提供の医療保険や年金がこの部類に属す．税制優遇措置つきの寄付金で運営される非営利団体の現物給付も同じである．このような任意的民間社会支出も税制優遇が与えられているという意味で，一国の福祉努力に含まれるべきであろう．

上記の問題点を解決する包括的な財政指標を開発したのが，経済協力開発機構（OECD）のエコノミストである**アデマ**である（Adema [1999]）．OECDはアデマが開発した手法にもとづき包括的な社会給付指標を公表した（OECD [2007]）．図13.4ではグロスの公的社会給付を出発点にして，給付課税の控除と租税優遇の加算を行い，ネットの公的社会給付が算出されている．これに民間社会給付（義務的および任意的）を加算して，最終的にネットの社会給付を導出するという手続きがとられている．

図 13.4 ネットの社会給付（2003年，対 GDP 比）

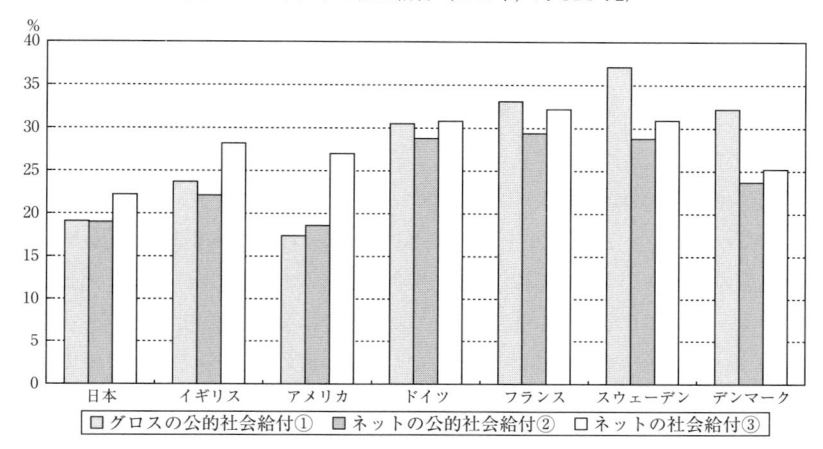

□ グロスの公的社会給付①　■ ネットの公的社会給付②　□ ネットの社会給付③

（資料）OECD（2007）*Social Expenditure, 1980-2003*, table5.5
注）② = ① − 社会給付課税 + 租税優遇，③ = ② + 義務的民間社会給付 + 任意的民間社会給付

　ここには直接的な財政支出の場合とは著しく異なった福祉国家の諸相がしめされている．すなわち直接的な財政支出のみに依拠すれば，あたかも北欧の福祉国家ではアメリカのそれの2倍の福祉サービスが提供されているようにみえる．しかしネットの社会給付を検討すると，とうていそうはいえそうにないことがわかる．

　まず社会保障費の国別順位が入れ替わる．グロスの公的社会給付で第1位のスウェーデンは，もっとも包括的な定義であるネットの社会給付では3位に後退する一方，7位のアメリカは5位に上昇する．つぎに社会給付への税制の影響を考慮するならば，アメリカを除く国々では公的社会支出の水準は一様に低下している．とくに北欧の2カ国では税制によって社会給付が著しくクロー・バック（税金をかけて取戻すこと）されている．さらに税制の影響のみならず義務的・自発的民間社会給付の両者を考慮するならば，直接的な財政支出で見た差異はほとんど消え去ってしまう．アメリカやイギリスといった「自由主義的レジーム」の国々における福祉努力は，公的社会給付の高い北欧諸国のそれに比べて桁外れに見劣りするわけではないのである．私たちは第1章でヴィート・タンツィ（Vito Tanzi）の**「支出パラドックス」**に触れた．その「謎」を解き明かす鍵のひとつが，ネットの社会給付に見られる収束化傾向にあることは確からしい．

2．福祉国家の類型

3. 福祉国家の持続可能性

◆ **財政赤字の拡大**　1990年代以降，先進諸国において福祉国家システムが再編された．これは福祉国家をめぐる環境変化に起因している．環境変化の主なものは財政赤字，グローバル化，そして人口の高齢化である．

第2次大戦後，福祉国家は「市場の失敗」に対する有効な対応策として，黄金時代を謳歌した．1960–1980年の20年間に，社会保障関連支出が国民経済に占める割合は平均して12%から23%へと倍増した．アメリカの社会学者ダニエル・ベル（Daniel Bell, 1919– ）は1960年に資本主義社会に内在する諸勢力が福祉国家を受け入れて「イデオロギーの終焉」を迎えると書いて一世を風靡したが，その予測は必ずしも間違っていなかった．しかし世界経済を襲った1973年および79年の石油ショックは福祉国家の黄金時代にピリオドを打った．

それに踵を接して各国の平均的な財政赤字の水準は上昇し，1983年には戦後の記録を更新する．80年代後半には財政赤字は縮小していったが，景気後退によって93年には83年の水準に戻ってしまう．経済政策における財政赤字削減の優先順位は上がった．とくにEU圏内ではマーストリヒト収斂基準によって，財政赤字対 GDP 比3％以内がヨーロッパ通貨統合への参加条件とされた．さらに「均衡もしくは黒字に近い」財政運営を義務づける「安定と成長協定」によっても制約されることになった．

このような背景の下，1970年代末以降，社会支出の膨張にはブレーキがかけられた．そして1993年を境にして，明白に社会支出の対 GDP 比はゆっくりと低下しはじめる．経済協力開発機構（OECD）が作成している社会支出統計を見ると，日本とイタリアを除く先進諸国では1995年に社会支出の対 GDP 比はピークを記録したのち，ゆるやかに低下している．社会支出の急激な膨張が止まっただけではなく，社会保障制度そのものに対して，くりかえし批判が加えられるようになった．福祉国家は「市場の失敗」に対する是正手段として賞賛を浴びる対象というよりも，むしろ解決すべき問題の一部となったといわれる．

◆ **グローバル化**　福祉国家の拡大にブレーキをかけたものは財政赤字だけ

ではない．より構造的な要因としてグローバル化と人口動態の変化がある．世界経済の統合の拡大・深化や資本移動の自由化は大きな影響を各国の財政システムに与えるようになった．資本取引の管理が吹き飛ばされるにしたがい，国境をこえて資本は世界中を動き回るようになる．それに誘発された租税競争は各国の租税構造を着実に変えている．

　先進諸国はこぞってグローバル化への対抗手段を講じようとしている．いくつかの国々は他国への資本逃避を防ぐ目的で資本所得課税を軽減した．例えば北欧諸国における二元的所得税の導入，あるいは他の国における金融所得課税の軽減はグローバル化による課税基盤の侵食をくいとめるための対抗手段であるといってよい．こうした変化は所得税の累進性を弱めるだけではなく，その構造的変化も促す．

　戦後50年にわたり，各国の税制はサイモンズがいう包括的所得税の理念に，多かれ少なかれ影響を受けて税制を構築してきた．この理念は個人の所得をその源泉とは無関係にすべて合算して累進税率を適用するという考え方である．マスグレイブ，ペックマン，そしてグードといった著名な経済学者によって，つよく支持されてきた．

　賃金所得をメインとする大多数の納税者にとって資本所得はあくまで限界的なものにすぎない．けれども限界税率が高くなると，資本所得は国外へ流出してしまう．従来は資本規制が資本逃避を食い止めてきた．しかしグローバル化が進むと，資本は低い税率で課税される地域へ瞬時に移動する．グローバル化が包括的所得税の息の根を止めてしまうのか，古色蒼然とした分類所得税が復活して，これにとって替わるのかどうかが注目される．

◆ **人口動態と家族**　人口動態の変化，とくに少子高齢化は福祉国家の存立基盤を揺るがすものである．この点ドイツと日本，より一般的に言うならば保守主義的福祉レジームは大きな困難に直面することに注目しなければならない．

　日本の女性が一生のうちに産む子供の数（合計特殊出生率）は60年前には3人から4人であった．現在では1.3人にまで低下している．ほぼ同じ規模で人口を再生産するのに必要な2.1を下回っている．少子高齢化の深刻さはアメリカのような「移民国家」を別にすれば，先進国に共通している．だが福

祉国家システムのタイプによって，その影響は微妙に異なる．賦課方式にもとづく公的年金制度は税方式による年金に比べると，高齢化の影響をより直接的に被る．賦課方式の下で給付水準を将来的に維持するには，社会保険拠出を増税しなければならない．この点，保守主義的福祉レジームは人口の高齢化に適合しにくいだけではなく，むしろ高齢化そのものを早める作用をもつ．

　福祉国家の成立以前には，老親の経済保障は成人した子供が行っていた．しかし賦課方式の年金制度の下では，個々の親子の連鎖とは独立して，引退世代の年金給付を現役勤労世代が負担している．このため次世代を担う子供の養育は，**世代間の連帯**を支える公共財ともいうべき性質を帯びる．けれども保守主義的福祉レジームの国は，夫はフルタイムで働き，妻は家庭で老人や子供の面倒をみるという専業主婦のいる家族像にもとづいて福祉国家を建設した．このため政府の財政支出を通じた子育て支援や保育サービス，あるいは児童手当は低位に保たれている．

　しかし家族内相互扶助システムは，産業構造の変化や女性の社会進出あるいは核家族化の進展にともなって弱まりつつある．例えば普通世帯の人数は60年前には約5人であったが，現在の家族数は3人を下回っている．家族のもつ相互扶助的な機能は加速度的に低下しているのである．老親の面倒は介護保険の導入によって，ある程度は社会化されている．しかし公共財ともいうべき子供の育成は家族に委ねられている．

4．新しいパラダイム

　上記のような環境変化があるからといって福祉国家がただちに解体されるわけではない．19世紀のような「小さな政府」に逆戻りするわけではない．しかし福祉国家の将来は人口の高齢化，グローバル化，財政赤字等の環境変化に制約される．つぎに将来の財政システムの方向性を探る．結論を先取りすると，福祉国家が新しい環境の中で発展していくには一時しのぎの微修正ではなく，不断の自己改造を図ることになる．その変化は付加価値税による税基盤強化，ワーク・フェア，分権化という3つの概念で括ることができる．

表13.2 租税の内訳と負担率（OECD諸国，1900-2015年，単純平均，％）

	個人所得	法人所得	社会保険拠出	消費 一般	消費 個別	資産	租税負担率
1900	4	0	1	0	70	25	10
1960	20	10	15	10	27	10	24
1980	31	8	22	14	17	6	32
2000	26	8	25	18	12	5	37
2015	22	8	23	22	15	7	40

（資料）Messere, K. et al. (2001) *Tax Policy: theory and practice in OECD countries*, table12.1
注）租税収入に占める各税目のシェア．租税負担率は対GDP比．1900年，2015年は推計値．

◆ **所得税と付加価値税**　戦後の福祉国家の基盤となってきたのは，経済成長の果実である租税収入である．その内訳は過去50年間に構造的に変化した．表13.2は租税の内訳と負担率を1900年に遡ってまとめたものである．福祉国家の黄金時代である1960年から80年にかけて，租税体系は個別消費税中心から，個人所得税ならびに社会保険拠出へとシフトした．さらに福祉国家の再編が行われた現在までの20年間には，個人所得税と法人税が停滞ないしは減少したのに対して，消費型付加価値税および社会保険拠出は着実に増大してきた．

21世紀の租税体系は20世紀最後の20年間の遺産を継承しつつも，社会経済の構造変化に対応して変貌するであろう．すなわち所得税と付加価値税が2大基幹税となり，社会保険拠出がこれを補完するであろう．第1にグローバル化が進行すると国境を越えた移動が少ない課税基盤が生き残り，そうでないものへの課税は困難になっていく．この点，勤労所得や消費は資本所得や法人所得に比べて，国家間の移動性が比較的に低い．

第2の理由は再分配のパラドックスである．福祉国家では，累進的租税を高額所得者から取り，給付は低額所得者になるべく限定するという限定主義が効率的であるといわれる．しかし，実際に限定主義を行うと再分配がうまくいかない．なぜならば限定主義的な政策には，その政策にかかわらない多くの中間所得層の人々が関心を持たない．高額所得者は，自分たちが税収を集中して取られるということでそれに反対し，そして，それを支持するのは所得水準が低い貧窮者だけである．コルピ（Walter Korpi）のいう**再分配のパラドックス**である（Korpi and Palme [1998]）．また包括的所得課税は公平

4．新しいパラダイム　295

性において非常にすぐれた側面を持っている反面で，政治的圧力により課税基盤が縮小し，累進税率が名目化するという弱点を持っている．

政治学者の加藤淳子は，こうした難点を避けるには逆進的ではあるが，薄く広く負担される中立的で簡素な課税を使って税収を得て，支出によって所得再分配を進める方向に向かっていかざるを得ないと指摘する（Kato[2003]）．税負担を上げるが，福祉給付も伸ばして払えば戻ってくるという形の認識を国民，とくに中間層に徹底させていくという趣旨である．

実際，高度成長期に消費型の付加価値税を導入しなかった国は，1980年代以降導入することができず大変困難になる（アメリカ），あるいは導入したところであまりその税収を活用できないということになり（日本），1980年代以降の財政赤字からの福祉給付削減の圧力に対抗できなくなったという．他方，イギリスはEU統合のためだけに，つまり歳入ということを全く考えずに付加価値税を1973年に導入した．この付加価値税収が1980年代，新保守主義の時代にサッチャリズムのもとにおける社会保障給付削減の圧力に対抗したという（Kato[2003]）．

◆ **ワーク・フェア**　すべての国がグローバル化時代に耐えうる安定的な税基盤を構築できるとは限らない．租税負担水準が軽い国では，財政支出の一層の効率化・限定化がすすむだろう．この場合，福祉国家の理念は労働能力のある人々にはできるだけ働いてもらうことや民間セクターの福祉分野への参入を促すことに重点がおかれるであろう．これは一見すると些細な違いのようにみえるが，伝統的な福祉国家を根本的にかえる可能性をはらむ．

伝統的な福祉国家のイメージは北欧諸国の社会民主義的福祉レジームにむすびついている．北欧の福祉国家はもっとも寛大で包括的な社会保障制度を維持している．その特徴は国家による普遍主義的な社会保障サービスの提供にあり，労働者は人間らしく生活することを社会権として保障されている．

伝統的な福祉国家モデルに代わるパラダイムとして，代表的な福祉国家研究者として知られる加藤榮一は，カリフォルニア大学教授のギルバート（Neil Gilbert, 1940- ）のいう**条件整備国家**に注目する（加藤[2006]）．これは従来の福祉国家では国家が提供者であった社会サービスを，個人の自助努力と市場やボランティア活動がとって代わり，国家はそれをうまくおこなえる

ように条件を整える役割に徹するというものである．

そこへ至るもっとも直接的なルートは福祉や年金の民営化であろう．それに関連して現物給付よりも，現金給付やバウチャーが重要視されるかもしれない．現金給付やバウチャーを個人に交付すれば，国家が直接供給していたサービスでも市場を通じた競争的供給が可能になるからである．福祉サービスにおける「消費者主権」の確立である．現金給付は直接的な財政支出だけではなく，アメリカにおける勤労税額控除（Earned Income Tax Credit）のような租税支出といったかたちで間接的に提供されるようになるかもしれない．

それだけではない．福祉国家財政の拡大を抑制するために福祉サービスの対象を限定する傾向がつよまるかもしれない．すなわち福祉サービスの対象を本当に困っている人，本当にその資格がある人に限定するターゲッティングがそれである．このように福祉サービスの対象を困窮者に限定したうえで，働くことのできる人をできるだけ働かせるという**ワーク・フェア**の原理が強調されるようになる（Column-24参照）．20世紀の福祉国家では失業者は自分にふさわしいと思う仕事が見つかるまで失業給付をうけることができた．エスピン・アンデルセンは，これを労働力の脱商品化と呼んだ．近年では失業給付の厳格化や最低賃金制の形骸化がすすみ，労働力の再商品化が進行しつつある．

● Column-24 ● アメリカにおける1996年福祉改革

ワーク・フェアを代表するのがアメリカの1996年福祉改革である．1935年以来，アメリカの公的扶助の柱は被扶養児童家族援助（AFDC）であり，連邦政府はその財源の一部を分担する義務をおっていた（州政府が1ドル支出するごとに，連邦政府が一定割合を自動的に支払うこと）．

1996年にクリントン政権は「個人責任と就労機会調整法」を施行してAFDCを廃止した．その代わりに「貧困家庭に対する一時的援助」（TANF）を創設した．AFDCと比べた場合，TANFには2つの特徴がある．第1に個人が福祉を受けることから働くようにさせることに焦点をあてている．すなわち受給期間の制限と就労・職業訓練が義務づけられている．

第2に従来の費用分担補助金を変えて，ブロック補助金（固定額の補助金で使途に州の裁量があるもの）を創設した．また労働市場で働くようになった低所得

者には勤労所得税額控除（EITC）によって，その所得を彼らの所得と子供数に依存した額だけ補充されるようにした．例えば，2人の扶養家族のいる場合，賃金の40%に相当する税額控除を還付される．

　アメリカの著名な公共経済学者スティグリッツは，所得増加という「飴」（EITC）を補完するための「鞭」として，福祉給付金の受給制限・就労義務づけがTANFによって導入されたと指摘している．実際，97年にTANFが実施されてから公的扶助の受給者は減った．しかも所得再分配機能の州政府への分権化（ブロック補助金化）を伴いながら実施されている点が興味深い．

　96年改革へは「底辺への競争」が起きるとの懸念が表明されてきた．福祉に依存する人を追い出そうとする州間の競争になるというのである．批判に応えるため「成果維持条項」が付帯している．これにより，ブロック補助金を受取った州は以前の福祉支出額の少なくとも75%を支出しつづける義務を負うことになったのである．

　〔参考〕スティグリッツ（2004）『公共経済学』下，第15章．

◇ **ディ・セントラリゼーション**　国家に代わって社会サービスを提供するようになるのは，個人の自助努力と市場やボランティア活動だけではない．国家の「内側」においても，中央から地方へ権限と責任を移譲することによって，それは実現されるであろう．

　1960-80年代における政府部門の活動領域の拡大は，どちらかといえば中央政府レベルで発生していた．年金，医療，教育といった部門の拡大をリードしたのは中央政府であった．地方政府が政府部門の拡大に果たした役割はかなり限定されていた．この時代に財政的分権化や財政連邦主義は必ずしも重要な経済政策ではなかったし，政策立案者ならびに経済学者の関心は高くはなかった．租税制度を設計して税を徴収するのは主に中央政府であって，必要があれば地方政府に補助金を交付して行政サービスを執行した．もちろん連邦制国家（アメリカ，ドイツ，カナダ，スイス）では州政府の課税権と支出権限が大きかった．

　しかし過去20年間に財政的分権化に対する政治的・学問的関心と自覚はあきらかに大きくなった．財政連邦主義に向けた圧力はつよまった．分権化の潮流はとくにイタリア，スペイン，ポルトガル，フランス，カナダ，オーストラリア，そして韓国において顕著である．財政連邦主義は少なくとも建

前として人気があり，OECD の歳入統計を見れば上記の国々で州・地方政府が徴収する租税の割合は着実に増えている．

　分権化をうながしている要因は複雑である．ひとことでいえば地域の自立への要求，EU 統合などの外圧，そして豊かな地域の潜在的な反発がそれである．マーストリヒト条約で義務づけられた EU への参加資格を満たすために，イタリアで分権化がすすめられ，地方の「親方日の丸」的な補助金依存体質を改善しようとしたのは，その例である．

　しかし分権化の背景には，外圧だけでなく中央集権システムに対する豊かな地域の反発がある．福祉国家では地方団体間の財政力格差を是正するための財政調整制度が多かれ少なかれ発達する（第12章を見よ）．この制度はおおむね経済的に豊かな大都市部が負担することによって支えられているため，経済成長が停滞するとどうしても不安定になる．とりわけ水平的財政調整制度では「負担」が「受益」を超過する大都市部が，受益と負担の一致を掲げて財政的分権化を要求する傾向がある．例えばスウェーデンにおける水平的財政調整制度から垂直・水平混合制度への移行，あるいはまたドイツにおける富裕州による違憲訴訟の提起はそのあらわれである（持田編 [2006]）．

5. むすびにかえて

　将来の財政システムの方向性について探ってきたが，それらを総合して現時点の状況をとりまとめておこう．全体を見渡して財政史上，重要だと思われる計数の変化をとりだし，その意味を論じる．図13.5が物語ることは明白であって，1980-90年代以降も社会給付費の対 *GDP* 比率は上昇している．福祉国家が「社会保障制度を不可欠の一環として定着させた現代国家ないし体制を指すもの」である以上，この事実を「福祉国家の解体」というよりも，1960年代から続いた急激な拡大にブレーキをかけたものと解釈するのが自然であろう．代表的な福祉国家研究者の一人として知られるキャッスルズが指摘しているように，福祉国家が成熟して一種の定常状態になったのである（Castles [2004]）．

　たしかに，グローバル化は福祉国家の所得再分配機能の土台をほりくずしてしまうのではないかとの懸念が表明される．これは，（1）資本は税率の高

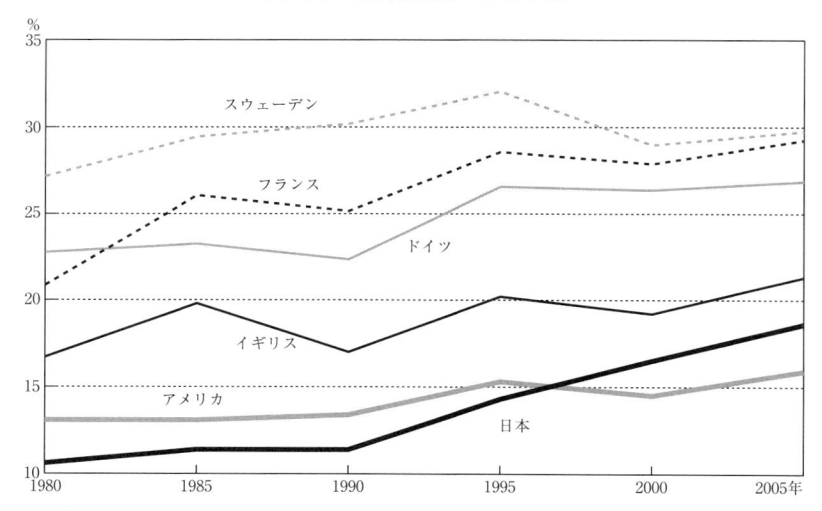

図 13.5 社会給付費の対 GDP 比

(資料) OECD (2008) *Social Expenditure Database*.

い国から低い国へと，瞬時に逃避するため，社会給付に必要な税収入の確保が困難になる，（2）所得再分配は移動性の低い勤労所得内部に限定される，（3）各国の福祉国家は最小限の福祉モデルに収斂していく（「底辺への競争」race to the bottom ともいう）という推論から成り立つ．しかし租税競争を媒介とした **福祉国家の収斂化現象** は，図13.5が明瞭に示すように生じていない．

グローバル化による福祉国家の凋落というシナリオは学問的には興味深いが，やや誇張されている．なぜならば歴史上，資本課税（有形・無形の資産，投資，貯蓄，利潤への課税）が福祉国家の有力な税基盤としての役割を果たしたことはないからである．これらの課税が税収入に占める割合は控えめなものである．これに対して賃金などの勤労所得に対する課税（社会保険拠出を含む）は表13.2に見られるように福祉国家の基幹的な税目であった．また付加価値税収が社会保障給付削減の圧力に対抗したことも無視することはできない．グローバル化の結果，たとえ資本課税が後退していったとしても福祉国家の税基盤への影響はおだやかなものである．

しかし，だからといって「福祉国家の危機」が過ぎ去り，60年代のような黄金時代を謳歌できるかというと話は簡単ではない．社会給付費の対 *GDP*

比が上昇しているのは租税競争が無害であるからではない．税負担や資本課税の引き下げ圧力が，それの反対方向に作用する2つの要因によって相殺されているからである．

その要因とは大量失業と福祉膨張圧力である．グローバル化は福祉国家への財政需要を増大させる．企業や消費者は国内の労働市場賃金が高ければ，工場立地を外国にシフトさせるか，外国製品を輸入するだろう．新興国の安い賃金は先進国の高賃金労働者にも影響を及ぼし，最低賃金制度の改廃がすすめられている．福祉国家によって保護されるべき失業者とワーキング・プアは，グローバル化によって増大することはあっても減らない．

このような福祉膨張圧力が税基盤の拡大を伴うのであれば，「福祉国家の危機」は杞憂にすぎない．しかし，この予測はやや楽観主義的である．福祉国家のコストの一部は，非賃金労働費用（雇用主負担の社会保険拠出）によって負担されている．いうまでもなく非賃金労働費用の増大には，労働に対する（企業の）需要を抑制する副作用がある．とりわけ保守主義的福祉レジームの福祉国家では，賃金比例の社会保険拠出を賦課しているため，企業の負担する労働コストは高い．失業率の上昇は非賃金費用の引下げ圧力となって福祉国家に降りかかってくるのである．

このように反対方向に作用する2つの圧力に挟まれて，福祉国家は身動きがとれなくなるかもしれない．グローバル化は国民国家の境界を溶解する．だが，それは税基盤を弱める租税競争と経済的リスクを補償するための福祉需要という二律背反的なベクトルを同時に強めるのである．相反する要因を相殺したネットの効果がどうなるかは不確定であり，表面的には社会給付の対 GDP 比といった財政数量はほとんど変わらないだろう．しかし，それは福祉国家の「危機」が過ぎ去り持続可能性が磐石になったことを意味するものではない．反対に高い福祉需要と低い税負担に挟まれて，福祉国家はかつて経験したことがないような自己改造を遂げるかもしれない．

福祉国家の未来は「底辺への競争」論が描くような陰鬱なものではない．かといってバラ色の黄金時代への回帰論はたんなる希望的観測にすぎない．結局，高い福祉需要と低い税負担という2つのポールの間を揺れ動きながら，そのときどきの納税者の意思を反映して，不断に自己改造を遂げていくというのが財政システムの未来といえる．

演習問題

インターネットで経済協力開発機構（OECD）の *SOCX 2007-Net Social Expenditure estimates for 2003* にアクセスして，つぎの問いに答えなさい（URL は http://www.oecd.org/dataoecd/14/23/38143827.xls）．

1．アクセスした情報から次の空欄に該当するデータを拾いなさい．（対 *GDP* 比，%）

	日本	アメリカ	OECD 平均
1．Gross public social spending	（　）	（　）	（　）
2．Net current public social expenditure	（　）	（　）	（　）
3．Net publicly mandated social expenditure	（　）	（　）	（　）
4．Net total social expenditure	（　）	（　）	（　）

2．上の表の2欄は租税システムが社会保障給付に及ぼす影響を示している．各欄が具体的に何を意味しているのかを日本を例にとって説明しなさい．

3．民間社会支出の影響を考慮した場合には，公的社会支出における日本と欧米諸国の差はどのように変化するかを論じなさい．

文献案内

「福祉国家財政」の成立・展開について林健久（1992），加藤（2006），同（2007），岡本（2007）が必読文献．福祉国家財政の国際比較については林・加藤編（1992），林・加藤・金澤・持田編（2004），渋谷・内山・立岩編（2001），Conrad and Lutzeler eds.（2002）がある．福祉国家の類型についてはエスピン・アンデルセン［岡沢憲芙・宮本太郎訳］（2001）が有名である．福祉国家論争とその実証的検証を行ったものに，Castles（2004），Genschel（2004）等がある．Gilbert（2004）は福祉国家に代わる新しいシステムを提示している．グロスとネットの社会支出概念と最新のデータについては Adema（2001），OECD（2007）で見られる．

演 習 問 題

解　答

◆ 第1章

合計だけを記すと，最終消費支出は93,126.1，現物社会移転以外の社会給付は60,375.1，総固定資本形成は15,661.1である（データは平成19年度，単位は10億円）．

◆ 第2章

限界評価の合計は $2 \times 10 = 20$．$C(X)=X^2$ は公共財の総費用なので，限界費用は $2X$．$20 = 2X$ より $X=10$ を得る．よってパレート最適な街灯の数は10．

◆ 第3章
1. $G = 75$万円．
2. $t = 37.5\%$．$T = tY - G$ で T および Y を所与として最低保障額 G を引き上げようとすると限界税率 t も引き上げなければならず，最低保障額の確保と労働インセンティブの向上との間にはトレードオフが発生することが分かる．
3. $B = 750$万円．労働インセンティブを向上させるために限界税率 t を引き上げようとすると臨界所得も増加するため，負の所得税の総費用も増加してしまう．

◆ 第4章
1. 平成20年度予算編成の基本方針では，「経済財政運営と構造改革に関する基本方針2006」及び「基本方針2007」を堅持し，更なる歳出・歳入一体改革を進めることが謳われる一方で，「活力ある経済社会の実現」，「地方の自立と再生」及び「国民が安全で安心して暮らせる社会の実現」に関連する政策課題に予算を重点的に配分することとされている．
2. （略）　　3. （略）　　4. （略）

◆ 第 5 章
1．（略）
2．「税制改革論の視点」の項を参照．
3．（略）

◆ 第 6 章
1．税率表はつぎのように図示することができる．

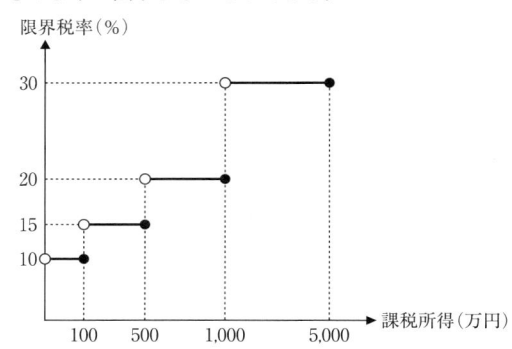

課税総所得が5,000万円の場合，各ブラケットの税額は課税所得が0円超100万円以下で10万円，100万円超500万円以下で60万円，500万円超1,000万円以下で100万円，1,000万円超5,000万円以下で1,200万円だから，これらを合計すれば，この個人が支払う税額は1,370万円となる．

2．課税所得が100万円，500万円，1,000万円，5,000万円の人の平均税率及び実効税率は以下の通り．

課税所得	100万円	500万円	1,000万円	5,000万円
平均税率	10.00%	14.00%	17.00%	27.40%
実効税率	3.33%	10.00%	14.17%	26.35%

3．実効税率，限界税率はあるブラケットで適用される税率を表しているに過ぎず，その人の課税総所得は分かっても，その人が総額でどれだけ所得税を支払っているかは分らない．平均税率は課税総所得に対する税額の比率であるので，課税最低限の部分が含まれないという問題がある．

◆ 第 7 章
1．年金生活者数（高齢者数）を N_b，一人当たり給付額を B，保険料を t，労働力人口（現役人口数）を N_w，平均賃金を w とすると，賦課方式では $t = (N_b/N_w) \times (B/w)$ という関係が成り立つ．高齢者／現役人口比率 N_b/N_w が26.7%から

45.8％に上昇したとき，所得代替率 B/w を維持するためには，保険料 t を45.8÷26.7＝1.72倍しなければならない．
2．高齢者／現役人口比率 N_b/N_w が26.7％から45.8％に上昇したとき，保険料 t を一定に保つためには，所得代替率 B/w を26.7÷45.8＝58.3％引き下げなければならない．

◇ 第8章
1．①50，②30，③二重課税
2．④100，⑤40，⑥インピュテーション方式，⑦50

◇ 第9章
1．中間取引段階に適用された軽減（割増）税率はたしかにその段階の売上高税額と納付税額を減少（増加）させるが，その減少分（増加分）は標準税率が適用される次の取引段階で，控除される仕入高税額の減少（増加）により完全に相殺される．したがって，中間取引段階で軽減税率，割増税率あるいはゼロ税率が適用されても，納付税額合計には何ら影響がない．数値例はつぎの通り．

書籍の生産・流通と付加価値税（税率5％，ただし卸売り段階は3％）

	仕入	売上	税率	売上高税額	前段階税額	納付税額	納付税額合計
製紙会社	0	800	5	40	0	40	
出版社	800	1,800	5	90	40	50	125
卸売業者	1,800	2,000	3	60	90	△30*)	
書店	2,000	2,500	5	125	60	65	

*）還付

2．付加価値税における免税の意味は独特であり，ゼロ税率のように非課税を意味するものではない．売上高税額は免税によりゼロになるが，前段階税額の控除は認められない．したがって，免税が中間取引段階に適用されると，前段階税額の控除が否認されるために課税の累積が生じ，納付税額合計は控除否認税額の分だけ逆に増大する．数値例はつぎの通り．

書籍の生産・流通と付加価値税（税率5％，ただし卸売り段階は免税）

	仕入	売上	税率	売上高税額	前段階税額	納付税額	納付税額合計
製紙会社	0	800	5	40	0	40	
出版社	800	1,800	5	90	40	50	215
卸売業者	1,800	2,000	免税	0	90*)	0	
書店	2,000	2,500	5	125	0	125	

*）控除不可

◆ 第10章

1. 限界消費性向は0.8
2. 消費関数は $C=50+0.8Y$，総支出関数は $I+C=100+0.8Y$ となる．総支出関数の傾きは限界消費性向の大きさによって決まり，均衡産出量は $Y=100+0.8Y$ より，$Y=500$ を得る．
3. 限界消費性向が0.8なので，乗数は $1/(1-0.8)=5$ となる．また，税率0.3の所得税を導入されているとき，均衡予算のもとでの乗数効果は $1/(1-0.7\times 0.8)=2.27$ に減少する．

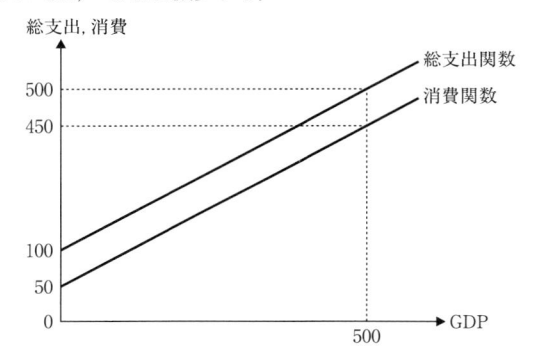

◆ 第11章

1. ①金利が3％のとき，10年後の国債残高対 GDP 比は150％で変わらない．また，金利が4％のとき，国債残高対 GDP 比は165.2％となる．
   ②プライマリー・バランスの黒字の対 GDP 比が1％のとき，金利と成長率が等しい場合には10年後の国債残高対 GDP 比は140.0％となる．また，金利が4％で成長率が3％の場合には，国債残高対 GDP 比は154.8％となる．金利が4％，成長率が3％のときは国債残高対 GDP 比が発散してしまうので，プライマリー・バランスの対 GDP は1.456％程度の黒字を確保する必要がある．
2. （略）

◆ 第12章

1. （略）
2. ①地方税のジニ係数は0.2705，一般財源のジニ係数は0.2447である．
   ② $\phi \fallingdotseq 0.0953$

◆ 第13章
1. 以下の数値は Table5.5-2003-24fc を用いている.

		日本	アメリカ	OECD 平均
1.	Gross public social spending	(19.1)	(17.4)	(23.4)
2.	Net current public social expenditure	(19.0)	(18.6)	(20.6)
3.	Net publicly mandated social expenditure	(19.7)	(18.9)	(21.3)
4.	Net total social expenditure	(22.2)	(27.0)	(23.2)

2. (略)　　3. (略)

参考文献

[和文]

青木昌彦・鶴光太郎編（2004）『日本の財政改革——「国のかたち」をどう変えるか』東洋経済新報社

赤井伸郎・佐藤主光・山下耕治（2003）『地方交付税の経済学——理論・実証に基づく改革』有斐閣

秋月謙吾（2001）『行政・地方自治』東京大学出版会

阿部彩・國枝繁樹・鈴木亘・林正義（2008）『生活保護の経済分析』東京大学出版会

天川晃（1986）「変革の構想——道州制論の文脈」大森彌・佐藤誠三郎編『日本の地方政府』東京大学出版会

池田篤彦編『図説　日本の財政』平成20年度版，東洋経済新報社

池上惇（1998）『財政思想史』有斐閣

石弘光（2008）『現代税制改革史——終戦からバブル崩壊まで』東洋経済新報社

アダム・スミス［大内兵衛・松川七郎訳］（1987）『諸国民の富』全5巻，岩波書店

井堀利宏（2000）『財政赤字の正しい考え方——政府の借金はなぜ問題なのか』東洋経済新報社

井堀利宏（2005）『公共経済学入門』日本経済新聞社

井堀利宏（2008）『財政』（第3版）岩波書店

今井豊＝ハワード・オクスレイ（2007）「日本の医療・介護部門における公的コストの管理」貝塚啓明＝アン・O．クルーガー編『日本財政　破綻回避への戦略』日本経済新聞社

入谷純（2008）『財政学入門』（第2版）日本経済新聞社

岩村正彦（2007）『社会保障法Ⅰ』弘文堂

植田和男（2005）『ゼロ金利との闘い——日銀の金融政策を総括する』日本経済新聞社

エスピン・アンデルセン［岡沢憲芙・宮本太郎訳］（2001）『福祉資本主義の三つの世界』，ミネルヴァ書房（原書1990）

岡本英男（2007）『福祉国家の可能性』東京大学出版会

貝塚啓明（2003）『財政学』（第3版）東京大学出版会

貝塚啓明＝アン・O．クルーガー編（2007）『日本財政　破綻回避への戦略』日本経済新聞社

貝塚啓明・財務省財務総合政策研究所編（2005）『財政赤字と日本経済——財政健全

化への理論と政策』有斐閣
貝塚啓明・財務省財務総合政策研究所編（2006）『年金を考える――持続可能な社会保障制度改革』中央経済社
貝塚啓明・財務省財務総合政策研究所編（2008）『分権化時代の地方財政』中央経済社
加藤榮一（2006）『現代資本主義と福祉国家』ミネルヴァ書房
加藤榮一（2007）『福祉国家システム』ミネルヴァ書房
加藤久和（2007）「企業負担と経済活性化の関係について」政府税制調査会・調査分析部会提出資料（2007年4月23日）
金澤史男編（2005）『財政学』有斐閣
金子宏編（2001）『所得税の理論と課題』21世紀を支える税制の論理・第2巻，税務経理協会
金子宏・佐藤英明・増井良啓・渋谷雅弘（2007）『ケースブック租税法』（第2版）弘文堂
金本良嗣（1997）『都市経済学』東洋経済新報社
金本良嗣・蓮池勝人・藤原徹（2006）『政策評価ミクロモデル』東洋経済新報社
川上尚貴編（2008）『図説　日本の税制』財経詳報社
金融調査研究会（2007）『諸外国の税制改革と金融所得課税のあり方』金融調査研究会報告書（39）
厚生労働省（2005）『所得再分配調査報告』web site http://wwwdbtk.mhlw.go.jp/toukei/kouhyo/indexkk_6_9.html
厚生労働省『厚生労働白書』各年度版
財務省理財局（2008）『債務管理レポート――国の債務管理と公的債務の現状』http://www.mof.go.jp/jouhou/kokusai/saimukanri/2008/saimu00.pdf
作間逸雄（2003）『SNAがわかる経済統計学』有斐閣
佐藤進・伊東弘文（1988）『入門　租税論』三嶺書房
佐藤英明（2006）『プレップ租税法』弘文堂
澤田康幸（2003）『国際経済学』新世社
柴田洋二郎（2002）「フランス社会保障制度における財源対策――租税代替化とCGS」東北大学『法学』66巻5号
渋谷博史・内山昭・立岩寿一編（2001）『福祉国家システムの構造変化――日米における再編と国際的枠組み』東京大学出版会
島恭彦（1973）『財政学概論』岩波書店
証券税制研究会編（2004）『二元的所得税の論点と課題』日本証券経済研究所
神野直彦（1983）「シャウプ勧告の相続税・贈与税」日本租税研究協会『シャウプ勧

告とわが国の税制』

神野直彦（1992）「日本型福祉国家財政の特質」林健久・加藤榮一編（1992）『福祉国家財政の国際比較』東京大学出版会

神野直彦（2003）『財政学』有斐閣

鈴木武雄（1968）『近代財政金融』春秋社

鈴木亘（2006）「現在の社会保障制度の下における世代間受益と負担の見通し」貝塚啓明・財務省財務総合研究所編『年金を考える——持続可能な社会保障制度改革』中央経済社

スティグリッツ［藪下史郎訳］（2004）『公共経済学』（第2版）上・下，東洋経済新報社（原書2000）

スティグリッツ＝ウォルシュ［藪下史郎他訳］（2006）『入門経済学』（第3版）東洋経済新報社（原書2002）

スティグリッツ＝ウォルシュ［藪下史郎他訳］（2007）『マクロ経済学』（第3版）東洋経済新報社（原書2002）

税制調査会（2007）『わが国税制の現状と課題——21世紀に向けた国民の参加と選択』

総務省編『地方財政白書』各年度版

田近栄治・油井雄二（2000）『日本の企業課税——中立性の視点による分析』東洋経済新報社

橘木俊詔（2002）『安心の経済学——ライフサイクルのリスクにどう対処するか』岩波書店

富田俊基（2007）『国債の歴史：金利に凝縮された過去と未来』東洋経済新報社

中井英雄（2007）『地方財政学——公民連携の限界責任』有斐閣

中村洋一（1999）『SNA統計入門』日本経済新聞社

林榮夫（1951）『財政と国民所得の理論』有斐閣

林健久（1992）『福祉国家の財政学』有斐閣

林健久（2002）『財政学講義』（第3版）東京大学出版会

林健久編（2003）『地方財政読本』東洋経済新報社

林健久・加藤榮一編（1992）『福祉国家財政の国際比較』東京大学出版会

林健久・加藤榮一・金澤史男・持田信樹編（2004）『グローバル化と福祉国家財政の再編』東京大学出版会

林正寿（2008）『租税論——税制構築と改革のための視点』有斐閣

林正義（2002）「地方自治体の最小効率規模——地方公共サービスの供給における規模の経済と混雑効果」『フィナンシャル・レビュー』61号

林宜嗣（2008）『地方財政』有斐閣

樋口均（2009）「グローバリゼーションと国民国家——福祉国家再編論争によせて」経済理論学会編『季刊経済理論』45巻4号

深江敬志・望月正光・野村容康（2007）「申告所得税における所得者別・所得階層別の再分配効果」日本財政学会編『格差社会と財政』財政研究3巻，有斐閣

堀勝洋編（2004）『社会保障読本』（第3版）東洋経済新報社

堀場勇夫（2008）『地方分権の経済理論』東洋経済新報社

マスグレイブ［木下和夫監修・大阪大学財政研究会訳］（1984）『財政学』，有斐閣（原書1959）

マスグレイブ＝ブキャナン［関谷登・横山彰監訳］（2003）『財政学と公共選択——国家の役割をめぐる大激論』勁草書房（原書1999）

増渕勝彦・飯島亜希・梅井寿乃・岩本光一郎（2007）「短期日本経済マクロモデル（2006年版）の構造と乗数分析」内閣府経済社会総合研究所ディスカッションペーパー，No.173

マンキュー［足立英之他訳］（2007）『マクロ経済学Ⅰ・Ⅱ』東洋経済新報社

宮島洋（1986）『租税論の展開と日本の税制』日本評論社

宮島洋（1989）『財政再建の研究』有斐閣

宮島洋（1990）「課税ベースと課税方法の選択」宮島洋編『税制改革の潮流』シリーズ現代財政（2）有斐閣

宮島洋（1992）『高齢化時代の社会経済学——家族・企業・政府』岩波書店

宮島洋（1994）「高齢化社会の公的負担の選択」野口悠紀雄編『税制改革の新設計』シリーズ現代経済研究（8）日本経済新聞社

宮島洋（2003）『消費課税の理論と課題』21世紀を支える税制の論理・第6巻，税務経理協会

宮本憲一・鶴田広巳編（2001）『所得税の理論と思想』税務経理協会

村松岐夫（2001）『行政学教科書』（第2版）有斐閣

持田信樹（2004）『地方分権の財政学——原点からの再構築』東京大学出版会

持田信樹（2007）「財政学説の展開とクリティーク」片桐正俊編『財政学』（第2版）東洋経済新報社

持田信樹編（2006）『地方分権と財政調整制度——改革の国際的潮流』東京大学出版会

吉川洋（2007a）『マクロ経済学』（第2版）岩波書店

吉川洋（2007b）「小泉政権下（2001-06年）の財政政策運営について」東京大学経済学会『経済学論集』73巻2号

米原淳七郎（1997）『はじめての財政学』有斐閣

[欧文]

Adema, W. (2001) 'Net Social Expenditure', 2nd edition, *Labour Market and Social Policy Occasional Papers*, No. 39, OECD, Paris (www.oecd.org/els/workingpapers).

Backhaus J. G. and R. E. Wagner (2004) *Handbook of Public Finance*, Kluwer Academc Publishers.

Ball, L. D., D. W. Elmendorf and N. G. Mankiw (1995) 'The Deficit Gamble', working paper No.5015, *National Bureau of Economics Research*, Cambridge.

Barr, N. (2004) *Economics of the Welfare State*, fourth edition, Oxford University Press.

Boadway, R. W. and H. M. Kitchen (1999) *Canadian Tax Policy*, third edition, Canadian Tax Foundation, Toronto.

Boadway, R. W., P. Hobson and Nobuki Mochida (2001) 'Fiscal Equalization in Japan: Assessment and Recommendations', *The Journal of Economics* 66(4), 24-57.

Castles, F. G. (2004) *The Future of the Welfare State: Crisis Myths and Crisis Realities*, Oxford University Press.

Conrad, H. and R. Lutzeler eds. (2002) *Aging and Social Policy: A German-Japanese Comparison*, INDICIUM, Munchen.

Genschel, P. (2004) 'Globalization and the Welfare State-a retrospective', *Journal of European Public Policy* 11:4, 613-636, Routledge.

Gilbet, N. (2004) *Transformation of the Welfare State: The Silent Surrender of Public Responsibility*, Oxford University Press.

Ishi, H. (1993) *Japanese Tax System*, Oxford University Press.

Ishi, H. (2000) *Making Fiscal Policy in Japan: Economic Effects and Institutional Settings*, Oxford University Press.

Kato, J. (2003) *Regressive Taxation and the Welfare State: Path dependence and policy diffusion*, Cambridge University Press.

Korpi, W. and J. Palme (1998) 'The Paradox of Redistribution and Strategies of Equity: Welfare State Institutions, Inequity, and Poverty in the Western Countries', *American Sociological Review* 63(5), 661-687.

Messere, K., F. de Kam and C. Heady (2003) *Tax Policy: Theory and Practice in OECD Countries*, Oxford University Press.

Mochida, Nobuki (2008) *Fiscal Decentralization and Local Public Finance in Japan*, Routledge.

Muramatsu, Michio, Farrukh Iqbal and Ikuo Kume eds.（2001）*Local Government Development in Post-War Development*, Oxford University Press.

Musgrave, R.（1959）*The Theory of Public Finance*, McGraw-Hill.

Musgrave, R. A. and A. T. Peacock（1958）*Classics in the Theory of Public Finance*, London Macmillan.

Oates, W. E.（1972）*Fiscal Federalism*, Harcourt Brace Jovanovich.（米原淳七郎・岸昌三・長峰純一訳（1997）『地方分権の財政理論』第一法規出版）.

OECD（1999）*Economic Survey: Japan*, Paris.

OECD（2000）*Economic Serveys: Japan*, Paris.

OECD（2004）'The Legal Framework for Budget Systems: An international comparison', *Journal of budgeting* Vol.4, No.3, OECD, Paris.

OECD（2005）*Economic Survey: Japan*, Paris.

OECD（2006）*Economic Survey: Japan*, Paris.

OECD（2007a）*Social Expenditure 1980-2003: Interpretative Guide of SOCX*, Paris.

OECD（2007b）*Fundamental Reform of Corporate Income Tax*, OECD Tax Policy Studies, No.16, Paris.

OECD（2008a）*Economic Outlook*, No.83, Paris.

OECD（2008b）*Economic Survey: Japan*, Paris.

OECD（2008c）*Social Expenditure Database*, web site http://www.oecd.org/document/9/0,3343,en_2649_34637_38141385_1_1_1_1,00.html

Peacock, A. T. and J. Wiseman（1961）, *The Growth of Public Expenditure in the United Kingdom*, Princeton University Press.

Rattsø, Jorn ed.（1998）*Fiscal Federalism and State-Local Finance: the Scandinavian Perspective*, Edward Elgar.

Rodden J. A., G. S. Eskeland and J. Litvack eds.（2003）*Fiscal Decentralization and the Challenge of Hard Budget Constraints*, The MIT press.

Rosen, H. S.（2005）*Public Finance*, seventh edition, McGraw-Hill Irwin.

Tanzi, V. and L. Schuknecht（2000）*Public Spending in the 20th Century: A Grobal Perspective*, Cambridge University Press.

Tiebout, C. M.（1956）'A Pure Theory of Local Expenditures', *Journal of Political Economy*, 64, 416-424.

索　引

ア　行

IS-LM モデル　213
IS 曲線　215, 220, 221, 223
足による投票　277
アデマ（W. Adema）　290
アメリカにおける1996年福祉改革　297
アロー（Kenneth Arrow）　43
安価な政府　14
石弘光　108, 115
移行期の二重負担　161
委託金　262
一般歳出　35
一般消費税　182
一般補助金　264
移転支出　29, 284
移動性　259, 260
医療保険制度　65
インピュテーション方式　171, 172, 173, 175
インフレーション　155
インボイス　184, 186
H-R フラット税　193
益金算入項目　164
益金不算入　164
益税　186
エスピン・アンデルセン（Gøsta Esping-Andersen）　285, 286, 297
　福祉レジーム　285
LM 曲線　214, 220, 221, 222
応益説　168
オーツ　259

カ　行

会計検査院　87, 93, 94
会計年度の独立性　79
介護保険制度　67, 68
概算要求　83
貝塚啓明　8, 111

開放経済　253
課税客体　104
課税最低限　135
課税自主権　257
課税単位　138
課税標準　104
カーター委員会　169
加藤榮一　296
カルドア（Nicolas Kaldor）　196
簡易課税制度　186
間接税　110, 111
簡素　114
還付型税額控除　192
官僚制　45
機関委任事務　254, 276
帰属家賃　125
基礎年金制度　156
帰着　105, 107
機能配分論　252
逆選択　147
キャピタル・ゲイン　124, 193
給与所得控除　133
ギルバート（Neil Gilbert）　296
均衡予算定理　209
金融所得課税の一体化　134
金融政策　217
　固定相場制下の財政・金融政策　219
　変動相場制下の金融政策　222
クラウディング・アウト　215, 236
繰越明許費　80, 84
繰延べ支払方式　261
グローバル化　292, 300, 301
クロヨン問題　115
経済財政諮問会議　92, 246
継続費　79, 84
経費膨張の法則　15
ケインズ（John Maynard Keynes）　15
ケインズモデル　206

限界犠牲均等説　102
限界実効税率　176
限界消費性向　207
限界代替率　38, 40
減債基金制度　235
建設公債　233
建設国債　81
源泉徴収　118, 122
現物給付　125
公共財　9, 36, 38, 39
公共選択学派　16
公共調達の限界費用　113
公共投資　253
公債発行　230
公債負担論　235
　　ケインズ学派の公債論　238
　　公債の中立命題　239
　　重複世代モデル　236
厚生年金　63
公的扶助　55
公平性　112, 114
国債　233, 234
国債費　35
国税　109
国民健康保険　66
国民年金　62
国民負担率　286
　　アメリカ　287
　　スウェーデン　286
　　ドイツ　287
　　フランス　287
個人単位課税　140
国庫債務負担行為　80
国庫支出金　255, 262
固定資産税　110, 260
古典的法人税　171, 175
個別消費税　181
コモン・プール問題　46
コンドルセ（Condorcet）　42

サ　行

最終支出主体主義　29
最低所得保障システム　58
財政赤字　225, 229, 292
　　完全雇用財政赤字　211

財政赤字問題の原因　227
　　循環的財政赤字　211
財政構造改革の推進に関する特別措置法
　　90, 91
財政構造改革法　230
財政政策　209
　　固定相場制下の財政・金融政策　219
　　裁量的財政政策　212
　　自動安定化装置　210
　　変動相場制下の財政政策　221
財政投融資　88
財政法　79, 80, 81, 82, 233, 234
財政民主主義　75, 77
　　下院優越原則　78
　　決算　77
　　租税法律主義　77
　　予算原則　77
最適人口規模　278
再分配のパラドックス　295
債務確定主義　166
債務負担行為　84
サミュエルソンの公式　40
事業税　109
仕切られた多元主義　91
資産移転税　197
資産保有税　197
支出税　110, 126
　　キャッシュ・フロー支出税　194
市場規律　273
市場の失敗　8
事前協議制　270
市中消化の原則　234
私的財　37, 39
使途別分類　34
ジニ係数　71, 114
資本コスト　176
社会手当　56
社会保険　11, 52, 53
社会保険拠出　5, 112, 115, 143
　　社会福祉アプローチ　151
　　租税との相違点　149
　　ビスマルク型アプローチ　151
社会保障関係費　228, 288
社会保障制度　49, 50
シャンツ＝ヘイグ＝サイモンズ　123

集権・分権軸　254
従属人口比率　155
住民税　109
就労インセンティブ　116
主要経費別分類　32
条件整備国家　296
乗数　207, 210, 212
消費税　109
消費税収入比率　192
所得効果　116
所得控除　134
所得再分配機能　137
所得税　109, 121, 126, 132
　所得効果　131, 132
　代替効果　131, 132
人口動態　293
水準均衡方式　69
垂直的公平　115
垂直的財政ギャップ　261
水平的公平　115
スティグリッツ（Joseph E. Stiglitz）　298
スピル・オーバー　263
スミス（Adam Smith）　13, 18, 100, 103, 117
生活保護制度　68
税の平準化　232
政府　1, 2, 13
　経済安定化機能　11, 205, 252
　資源配分機能　8, 252
　所得再分配機能　10, 252
政府間財政関係　249
政府支出　26
　現物社会移転　27
　現物社会移転以外の社会給付　29
　公的資本形成　28, 31
　最終消費支出　26, 31
　集合消費　27
税方式　63, 157
税務行政コスト　117
税率
　限界税率　136
　実効税率　136
　超過累進税率　136
　平均税率　136

世代間の暗黙の契約　154
世代間の不公平　73
世帯単位課税　140
ゼロ金利　217
専従者給与控除制度　133
相続税　197, 201, 202
　遺産取得税　199
　遺産税　199
　生涯累積取得税　201
　法定相続分課税方式　200
贈与税　197
租税　7, 97, 99, 104, 112, 116
租税競争　278
租税支出　56
租税輸出　279
ソレンセン（P. B. Sørensen）　129
損金不算入項目　166

タ　行

第3号被保険者問題　157
代替効果　116
代替最小税　127
たばこ税　100
タンツィ（Vito Tanzi）　17, 291
　支出パラドックス　21, 22, 291
単年度原則　79
地方交付税　266, 276
　基準財政収入額　266
　基準財政需要額　266
　財源保障機能　267
　財政調整機能　267
　事業費補正　268
地方債　269
地方財政　251
　地方財政健全化法　275
　地方財政の健全化　274
地方財政調整制度　265
地方財政法　269
地方税　109, 255
　個人住民税　256
　固定資産税　257
　地方消費税　257
　法人事業税　256
地方分権　275, 276
地方分権一括法　254

中位の投票者　43
中立性　112, 116
　　資金調達への中立性　174
超過負担　113
超過累進税率　114
直接税　110, 111
貯蓄の二重課税問題　195
積立方式　150, 153, 161
　　確定給付型　153
　　確定拠出　153
ティブー（Charles Tiebout）　277
出来高払い制　67
デット・ダイナミックス　243
転位効果仮説　282, 284
転嫁　105, 107
ドイツ正統派財政学　15
投資の利子弾力性　216
投票のパラドックス　42
道路特定財源　101
特定補助金　264, 265
特別会計　33, 34
取引高税　183

ナ　行

内外利子率均等化　219
二元的所得税　128, 129, 293
ニスカネン（William Niskanen）　46
2分2乗法　139
日本銀行　86, 217, 234
ネットの社会給付　289
納税協力費用　117
能力説　101, 102

ハ　行

配当の二重課税問題　171, 173
林健久　34, 283
バロー（Robert J. Barro）　239
非競合性　36
ピーコック（Alan T. Peacock）　282
ピーコック＝ワイズマン　284
ピグー（Arthur C. Pigou）　103
非排除性　36
貧困の罠　55, 60
フィスカル・ポリシー　12
付加価値税　115, 182, 185, 192, 295

原産地原則　189, 260
仕向地原則　188, 260
消費形付加価値税　189
前段階税額控除方式　184
日本の消費税　186
付加価値税の逆進的負担　191
賦課方式　64, 150, 154, 158, 159
ブキャナン（James Buchanan）　16
福祉移住　252
福祉国家　281
　　隠れた福祉国家　56
　　日本型福祉国家　288
　　福祉国家の黄金時代　283
　　福祉国家の持続可能性　292
　　福祉国家の収斂化現象　300
　　福祉国家の成立　281
福祉目的化　187
複数税率　191
負担金　262
負の所得税　56, 57, 59, 61
プライマリー・バランス　90, 242, 243
フランスの一般社会税　152
フリー・ライダー問題　41
フローの所得循環図　2
分権化　298
分離課税　134
分類所得税　123, 127
ペイ・アズ・ユー・ゴー原則　245
ベイル・アウト　271, 272
包括的所得税　123, 127
法人税　109, 110, 163
　　キャッシュ・フロー法人税　170
　　法人擬制説　169
　　法人実在説　169
　　法人税と設備投資　177
　　法人税の課税根拠　168
保険数理的に公正　146
保険料水準固定方式　160
ホッブス（Thomas Hobbes）　195
ホール（Robert Hall）　193

マ　行

前払い　168
マクロ経済スライド　64, 160
マクロ税収配分方式　261

マスグレイブ（Richard Musgrave）　16, 259, 293
　税源配分の理論　258
マーストリヒト収斂基準　90, 244, 292
マンデル=フレミング・モデル　217, 219, 223
未積立債務　64
みなし資本所得税　128
宮島洋　110, 150
ミーンズ・テスト　55, 70
無償的移転　4, 5
目的税　150

ヤ　行

融合・分権軸　254
有償的売買　3
予算　76, 79, 83
　決算審議　87
　国会での審議　83
　暫定予算　85
　補正予算　86
　予算の執行　86
　予算の編成　83
予算制約のソフト化　271

ラ　行

ラブシュカ（Alvin Rabuschka）　193
利益説　100, 101
リカード（David Richard）　232, 239
　等価定理　232, 240
流動性の罠　216
利用時支払い　231, 233
リンダール均衡　41
レント・シーキング　44, 45
労働インセンティブ　60, 61
労働供給　59, 130
ローレンツ曲線　71

ワ　行

ワイズマン（Jack Wiseman）　282
ワグナー（Adolf Wagner）　15, 103, 117
ワーク・フェア　296, 297

著者略歴
1953年　東京生れ
1977年　東京大学経済学部卒業，同年東京大学大学院経済学研究科に進学
現　在　東京大学大学院経済学研究科・経済学部教授，経済学博士（東京大学）
専　攻　財政学・地方財政論

主要著書
『都市財政の研究』（東京大学出版会，1993年）
Local Government Development in Post-War Japan（共著，Oxford University Press, 2001）
『グローバル化と福祉国家財政の再編』（共編，東京大学出版会，2004年）
『地方分権の財政学』（東京大学出版会，2004年）
『地方分権と財政調整制度』（編著，東京大学出版会，2006年）
Fiscal Decentralization and Local Public Finance in Japan（単著，Routledge, 2008）
『地方消費税の経済学』（共著，有斐閣，2010年）
『地方財政論』（東京大学出版会，2013年）
『ソブリン危機と福祉国家財政』（共編，東京大学出版会，2014年）
『平成財政史　平成元～12年度』第5巻国債・財政投融資（共著，財務省財務総合政策研究所編，大蔵財務協会，2015年）

財政学

2009年10月21日　初　版
2017年2月27日　第4刷

［検印廃止］

著　者　持田信樹

発行所　一般財団法人　東京大学出版会
　　　　代表者　吉見俊哉
　　　　153-0041　東京都目黒区駒場4-5-29
　　　　http://www.utp.or.jp/
　　　　電話 03-6407-1069　Fax 03-6407-1991
　　　　振替 00160-6-59964

印刷所　大日本法令印刷株式会社
製本所　牧製本印刷株式会社

ⓒ2009 Nobuki Mochida
ISBN 978-4-13-042132-4　Printed in Japan

JCOPY〈(社)出版者著作権管理機構　委託出版物〉
本書の無断複写は著作権法上での例外を除き禁じられています．複写される場合は，そのつど事前に，(社)出版者著作権管理機構（電話 03-3513-6969，FAX 03-3513-6979, e-mail: info@jcopy.or.jp）の許諾を得てください．

地方財政論 持田信樹著	A5	2800円
地方分権の財政学 持田信樹著	A5	5000円
地方分権と財政調整制度 持田信樹編	A5	4800円
ソブリン危機と福祉国家財政 持田信樹・今井勝人編	A5	5800円
グローバル化と福祉国家財政の再編 林 健久・加藤榮一・金澤史男・持田信樹編	A5	5200円
財政学講義　第3版［オンデマンド版］ 林 健久著	A5	2800円
財政学　第3版 貝塚啓明著	A5	2600円
日本財政要覧　第5版 林 健久・今井勝人・金澤史男編	B5	2800円
政府の大きさと社会保障制度 橘木俊詔編	A5	3800円

ここに表示された価格は本体価格です．御購入の際には消費税が加算されますので御了承下さい．